JN063820

京大建築 学びの革命

Kyoto University School of Architecture
Learning Revolution

竹山聖 *Kiyoshi Sey Takeyama*

集英社インターナショナル

目次

装丁　竹山香奈
装画　山本容子
本扉スケッチ　竹山聖
写真　京都大学竹山研究室

序――「庭」というイメージ

バブル時代の東京で若手建築家としてバリバリ仕事をしてきた人間が、どういう経緯か、突然京大に呼ばれて教鞭をとることになり、1992年の3月から2020年の3月まで研究室を持った。着任は37歳。いま私は67歳だからちょうど30年前になる。

1989年7月に箱根の旅館「強羅花壇」ができた。それがまだ34歳のころで、当時私の事務所では他にもいくつか大きなプロジェクトを抱えていた。しかも、アンダーフォーティー（海外の建築雑誌ではそんな特集がよく組まれていた。「40歳以下」ということで、建築界では若手である）といえば建築家としてもまだまだ駆け出し、いま思えば若造である。えらそうに人に物を教えるなど、できっこない。声をかけられたときはそう思った。

しかし、逡巡したあげく、チャレンジしてみることにした。自分自身が青春を過ごした地で、母校でもある。学生たちとはさほど年も違わないが、ささやかな経験なりとも伝えることに意味があるかもしれない。なにより、教える、学ぶ、という人間の根本的な姿勢を通して、自分自身がさらに磨かれるのではないかとも考えた。そういったことが、この誘いを受けた理由だったような気がする。たぶんもっとたくさんあったはずだけれども、煎じ詰めれば、まあそういったようなことだ。

この覚書のようなエッセイのような文章の束は、いわばそんなチャレンジの記録だ。つまり、教師としてははなはだ未熟な若者が、さらに未熟な若者たちと一緒にさまざまなチャレンジをする。それも京都大学という場で。

建築家は建築を構想し実現する、音楽でいうなら作曲家と指揮者が一緒になったような仕事だ。個人個人でアプローチは違っていて、決まったやり方があるわけではない。要は人に驚きと喜びを与える建築を生みだせばいい。生き生きとした快適な生活を育む環境をつくりだせばいい。発想は自由だし、クライアントとの出会い方も多種多様。そんな設計という仕事が好きだったし、自分に向いていると思った。天職だとも感じていた。

それがいきなり大学である。建築を教えることなどできるのだろうか。正直迷った。しかも常勤という立場で、研究室を持って……。不自由になるな、とも思った。しかし迷ったときはやってみる。それがそれまでの人生の指針でもあった。このあたりの逡巡は、『ぼんやり空でも眺めてみようか』（彰国社、2007年）に収めた最終第15話の「緑の道」にも書かれている。「ビジネスとしては圧倒的に不利な選択であっても、人生としては実り大きい選択となるかもしれない」と。そんな予感もあったから、まさしく「賽（さい）は投げられた」という気持ちだった。

この、まったく未知の世界に飛びこんで28年、なんとかかんとか泳ぎ切って、気がつけばなんと多くの教え子たちが研究室を通過し、巣立っていったことか。日本だけではない。国外からもやってきた多くの学生たち。学生たちばかりではない。研究室の活動には実に多くの友人たちや、そして異なる領域で活躍する人たちをも巻きこみ、そしてまた、さまざまな出来事や問題を巻き起こしてしまった。京大というアカデミズムのど真ん中を行く大学にあって、とりわけもともといた先生や事務室の方々には、ずいぶん当惑をもたらし、波風を立ててしまったかもしれない。とにもかくにも、そんな時間が過ぎた。嵐の日もあり凪(なぎ)の日もあった。そしてそれが終わったいま、あらためて、竹山研ってなんだろう、と振り返ってみた。

2020年3月の退職を迎えて、これはほんとうにありがたいことだったのだが、竹山研究室出身の卒業生有志が中心になって、「大収穫祭」という名の退任記念のイベントを企画してくれた。展覧会やトークイベント、本づくり、そして記念講義やパーティー。2019年夏のトークイベントにはじまって、多彩なゲストとの対談や鼎談(ていだん)をすませた秋から冬、そして年も明けて2020年、そう、あとは4月に展覧会とトークイベントを東京と大阪でおこない、記念出版本も出て、5月に京大時計台ホールで最終講義とパーティーを開催するばかり、というラストスパートのころに、新型コロナウィルスの流行がはじまった。

だから当初の予定では2020年5月にすべて終了するはずが、記念書籍こそ2020年6月に刊行できたものの、二度の延期を重ねたあげくに、なんとかようやく2021年の夏に大阪と東京で展覧会を、そして9月26日に記念講義を開催し、すべてのプログラムが終了した。ほぼ2年にわたった祭りの日々だった。でもおかげで、みんなと何度も打ち合わせをして、かえってゆっくり京大での日々を思い起こす時間ができた、といまにして思う。

振り返ってみてつくづく感じたのが積み重ねた時間の重さ、そしてその間の出会いと学びのありがたさだ。素晴らしい学生たちと出会い、多くの建築家や社会で生き生きと活躍する人材が出てくれた。

自由に活動する個人もいれば組織を引っ張る頼もしい連中もいる。そして私自身がほんとうに多くの刺激を受けた。学んだといってもいい。竹山研は、決して師から弟子への一方通行の場ではなかった。普通に考えられているような教育の場とは違っている。ではいったいどんな場所だったのか。

それはひょっとしたら、「庭」のようなものかもしれない。そう思ったのは一連のイベントのはじまるころだった。私はただ場所をつくり、守り続けただけだったのかもしれない、と。なにしろ庭では予測のつかないことも起きる。予測を超えることもある。研究室での出来事はそんな発見の連続だった。そしてこれがそのまま記念書籍『庭/のびやかな建築の思考』(A&F)のタイトルにもなった。「庭」といっても日本庭園のようにつくりこまれたものではなく、フランス式庭園のように幾何学的なものでもない。しかも時間が庭を育てる。なにもない原っぱのような場所があって、どこからか種が飛んできて、風が吹き雨が降り水が流れる。目に見えない生き物が地中を這い、さまざまな可能性を秘めた種たちがそこで思い思いの花を咲かせ、鳥が訪れ虫が蠢き獣たちが集う。さまざまな出来事の記憶が脳裏をめぐった末に、そんな豊かな果実の実る場のイメージが浮かび上がってきた。

大学だから「庭」と聞くと「教えの庭」を連想してしまうかもしれない。そこになにか絶対の真理のようなものがあって、それを師が知っており、その教えを弟子に伝える、というニュアンス。あるいは工業製品のように、優秀なコピーの拡大再生産の現場であって、社会に役に立つパーツのような型にはまった製品、そんな弟子を育てる場。それがこれまでの教育がめざしてきたひとつの方向だったのではなかろうか。だから試験をして学習到達度をチェックし、採点する。

竹山研がおこなってきたことは、それとまったく違う。もっと生き生きと生きる個が育つ場だ。少しばかり凸凹があっても、不均質で規格外れの製品であっても、みな自分の意見を持って行動する、そんな自由な個が切磋琢磨しあっていくような場。なにかしら定かならぬものを求め、人生への期待や憧れに向かうモチベーションを抱き続ける場。夢想に耽ったりもできるし、自由に駆けまわることもできる、そんな庭。

きちんとしたメソッドや教義があるわけではないから、教師が一方的に語り、崇める弟子たちは恍惚の表情を浮かべてそれを囲むキリストと弟子のような構図にはならない。いつも刺激に満ちた対話が交わされ、結果的になにが生み出されるかわからないレスポンスの庭。うれしいことに歳月を重ねるにつれ、そんな庭ができていった。そんな庭で遊ぼうという気構えの連中が集まってきてくれた。

どんな作物ができるかわからない、創造性と可能性に満ちた庭。私はそんな場所を用意し、ときに耕したり肥料をまいたり、庭師のようにちょこちょこと手を入れたり、でも基本的には育つにまかせ、その成長を楽しんだ。

風が勝手に種子を運び、芽が出て葉が出て花が開き実を結ぶ。私は私なりによかれと思う栄養を与え、あるいは育った作物と悪戦苦闘しながらレスポンスを楽しんだ。だからえらそうに教える必要はなかったし、そんなことができなかったからこそ、かくものびやかな学生が育ってくれた。

自由な精神を吹きこまれた、自立した人間たち。スタティックな庭でなくダイナミックな庭、あるいはカオスの庭。その庭から巣立った生命体である個たちは、外の世界に広がり、おそらくそこに新しい喜びと驚きをもたらしているはずだ。あるいは旋風を巻き起こしているようにも見える。うれしいことだ。頼もしいことだ。型にはまらないで生きていける力をつけてくれているだけで、教師冥利に尽きる。あ、都合の良いときだけ「教師」を名のってしまった。

大学というのは人間の知と交流の実験室でもある。隔絶された面と開かれた面が一緒に存在している。たぶん、少しばかり閉ざされた場所、というイメージがあるのではないだろうか。そして実際、そのとおりなのである。閉ざされていることによって、世俗の荒波が押し寄せてこないという利点もある。

竹山研は庭のような場所だと言った。もし竹山研が庭だったとしたら、外の世界には原野が、ことによると荒野が広がっている。暴風が吹き荒れているかもしれない。でも庭は、さしあたり守られている。実はこれが大学という場所の価値だ。おかげで、安心して冒険のシミュレーションができる。そこに守られて、私も学生たちも過ごしてきた。

ただ私は私で実際の設計の実務に携わってきたから、社会の荒波を日々経験しながら、いわば原野を駆け荒野を切り開き、その経験を持ち帰って学生たちとそれを共有してきた。ときには獲物を生のままで分け与えて一緒に食べ方を考えた。養分になるものもあり、美味しいだけのものも苦いだけのものもあっただろう。薬になるものもあり、毒さえもあったかもしれない。

でもそんな危険や喜びをみなで一緒に分かち合った。うまく咀嚼（そしゃく）することのできる胃袋の持ち主もいれば、細やかに組み立てて咀嚼できるようにする料理上手もいた。好き嫌いの激しい者もいれば、好きなところだけを栄養分にする者もいる。まるで受けつけない者だって、いる。いてもいいのだ。

それでも面白く育っていく。製品をつくっているわけでもなく、型にはめた商品作物を生産しているのでもない。

この、ばらばらな、アカデミズムのルールに乗っからない作物たちを、ときに困ったものだと少しばかりは思いつつ、私はとても愛おしく思った。彼らにとって、長い目で見れば、絶対に人生の糧（かて）となる時間が流れていると信じた。

この庭は、だから私にとっても安らぎの場だった。大いに刺激に満ちた実験の庭だった。では具体的に、それはいったいどんなところだったのか。どんな事件が起き、どんな対話が繰り広げられ、どんな戦いと合意が交わされてきたのか。私の目だけでなく、28年にわたる歴史の証人の学生たちとの対話を通して、そこに浮かび上がったさまざまな記憶を通してあぶり出されてきた言葉を、そしてその「庭」で起こった事件を、その顚末（てんまつ）を、ここに記していきたいと思う。かたわらに記念書籍の『庭／のびやかな建築の思考』を置いて。というのも、そのなかの世代別座談会「竹山研ってなんだろう?」の欄外に註のようなトピックスの小文を書いたのだが、この本は、それを発展させたものだからだ。

各章末には、その時代を彷彿（ほうふつ）とさせる文章をおいた。第0世代は彼らが新入生となったときの歓迎冊子に寄せた京大着任前の文章。第1世代では「都市」、第2世代では「無為」、第3世代では「ポエジー」、第4世代では「ユートピア」、といった各々（おのおの）の時代に関心を持って研究したりワークショップやスタジオのテーマとしたりしたテーマをめぐって『traverse（トラヴァース） 新建築学研究』や『新建築　住宅特集』（これは読みやすくするためにかなり改稿した）、『詩と思想』に発表した文章。そして最後の第5世代では総まとめとして「建築的思考」について振り返り『建築と社会』に発表した文章である。本文と文体は異なっているけれども、たぶん当時の空気を感じてもらえるのではないか、と思う。気負って書いた文章もあり、カジュアルな気分で書いた文章もあり、真摯に想いを伝えようとした（実はいつもそのつもりなのだが）文章もある。

「書くということは発見なんだ、発見するために書くんだよ」と、久しぶりに訪れたアトリエ・ファイ（代官山にある原広司の設計事務所）で原広司に言われてハッとした。アフリカの集落調査の記録と記憶を確認するための打ち合わせ、2022年6月末、例年より早い梅雨明けの灼熱の日のこと。人の文章をつぎはぎして説明するような書き方に関心はないし、書くということはオリジナルな思考を自身で発見するためにおこなう行為なんだ、と。エアコンの効いたアトリエ・ファイで、私はあらためて師の思想の影響を自覚した。身体に涼風が吹き抜けた。書くということ、それは発見だ。この本もまた発見と驚きと喜びの記録だ。そんなふうに読まれることを願っている。

0 旧約聖書のころ

| 第 0 世代 |

1992-93

0th generation / The age of "The Old Testament"

建築意匠学講座教授の川崎清に呼ばれて、私は京都大学工学部建築学科の助教授に着任した。1992年3月1日のことだ。研究室は、だから、川崎・竹山研と呼ばれた。4月ではなく3月、つまり最終学年の学生たちが卒業する直前のことで、すでにもとからそこにいる学生たちが、新参者の私を待ち受けていた。

だから私はどちらかといえばおずおずと、迷惑にならないように、そっとそこに入っていった、つもりである。ただそこはとても居心地がよくて、川崎清も学生たちも心から私を歓迎してくれた。そしてむしろ、そこでこれから起こるなにか新しい出来事の出現を待ち受ける、そんな気配があった。私は徐々にではあるけれど、のびのびと羽を広げていった。

川崎清は私が学生のころには阪大にいて、京大には週一度の「建築設計論」の講義に非常勤で来ていた。当時の京大生はまるで講義に出ない風潮があったが、朝一番の講義にもかかわらずこの講義だけは出席率が良かった。川崎清はまだ40代半ば。池のほとりに佇(たたず)み水面に向かって傾斜していくおおらかな屋根面と、サッシを消した大きなガラス面がエントランスを祝福する名作、万博美術館が1970年にできたばかり。1972年には、スズカケの木を映し出すガラスの造形もみずみずしい栃木県立美術館が完成して、川崎清は若手のホープと称されたスター建築家だった。建築家を志す学生たちはみな川崎清の講義を聞き逃すまいとノートを広げたものだ。私ももちろん例外ではない。いまでもそのノートはたいせつにとってある。クリストファー・アレグザンダーの「都市はツリーではない」という言葉を教えてくれたのも川崎清だった。数理と論理の話をずっと続けて、あげくにそっと、「デザインは麻薬のようなものでね」と笑みを浮かべながら、「論理の底に直観がある」と設計の秘訣を教えてくれたのも川崎清だ。そんな川崎清が京大に戻ってから10年、私が研究室に加わった１９９２年は、ちょうど彼が還暦を迎える年だった。

「旧約聖書」であるとか「第０世代」であるとかいった耳慣れない言葉の理由を説明してみたい。２０２０年3月の私の京都大学定年退職に際して、研究室出身の有志が中心になってさまざまなイベントを企画してくれたことは先にも触れた。２０１９年8月のトークイベント「竹山研ってなんだろう？」にはじまり、「異領域とのレスポンス」と題した対談、書籍の出版、展覧会、そして記念講義。それらは「大収穫祭」と名づけられ、その最後を飾る記念講義はコロナ禍で２０２１年9月にずれこみ、結局2年以上にわたってしまった。

一連のイベントの口火を切ったのが、世代別連続トークイベント。多くの研究室出身者が一堂に会し、そこで6つの世代に分けられた。これは学生たち同士で話し合い、探りつつたどり着いた分け方だ。ステージに乗る人数の関係もあったのだが、実はこれがなかなか絶妙な分け方であったようで、このときからこの世代は第ゼロ世代と呼ばれることになった。はじまりの数字が1だとすれば、その前がゼロ。つまり私の着任以前にそこにすでにいた、ということだ。これがまた話の流れで「旧約聖書の世代」とも呼ばれだした。キリスト降臨の前の世界、というような意味で。

キリストと弟子の関係は、序でも触れたように、むしろ忌避する気持ちがあったのだけれど、比喩としてまあわからないでもない。おこがましいけれども、わかりやすいたとえ話として、そうしておこう（なにしろ私は12月24日、つまりクリスマスイブに生まれたのだ。まったく関係ない話なのだけれど）。紀元前と紀元後、というほどに、ドラスティックな変革が京都大学にもたらされた、ということのようだ。学生たちの話からその雰囲気がひしひしと伝わってくる。「京大にいよいよキリストが生まれそうだ」という学生からの発言もこの世代別トークイベントにはあるくらいだ。ずっとそこにいた学生たちの目から見た印象なのだから、たぶん一面の真理をついているのだろう。

もともと東京で、自分で言うのもなんだけれども、新進気鋭の建築家として頭角を現していた私は、さまざまな場所やメディアで注目を集めて、自由に言いたいことを言い、やりたいことをしていた。25歳で事務所を立ち上げ、28歳でそれを株式会社にして代表取締役になり、ＳＤレビューという建築家の新人の登竜門のコンクールにも2年連続で入賞し、大きなコンペ（競技設計）でも立て続けに入選した。手がけるプロジェクトの規模も、３０００万が3億、そして次は30億、と毎年10倍の成長を見せていた。駆け出しのころからお世話になった会計事務所の先生からも、「やってみるものですね」と笑われた。

30億というのは箱根の「強羅花壇」のことで、これを設計して完成させたのは１９８９年7月、34歳のときのこと。その年の9月にはギャラリー・間で展覧会（「竹山聖と仲間たち／不連続都市」）を開いた。ギャラリー・間に呼ばれて展覧会をするということはいっぱしの建築家として認められたことになる。この年のギャラリー・間の個展は、私の前が安藤忠雄で、すぐあとがバーナード・チュミ（１９８３年のパリのラ・ヴィレット公園コンペで一等を取り、１９８６年の第二国立劇場、つまりいまの新国立劇場のコンペでも入賞し、コロンビア大学のディーンにも就任するという、当時飛ぶ鳥を落とす勢いのスター建築家）という順番だった。TBSの「NEWS23」のスタジオセットを、クラックガラスをふんだんに使って設計したりもした。私がデザインしたエキスパンドメタルの椅子の座り心地が筑紫哲也にはちょっと硬くてきつかったと、これは本人からではなく、関係者から伝えられ、申し訳ないことをしたな、と少しだけ思った。いまはアベマTVのスタジオになっている青山の「TERRAZZA（テラッツァ）」は、もともとはフィットネスクラブで、1991年に竣工し、雑誌『新建築』の1992年4月号の表紙を飾った。

代官山のビルの最上階に構えた事務所からは、東に東京タワー、西には富士山を望むことができた。ちょうど噴火したピナツボ火山の影響で、富士山の背景の空を彩る夕焼けが異常に綺麗だったことをよく覚えている。

ものごとを飲みこむ論理

学生たちの記憶によれば、京大に着任したばかりのころ、私は学生たちの作品を評して「ひどい」と「すごい」しか言わなかったらしい。これはいまや竹中工務店の設計のトップの一人の小幡剛也（おばたたけや）の発言である。そんなはずはないのだけれど、でもまあいい。37歳で着任したものだから、学生たちなど少し年の離れた弟のようなものだと感じていた。学生たちもそうだろう。なんでもざっくばらんに言える兄貴みたいな存在だと思っていたに違いない。えらそうにしない、というのが私のモットーでもあったし、京大にはほんとうにエライ先生がいっぱいいたのだから、私のような若造はなおさら偉ぶっちゃいけない。こちらも対等の目線でしゃべろうと思っていたし、学生たちもほぼタメ口である。だからときに乱暴な物言いにもなる。

「ひどい」と「すごい」ですべてが言えてしまうというのは、もちろん暴論だが、確かに一面の真理をついているような気もする。ひょっとしたら世の中には「ひどい」ものと「すごい」ものしかないのかもしれない。「ひどい」のなかにもすごいがあったり、「すごい」のなかにもひどいがあったり、でも「ひどいよね」と「すごいよね」なのだ。ただこの思想（思想というほどのものじゃないけれども）のなかには「排除しない」という論理が入っていて、私はそもそもすべてのものに、あるポジティブな価値を認めたいと思っている。エクスクルーシブ（排他的）な考え方をしたくない。だから「非(あら)ず非(あら)ず」なのかもしれない。

　突然わけのわからない言葉が出てきて当惑された向きがあればご容赦されたい。私のわかる範囲で説明しよう。「非ず非ずの論理」というのは私の師の原広司が折に触れて語る言葉で、彼によれば、要するに論理には「三段論法」と「弁証法」と「非ず非ずの論理」しかない。

　これを私なりに言い換えるなら、こうなる。「コレがある、そしてコレがある、だからコレになる」、これが三段論法。ストレートだ。「コレがあり、コレを否定するソレがあり、その先にその対立が超えられてアレになる」、これが弁証法。時間のファクターが入ってダイナミックだ。「コレでもなくソレでもなくアレでもなく、コレでもソレでもアレでもないものでもない」、これが「あらずあらず」。余白への気づき、とでも言っていいだろうか。「花も紅葉もなかりけり」などの「三夕の歌」に見られる「退く美学」（２００１年にロンドンのＲＩＢＡで開催された日本若手建築家たちの講演会／展覧会カタログに私が寄せた文章のタイトル）でもある。二項対立やら、天使と悪魔やら、善と悪やら、つまり「はっきりかたをつけてよ」という方向性とは違った物事の捉え方だ。

そもそもはナーガールジュナなどによって説かれた仏教の中観の思想で、すべての言明を否定しつつ、なお言葉で捉えきれない余白を思考する。だから、これを論理といってしまっていいのかどうかわからないけれど（もし言葉によって整序されるもののみを論理と呼ぶのだとするならば）、言葉を逃れ去りながらも、なおかつ言葉によって、その縁辺に捉えられるもの、言葉の余白に把握されるもの、感得されるもの、ということになるだろうか。

それがたとえば禅の不立文字にまで至るのかどうかはさだかでないのだけれど、いずれにせよ東洋的な思想の範疇に入るものだと思う。「非ず非ずの論理」については、『庭／のびやかな建築の思考』所収の原広司の説明に詳しいので、参照していただければ、ありがたい。

私なりの考えを言わせてもらうなら、これはそもそも人類が言葉を持ったことによる思考のゲームだ。東洋に限ったことではない。世界はどういうふうにできているか、どういうふうに捉えることができるか、どういうふうに把握すれば腑に落ちるか、そしてさらに思考を活性化するか。そんな世界把握のモデル化の試みに起因している。

言葉は存在と不在と虚構を同時に表象する。さて、どういうことか。これもなんとか説明してみよう。まず言葉が与えられるとする。するとわれわれはソレがあることと、ソレがない可能性と、ソレを超えるなにか、ソレでないなにかを想像する。自然に、そして同時に。つまり、ひとつの言葉は同時にその「存在／ある」と「不在／ない」と「虚構／そうでない」を表現する力を持つわけだ。

このとき、すなおに「ある」ことに着目すれば三段論法、「ない」という否定の力に着目すれば弁証法、そして「そうでない」かもしれないという想像力に導かれれば非ず非ず、とこうなる。ちなみに「あらずあらず」は、否定の連続の果てにすべてを肯定するインクルーシブ（内包的）な構えを持っている。つまりエクスクルーシブな、ものごとを排除する論理ではない。

私たちが言葉を持った瞬間に、世界はこの三重構造になった。言葉によって、私たちは目の前のものが「ある」ことも、それが「ない」かもしれないことも、そしてそれが「そうではない」かもしれないことも、同時に思い浮かべることができるようになった。そこに「ある」ことと、そこに「ない」ことと、「そうではない」かもしれないことと。

建築を思い描く作業の現場では、それらが同時に起こっている。「三段論法」と「弁証法」と「非ず非ずの論理」が重なり合い、混ざり合って建築は構想されていく（だから建築には唯一の解がないのだ）。

さて「ひどい」と「すごい」である。ということは同時に、「ひどい」に非ず、「すごい」に非ず、「ひどいでもすごいでもない」にも非ず、ということになる。批評は設計という行為のうちにいつも潜んでいる。批評は言葉だが、設計は言葉に寄り添いつつも言葉を超えたり裏切ったりもする。だから設計は、「ひどいよね」と「すごいよね」の繰り返しである。

集落調査から古代都市調査へ

1992年から95年にかけておこなった地中海をめぐる地域の古代都市調査について、学生たちが多くの思い出を語ってくれている。都市のはじまりを見てみたい。フェニキア、ギリシア、ローマの都市遺構はとても面白そうだ。じゃあ実際に見てまわろうじゃないか。そんなふうに学生たちと話していて思いついた旅だ。みな若いし私もまだ30代だった。気力も体力も行動力もありあまっている。

これは私にとっても、得難い体験の連続だった。私のなかに、集落から都市へ、という意識があったのは確かだ。人類の居住形態の幅と知恵。原広司研究室（原研）にいた時代に多くの集落を見てまわった。修士論文のために奄美大島の加計呂麻島（かけろまじま）に2週間滞在して、まる2日間まったく閉じこめられて外に出られない猛烈な嵐に出くわしたりもしたし、アフリカに2ヶ月いてデング熱と急性肝炎になったりもした。いやそんなことが言いたいのではない。たいへんな思いをしたとしても、それを超える素晴らしい体験があった、ということを言いたかったのだ。そして原型的な集落の経験のあとに、都市の発生を探ってみたい欲望が現れたのだ、と。

そしてともかくだからこそ、旅をしよう、実体験に勝る学びはない、という気構えがあった。本を読むのは嫌いではないし、得られる知識や考えるヒントはいっぱいくれる。でも耳学問はディレッタントに傾く。聞きかじり、読みかじったことどもを、さも自分で考えたことのように（ときにはほんとうにそう錯覚もして）滔滔（とうとう）と語る人間になりたくなかったし、学生たちにもなってほしくなかった。生の現実を見て、自分だけのみずみずしい体験を踏まえ、しかるのちに、それを人に伝えられるように理論化、普遍化、一般化すべきだ。共有できる知に鍛え上げていくべきだ。そんな思いが昔からつねにあった。重点はみずみずしい体験にある。書物からの知識のみをひけらかして学生を脅すようなマネだけはしたくない、そんな先生になりたくない、なにより自分の頭で考える人間を育てたい、と、心から思っていた。

原研究室時代のことをもう少し詳しく語ってみたい。1977年の春に京大から東大大学院に進み、原広司研究室に入ったのだったが、そのとき研究室はもぬけのカラで、みなインド・ネパール地域の集落調査に出かけていた。原研究室はそれまで地中海地域、中米から南米、東欧から中東、そしてインド・ネパール地域、と4度の海外集落調査を重ねていた。幸いにもその5回目の西アフリカ地域調査に私も参加することができた。そこで確かに世界を見る目が変わった、と思う。

アフリカの調査旅行は1978年11月から1979年1月にかけておこなわれた。日本で無償貸与されたスバルレオーネ四輪駆動をバルセロナで陸揚げし、港湾ストにぶつかってしまったのでマルセイユまで陸路で移動、そこからフェリーで地中海を渡ってアルジェ（アルジェリア）に到着。南下してアトラス山脈を越え、ムザッブの谷を訪れ、タマンラセットへ。そこから2泊3日無給油無給水でサハラ砂漠を越えてアガデス（ニジェール）に着く。サバンナに出たあとは集落を探し求めながら、ニジェール、オートヴォルタ（いまのブルキナファソ）、ガーナ、コートジヴォワールを旅した。砂漠は輝き、生活は多彩で、住居集合形態は暗示に満ちていた。いまこう書き記していても、訪れた場所場所の地名も地形も風景も、鮮やかに脳裏に蘇る。

そんな学生時代の経験があったから、京大で教えることになって、まずは旅だ、と考えた。旅によって目を鍛えよう。そして足腰を鍛えよう（なにしろ建築の仕事は体力だから）。そのまなざしの対象として、都市、それも電気も自動車もない、人が自分の声で語り、自分の目で見、自分の足で移動する、そんなスケールと形を持つ都市を見てみたいと思った。

集落は自然に即した自給自足的な世界だが、都市は人為的かつ他給他足的な世界だ。交通と交易を司る場だ。その原型を見てみたいと思ったのだ。古代ギリシア・ローマの古代都市遺構を。地中海沿岸の古代都市を選んだのはそのためだ。

とはいえ、それらはもうすでに発掘調査がなされていて、実は私たちはそうした遺跡と文化の痕跡をたどってきただけだ。考古学や歴史学や文化人類学の人たちから見れば、調査でもなんでもないかもしれない。でも私たちには空間構想力を見抜くまなざしがある。遺跡そのものが想像力を膨らませてくれたし、復元された石造の神殿や列柱街路、そして円形劇場は、人類の空間構想力を存分に感じさせてくれた。人は旅によって育てられる。世界は驚きに満ち、異質の文化がせめぎ合い、共存し、人々はみな違うけれど、でもみな同じ、やさしさやあたたかさに満ちている。

古代都市をめぐる旅は、１９９２年のギリシア、キプロス、トルコ、１９９３年のヨルダン、シリア、１９９４年の南イタリア、シシリー、１９９５年のスペイン地中海岸、と続き、参加してくれた多くの学生たちとともにルートを模索し、走り、眠り、酒を酌み交わして語り合った。遺跡はどこも輝いていたし、みんなで都市発生のころに思いを馳せ、都市の成り立ちを議論もした。

長い時の流れを目の当たりにすると、人類の営みというものは、畢竟、砂と土に埋もれてしまうのだという感慨に襲われもした。遺跡はただ乾いていて、そこをトカゲがカサコソと動きまわる。生活というのは安部公房の『砂の女』よろしく、日々砂をかきだしていくことなのだ。そうでなければ埋もれていってしまう。たとえ生活が続いていても、川の流れによって海が後退して港が遠くへいってしまうこともあれば、流れが変わって町が置いていかれることもある。交易ルートの移り変わりが都市の栄枯盛衰を決めるし、都市の魅力が交易ルートを変えることもある。なにより都市は、必ず計画されてできている、計画都市以外の都市はない、さらにいうなら植民都市以外の都市はない、ということがわかったことも大きな収穫だった。

アレキサンダー大王の将軍リュシマコスは、市街を拡張し住民を移住させまでして、あの素晴らしいエフェソス（古代ギリシアの植民都市で、いまのトルコにある）を計画し、イオニアの最も洗練された都市景観を生み出した。そもそもギリシア人は黒海から南イタリアにかけて多くの植民都市を築き、そのネットワークによって繁栄を謳歌したのだ。集落は土着的だが都市は移住がつきものだ。移動の結節点として、もの・人・情報の合流点、交差点として、都市は築かれる。アレキサンドリアにしてみても、エジプトだけではない。アレキサンダーの旅の軌跡をたどるようにいくつものアレキサンドリアが築かれていった。

日本に目を転じてみようか。藤原京は碁盤目状に計画された都であった。大和三山を意識し、盆地の景観を引き立たせる配置を工夫して、中央に長大な目抜き通りをつくった。ただその目抜き通りの中央が地形的に窪んでいたから水はけが悪かった。そこでそのあと平城京では、藤原京における地形とのミスマッチを反省し、北に向かって緩やかに上っていく、さらに長大な目抜き通りを計画した。しかも道の両側には高い壁が築かれ、寺の屋根のみを見せるようにデザインされた。外国の使節団の訪問を意識したのである。

　時代はぐっと下るが、徳川幕府は江戸に防御と物流を制御する都市を築き上げた。道三堀を開削して江戸湾と江戸城を結び、日比谷入江を埋め立てながら堀を整備しつつ平坦地をつくり、駿河台を削って堀を切って神田川を流し、江戸城を中心にした螺旋状の都市を生み出していった。大名を移住させ、物流を担う町民を集めた。防御と交通のデザインであり、景観のデザインだ。人が集まり、物が流れる。だから都市は異邦人に満ち、活気づく。

　歴史上、世界のさまざまな都市を振り返ってみてもみなそうだ。都市は必ず、政治的にも経済的にも、人為的な操作と意図と計画によってできていく。移住によってできていく。計画都市以外の都市は、ない。

　私が原研究室のアフリカ集落調査で感じ、思い、考えたこと、その後折に触れて振り返った刺激的な体験はとても汲み尽くせない。それと同様ななにかを、学生たちもまた体験とともに記憶に刻んでくれるのではないか。そんなチャンスを京大の学生たちにも与えたいと思った。なにかすごいものに出会うチャンスを。とはいえ、そこからなにを汲み取ってくれるかは、ずいぶんあとになってみないと、たぶんわからないのだけれど。

　それは水場と馬の関係のようなものだ。馬を水場に連れていくことはできるが、水を飲ませることはできない。水を飲むのは馬だ。飲みたくない馬に飲ませることはできない。とはいえ、水場に連れていかなければ、水を飲みたい馬も水を飲むことはできない。教育にできることがあるとすれば、それだ、そしてそれだけだ、と私は思っている。飲むかどうかは馬の勝手である。

でもそのチャンスを与えるのが教育の役割だ、と。

教育についてきちんと学んだわけではないからえらそうに語る資格もないけれど、少なくとも自分の「体験」で、それくらいはわかる。私もかつてチャンスを与えられたから、幾多の豊かな経験を得ることができた。そしてその気になったから、荒海に乗り出すこともできた。なにごとかをなす可能性がめぐってきたら、やってみる。学びの場でも、実践の場でも。

自分なりにやってみる

京大建築の学生は、私が学生のころもそうだったけれど、着任したころもあいかわらず大企業志向だった。この点では東大建築の学生のほうが自由で独立志向が強い。つまり個人としての建築家になるぞ、という意識と自覚と、そしてなにかしらの自信である。

個人事務所で腕を磨いて、そして独立する。東大だけでなく、概して東京の大学にそうした気概が強いように思える。たぶん東京という都市が、そんなチャンスに満ちているからだ。個人が自由に活動し、流動していける街。チャンスが転がっている街。個人として活躍する建築家や構造設計者、設備設計者も、他の都市とは比較にならないほど多い。だから学生たちも自然にそんな風土に触れて、先輩たちの姿勢にも触れて、個人としての活動へと船を出していく。

ものや人や情報の流れが大きければ大きいほど、自由の度合いも大きい。お金の流れも大きい。そういうことかもしれない。そういえばバブルのころ、東京は魚影が濃い、と語り合う羽振りの良いクライアントがいっぱいいたことを思い出す。場が流動的であればあるだけ、チャレンジの機会は多くなる。

それに引き比べて、関西は、どちらかといえば歴史が古い分、固定している。安定している。縄張りがはっきりしている。おそらく地方に行けばもっとそうだろう。私が東京で事務所をはじめたころ、たまたま九州に呼ばれて講演会をした。１９８０年代だった。地元の建築家たちが役所に挨拶に行こうと誘ってくれた。なんのために、と思ったがおとなしくついていったら、とても有名な建築家が役所で挨拶まわりをしていた。少し愕然（がくぜん）とした。そのときは意味がわからなかったのだが、のちに少しずつ事態を理解していった。地方では役所が強いのだ。

１９８０年、処女作に続いてまだふたつ目の仕事だったのだが、新宮（しんぐう）に医院を設計することになり、和歌山県庁に確認申請の相談に行ったことがあった。ところがなかなか判断をしてくれない。東京から来ているので早く回答をもらいたいのだと言うと「あんたら設計の業者さんは足で稼ぐんでしょ」と言われて当惑した。何度も通って来い、ということなのか。眼鏡の奥の冷ややかに笑みを浮かべるまなざしを、いまでも思い出すことができる。

しかしなにしろ事務所は東京にあって、しかも現場は和歌山県新宮市である。東京からも新宮からも和歌山は遠い。そのときはまったく意味がわからなかったが、いまなら理解できる。田舎に行けば行くほどそういう風習が残っているのだ。「足で稼ぐ」だって!? ひょっとしたらいまでもまだそうなのかもしれない。

ざっくりと大雑把な話をすれば、当時、おそらく東京の建築家で、役所に挨拶まわりをして仕事をしているのは1割にも満たなかっただろう。関西だと半分くらいだったかもしれない。それが地方に行くと9割くらいになりそうだ。そんなふうに感じた。これはあくまでも感覚的なものなので、まったくあてにならない数字なのだが、そんな気がする。

だから、関西の大学では、大手志向が強いのかもしれない。談合癒着が文化になっている。競合でなく分配。それに浸ってしまえば居心地がいいんですよ、というゼネコンのトップの発言を聞いたこともある。

縄張りがしっかりしているのはなによりだとは思うけれども、そこにぶら下がって、やがてやってくるおこぼれに与(あずか)ろうとする姿勢は生きる力を削(そ)ぐ。そんなことにこだわらなくても、チャレンジングなプロジェクトはある。生態学的なニッチは、きっとある。少なくとも私はそう思って生きてきた。

ともあれ、着任当時はそんな雰囲気で、これは決して（くどいようだけれども）悪いことでもなんでもないが、京大の学生はほとんどが大手志向だった。小さな個人の設計事務所という選択肢はほとんどなかったといっていい（先にも述べたけれども、そもそも東京に比べて個人の設計事務所が少ない。構造設計や設備設計とくればなおのこと）。

建築設計は工学部のなかでも数少ない、大きな企業に勤めなくても、個人としてやっていける専門分野だ。しかも個人が個人の名前でその分野の世界のトップになれる。一歩日本を出れば、世界はむしろ、個人としての建築家が競い合うフィールドだ。せっかく自由な個人として生きられるのに、と思う。組織の論理に圧殺されたり、嫌な上司にぶちあたっていじめられたりしないでもすむのに、とも思う。まあしかし、無理して茨の道を歩むことはない。先が見えないのは不安なものだから。そして自由はいつも不安と表裏一体だから。ただ、だからこそチャレンジする意味も、ある。そのようにも、思うのだ。

どこにも勤めずに建築設計事務所をはじめた経験からいって、確かにはじまりは不安だ。これは誰しもがそうだろう。ただ、期待にも満ちている。なにしろ自由に自分の人生を設計できるし、未知の出会いに満ちてもいる。

「これは人生観の問題だよ」とかつて原広司が私に語ってくれたことがある。同級生が就職し、私が就職をしないで建築家への道を歩み出すことを決めたときに。そうした道を選ぶことに共感する、と、そんなふうに私は受け取った。そういえば、当時の原研には、大きな組織に就職した先輩はほとんどいなかった。そんな研究室の文化的風土でもあった。山本理顕をはじめ、多くの先輩たちはみな、いったいどうやって食っているかはわからなかったけれども、まあなんとかなっているようで、気のおけない仲間たちと楽しそうにやっていた。未来は賭けだ、いずれにせよ。なにが正解かは、あとになってみないとわからない。いや、あとになってもわかるわけではない。ただ受け止めるだけだ。

大きな組織をめざす京大の学生たちを見ていて、だから心の底では、それもいいけど、ひょっとしたらなんとか自分でやってみる、そんな手もあるぜ、と思ってもいた。だから、着任早々の学生たちの幾人かがいきなり、どこにも勤めずに自分たちで事務所を構えたときは驚きもし、頼もしくも思えた。河井敏明や植南草一郎や中村潔たちの「建築少年」の出現である。彼らは個人個人が自由に緩やかに結びついていながら自立して、集まったり離れたりもして、各々の仕事をそれぞれのやり方で進めていっていた。なるほど、そんな流れもあるのだな。

そして、実際に流れは生まれたのだ。いきなり自分ではじめるとまではいかなくとも、建築家の事務所を志向する学生が現れはじめた。しかも、どっと、である。これがおそらく、大きな意識変革のはじまりだった。やればできる、と発想して、自分個人の可能性に賭けてみる学生たちが増えたのである。これが顕著だったのが、次の第1世代に属するのだが、平田晃久、桑田豪、竹口健太郎、丹羽哲矢たちの学年だ。布野修司研究室出身では山本麻子、渡辺菊眞、森田一弥などの猛者がいる。一旦ゼネコンに就職しても、やがて独立して個人の建築家として活躍する道を選んだ、彼らの一年上の森吉直剛や吉田周一郎もいる。第0世代の学生たちの動向は、そして京大建築の地殻変動は、彼らに続く世代の噴火をもたらした。そんな感がある。

私たちの世代が学生だったころのスターアーキテクトは、磯崎新も黒川紀章も原広司も、川崎清も槇文彦も、どこにも勤めないで自分の事務所を立ち上げて設計をはじめている。磯崎新と黒川紀章は東京大学の丹下健三研究室で腕を磨いたじゃないか、川崎清も京都大学の増田友也研究室で鍛えられたじゃないか、そういった大学の設計チームも事務所のようなものだろう、勤めていたと同じだろう、と言われてしまえばそれまでだが、そして時代が違う、と言われればなおそのとおりだが、最終的に個人でやるなら最初からはじめるという手もある。

原広司がまだ学生のころにＲＡＳという自由な個人の設計共同体のような形で仲間と一緒に設計をはじめたのが、私たちアモルフのモデルとなった。そう、モデルが身近にあったのだ。アモルフは、のちに東京都立大学の教授となった小林克弘、同じく同級生の榎本弘之、東大では一級下だが小林の高校時代の同級生亀卦川淑郎、そして私の４人の仲間ではじめた設計「同人」のようなものである。志を同じうするが、ちゃんとした事務所ではない、という意味で「同人」という表現をしてみた。私以外はみな、本郷の芦原義信と香山壽夫の研究室に属していた。私だけが六本木の生産技術研究所にある原広司の研究室だったのだが、そこに宇野求が入ってきて（同じく原研で、学年は一級下だが年は同じ）、彼が机上の空論を実務へと押し上げた。つまり実現するプロジェクトを持ち込んでくれたのである。設計「同人」がちゃんとした一級建築士設計事務所になったときには、宇野求が開設者、私が管理建築士、というパートナーシップとなり、豊島区高田の学習院下に事務所を構えた。処女作の「本所の家」の現場がはじまった１９８０年のことだ。

そんなアモルフがモデルになってシーラカンスができた。シーラカンスを率いた小嶋一浩は京大から東大原研という私と同じ経歴の持ち主だし、シーラカンスの立ち上げメンバーはみな原研究室の後輩だ。そうしてみると竹山研から生まれた建築少年もアモルフやシーラカンスの京都版だと考えていいだろう。習うべき手本が身近にある「憧れの最近接領域」がそこにあったのである。

この「憧れの最近接領域」というのは、もとは心理学者のヴィゴツキーの言葉で「発達の最近接領域」なのだが、教育工学を専門とする上田信行がこれに「憧れ」という魅力的な言葉を加味した。上田信行とは２００８年に柏の葉１４７コモンのプロジェクトで出会った。学びはすぐ近くに憧れの対象、モデルがいると、励みになるし到達の度合いもスピードも増す。身を置く場がたいせつ、ということだ。

私ももし原研に身を置いていなければ、はたして建築家という道を選んだかどうか。原広司がいて、山本理顕がいて、多くの学ぶべき先輩たちが見えるところ、手の届くところ、つまりすぐ近くにいた。竹山研の元学生たちの回想にも、私のふるまいや生き方が励みになったという言葉が多々聞かれて、もしそうだとしたらとてもうれしいし、光栄なことだと思う。私もまた多くの先達に励まされてきて今日があるからだ。

友人の詩人、小川英晴（ひではる）が、「才能は環境がつくる」という言葉を発したことがある。なるほど、と思った。もちろん、個人にもともとあった潜在的ななにかがまったく関与しないというわけではないだろう。しかしそのなにかが花開くかどうかは、環境がつくる。身を置いた場がつくる。師や先輩や友人との関係がつくる（そこからどのくらいのことを学びうるのかは、本人次第かもしれないけれど）。だからそんな刺激を与えてくれる環境に飛びこんで、自分を磨いて、しかるのちに自分なりにやってみる。この態度がたいせつだと思う。人生は試行錯誤だ。決まった道なんかない。竹山研という庭は、そしてその専属庭師としては、そんな自分を磨く場をどう整えるか、刺激をいつもキープしておくか、というようなことばかりを考えてきた。そのような自立した個人を育む環境であってほしい、と念じながら、土壌をつくりこみ、耕してもきたのである。

向かっていく学びの時間

建築学科の学生は、だいたい学部の４年間を終えてさらに修士課程の２年を修め、そして社会に羽ばたいていく。修士課程の2年間を終えてもまだ24歳といったところ。ほんとうならもう少しじっくりと可能性を自由に展開してみる時間があってもいい。日本の教育の制度が、いまひとつ、ゆっくりした時間のかけ方を認めないきらいがあるのが気がかりでもあった。

原研の同級生に早稲田から来た山中知彦がいて、吉阪隆正の「10年ひとつことにかじりつけばひとかどの者になれる」という言葉を教えてくれた。彼は博士課程に進むことに決めていた。もう一人の同級生、東大出身の隈研吾は、個人の建築家というあり方に疑問を持ち、大手組織への就職を決めていた（なんでもできる多才な人間だから、のちに建築家に転身しても成功している）。私自身は、どうやったら就職せずに、つまりどこにも属さずに人生を送る術はないか、と考える学生だった。せめて40歳になったころに、個人として社会に対峙できる建築家として活動していられれば、それだけでいい、と覚悟を決めてもいた。

そんな折に、原広司から1年くらいをめどに博士課程に残ってアフリカ集落調査のまとめをしないかと誘われ、博士課程に残ることにした。「論文を書こうなんて思わなければ博士課程ほど楽しいところはない」という原広司からの言葉に心から頷きながら（博士課程には結局5年いて、退学願いを出した。「退学願いを出してください」と本郷の事務室で言われ「出さないとどうなるんですか」「退学になります」という禅問答の果てに）。

博士課程にいるあいだに、なんとか食いつなぎつつ設計事務所を立ち上げた。いったいどうやって食っているかはわからなかった先輩たちのりっぱな仲間入りである。磯崎新の『空間へ』（美術出版社）のなかに出てくる「知的潜在失業者のドヤといってもいい東京大学の大学院」という言葉にも敏感に反応し、妙に励まされもした。

なにものにも拘束されない時間こそ人生の糧になる。なにかに追い立てられるように過ごすのでなく、空白の時間をたいせつにする。そんな無為の時間こそがクリエイティビティーを育む。

好奇心を持って学ぶ、なにをどう学ぶかも自分で選びとる、それが成長期の人間に必要な基本的スタンスだ。手取り足取り教えるのでなく、語り口やふるまいを見て感じてそこから学ぶ。カッコ良く言えば、「背中を見て育て」。教わるのでなく、学び、考え、自分で決断する。そのためには少々時間がいる。スローである必要がある。急いで身につけたものはすぐ忘れる。じっくり身につけたものは身体が覚えている。

成長には時間が必要だ。とりわけ建築の場合、少なくとも30歳くらいまではじっくりと自分を磨く時間があったほうがいい。これは海外の大学で教えはじめて、あらためて気づいたことでもあって、フランスでもスペインでも（このふたつの国とのつきあいが特に長かったから、例にとってみた）、建築を学ぶために、みなじっくりと時間をかけている。研究室に来る世界各国からの留学生たちも、じっくりと時間をかけて将来の方向を見定める学生が多い。肉体的にも精神的にも放浪の旅は、とりわけ若いころの自由な時間は、人生を実り多いものにしてくれる。焦る必要はない。

人間は成長に時間をかけるという生存戦略を選び取った種だ。大人が、家族が、社会が、子供の成長を見守り助ける。やがて次の世代はさらに知識と経験を引き継いでより良い生存条件を獲得していく。時間をかけた成長は、人類全体にとっての強みだ。

「憧れ（発達）の最近接領域」も、なるほどと思いあたることが多いが、もうひとつ、「インナースピーチ」すなわち内から湧き出る言葉の歩みというヴィゴツキーの考え方もとても面白い。言葉は他者とのコミュニケーションのために獲得された、とよく聞く。そんな側面もあるが、むしろ自分自身との対話、つまり自分自身の思いを広め、深め、確認していく役割も大きいだろう。自分の思いを確認し、認識し、そしてなんとか形のあるものにしながら、当初は未熟な自分なりの形であったものを、徐々に他の人たちにも共有される形へと、発展、発達させていく。

学生の案やスケッチもまた、建築的に見ればこの「インナースピーチ」のようなものだ。それはまだ他者と共有されない未熟な表現形なのである。なにかモゴモゴと、定かならぬ言葉の発芽状態のようなものが蠢いている。文法も発音もデタラメなことが多い。しかしそれが建築的に見て未熟だからといって否定してしまっては、せっかく目覚めた空間構想の喜びを摘んでしまうことになる。豊かなアイディアへと育っていくかもしれない可能性を潰してしまう。

気の短い先生は、えてして「こんなこともわからんのか」と頭ごなしに怒鳴りつける。そんなことをすると、せっかくおずおずと芽を出したアイディアが実を結ぶこともない。もともと知識的にも経験的にも優位に立つ教師が犯してしまう過ちのひとつだ。学生の案には完成度でなく、可能性を見てやらねばならない。

学生の案は多くの場合、おぼつかないインナースピーチではある。カタコトの建築語である（ここで「建築になっていない」と小言を言ってはいけない。むしろその「建築になっていない」ことのなかにこそ、未来の建築の萌芽が含まれているかもしれない）。インナースピーチは、あくまでもはじまりの形であり、やがて他者に伝わる言葉へと育っていく可能性の苗床（なえどこ）だ。ここでじっくり時間をかけて育てておかないと、ただプレゼンテーションが上手なだけのハリボテのような薄っぺらで見てくれだけの建築になってしまう。迷いとためらいのなかに揺らめくインナースピーチの豊穣を経験しない思考の将来は、貧しい。

幼いころ少しだけバイオリンを習ったことがあった。その先生はギーコギーコとうまく鳴らない生徒に向けて、それでいい、もっと思い切って弾いてごらん、と声をかけてくれた。付き添う母親が子供に向かって、もっと綺麗な音を出せるでしょ、と口を挟むと、「いや、おかあさん、綺麗な音を出そうとして恐る恐る弓を動かしていると、ほんとうに響きに艶のある音にはならないんです。むしろ思い切って弾かせてあげてください」と諭してくれた。そしてギーコギーコが続いていく。

そう、最初から完成形に近いものは、えてして小器用にまとまってしまう。野球でも、なまじコントロールがいいより、暴投するくらいのスピードボールを投げるほうが将来性がある（２００９年に立ち上げた「建築新人戦」でも、その評価基準を問われたときには、いつもそのように答えたものだ。コントロールよりスピードを、と）。お粗末に見えるスケッチもアイディアも、やがて建築的な思考を徐々に身につけることを通して成熟していく。初心を内に秘めた、芽生えたばかりのアイディアを、安易に圧殺してしまってはいけない。

自分の頭で考え、自分の身体でしっかりと咀嚼しようとしている限り、模倣もありだ。インスピレーションをもらうためのマネはありだ。それは思考のプロセスにおける外からのポジティブな影響だ。そもそも外からの影響は内なる成長と同期している。はじめは未熟かもしれないがそれでいい。アイディアは未完成で未完結なものだからこそ、伸びていく余地がある。どだい人間は一生、未完成で未完結なものだ。齢を重ねてもなお、憧れはあり、学びは続いていく。

「憧れ」というものも、だから目標ではなく、つまり完成形のモデルなのではなく、ひとつのステップ、指標であり、さらに向こうを指し示してくれるベクトルでいい。固定した具体的なものでなく、方向性でいい。実像でなく虚像でいい。むしろそのほうがいい。その向こうにあるなにかを、まだ誰も知らない。知らないからこそ踏み出していく価値がある。自由と不安は表裏一体だ。学びのスリリングさもそのあたりにあるだろう。決まったことを学ぶのは退屈である。真の学びは、そんな退屈とは無縁だ。「自分なりにやってみる」という考え方は、教育というのはつまるところ、教えではなく学びだ、という考え方にも通じている。待っているのではなく、向かっていくのだから。そして、やはりそれには時間がかかるのである。促成栽培なんかでなく、自然の庭でこそ、なにか途方もない可能性が育ってしまうものなのだ。

遠い憧れとスクリーン

「憧れ」、これは私がこれまでずっと強く心に置いてきた言葉だ。「憧れ」こそが人生を導く。「遠い憧れ」が、建築を導いていく。夜目遠目笠の内。長い距離。スクリーンに隠されたもの、その向こうに垣間見えるものへの憧れを、建築は増幅していく。青空、月、暗示され、あるいは切り取られた風景。遠く離れたものを呼び出すこと。建築の喜びのひとつがそこにある。

建築はスクリーンのようなものだ、といつも考えるようにしているのだが、それはスクリーンがなにかを映し出すだけでなく、なにかを遮り、なにかを透かせ、なにかを浮き立たせて、暗示と予感を与えるからだ。もちろん、雨風をしのぐ、そして暑さ寒さを和らげるシェルターのような役割を、建築は確かに持っている。しかしそれは閉じたシェルターではない。ブラックボックスなどではない。そこに必ず、扉が窓が穿(うが)たれている。

一見、外部との関係を遮断するように思われる屋根や壁ですら、実は外部を遮断するとともに交流させる装置として機能している。なにしろ窓は壁や屋根がないと存在しえないのだ。窓は距離を感じさせると同時に距離を縮めてもくれる。光や風や音や風景を通過させることによって。その窓の枠組みとして、抵抗物として、屋根はあり、壁はある。

壁に窓が開けられるのはつねだが、屋根に窓が穿たれれば、そこに青い空が切り取られ、雲が流れる動きが見え、そして夜には星が、そして月が眺められる。切り取られた風景にあっては、空の青はより鮮やかさを増し、月はかけがえのないものとなるだろう。ガラスが雨の粒を見せてくれるし、開け放てば心地よい風が流れるだろう。

床、壁、屋根、といった建築的なしつらえをすべてスクリーンと捉えてしまえば、もっと建築は自由になる。さながら孔の空いたスクリーンだ。床も平坦でなくてもいい、壁も垂直に立ち上がる必要はない、屋根は宇宙への窓となる。建築は身体を包む環境になる。

思えば、建築のモダニズムも、過去の意味や約束事に満ちた堅固なボキャブラリーから建築を解放する運動であった。壁のない建築をモダニズム建築はめざしたし（壁があるからこそ自由が見えるという逆説もあるのだけれど）、屋根（ここでいうのは切妻とか入母屋とか寄棟とかいった、昔ながらの形のある因襲的な屋根のこと、これをモダニズムは拒否した）のない建築は空に向けたテラスとなる（ル・コルビュジエが唱えた「屋上庭園」は秀逸なキャッチフレーズだ。とはいえ屋根を否定するばかりではなく、屋根が物語を生み出す力となることも、もちろんある）。人工的な床（えてしてそれは水平につくられる）を撤去して、大地の起伏がそのまま建築のエレメントになることもある。

シェルターを築くこととシェルターを破ること。このことを同時に考えることが建築を設計することであり、「空間加工のイメージ」を膨らませることだ。建築という行為は、まずは物質を加工することによって、そしてその配列や関係を工夫することによって、空間を現象させる技であるのだが、このとき要求されるのは、物質と空間とを同時に把握する論理と感性だ。

物質と空間の関係は、音と音楽のようなものだ。空間はいわば物相互の関係であり、そこに生み出される流れだ。流れは光や風や音や諸々の運動する存在が響き合って生まれてくる。建築物を構成する物質、そして物体によってそれは生成する。この流れを加工していくセンスが設計には必要になる。折ったり曲げたりたわめたり、切ったり張ったり穿ったり。それはものを加工しているというより空間を加工している感覚だ。だから「空間加工のイメージ」と言っている。音を並べるというより音楽に耳を傾けている、というのに近い。音そのものであるというより、音相互の関係や、重なりに注意は向けられている。でないと作曲も設計もできない。

音がないと音楽はないのと同様に、建築物がないと建築空間は現象しない。孔は、窓は、開口部は、そこを光や風や音が通っていくから、この現象が顕著に現れる場所だ。内と外、天空と大地を結びつけてくれる。孔を穿つのは、だから「建築する」（建築する、とわざわざ言わなくても、建築、とはまずは動詞だ。広辞苑を見よ）、という営みを象徴するような行為なのである。原広司は、かつてこれを「有孔体（ゆうこうたい）」と名づけた。

壁に、屋根に、そして床にすら、窓を、扉を、開口部を穿つこと。固定観念を打ち破ること。そうした行為こそがスクリーンとしての建築に呼吸をもたらしてくれる。長い距離の感覚を建築に導き入れてくれる。憧れはその向こうに立ち現れることだろう。そんな遠い憧れをめざして、スクリーンを曲げ、折り、刻み、穿ち、そしてそこに現象する光や風の戯れ（たわむれ）を楽しみたい。建築を設計するという行為を通して。

建築を構想するということは遠い憧れを現象させることだ。

個人として生きる

建築家、というのは仕事や職能というより、生き方なのだと思う。個人として生きる、自分の表現に自分で責任をとる、組織にもたれかからない、つまり自分の力で自分なりにやってみる。仕事の規模がある程度大きいから、もちろんさまざまな人たちと協働するわけだけれども、基本的に自身の存在に、表現に、責任をとる。

私がよく用いる言葉だけれども、個としての建築家、という言い方も、それがわかりやすいので使っている。個人として社会に向き合い責任をとるポジション、というものを明らかにしているからだ。自身で責任ある判断を下さず、周囲や組織におもねって歯車のように流される、そんな生き方の対極にある生き方を想定している。個を組織に埋没させるのでなくて、課題に向き合ったらその都度パーソナル・コミットメントを果たすことがたいせつだ。この言葉を私は、個人として責任を持って関与すること、とでもいうような意味合いで使っている。

個人で自分の事務所をやっていれば、対社会的にも姿勢は明快だ。しかしもちろん、組織事務所のなかにあっても、個人として社会に向き合っている人たちはいっぱいいいて、竹山研出身者はみな、そのように組織のなかでの立ち位置を取ろうとしているように見える。それでまったく構わない。むしろ大きなことを成し遂げることができるだろう。社会は複雑で、専門分野は多岐にわたっているから、コラボレーションの必要性はますます増していく。ただそのときに、個としての立ち位置をしっかり築かなければならない。プロジェクトのなかに、自身の参加した価値をささやかなりとも刻みこまねばならない。他人まかせで、大船に乗っている気分、では困る。

そうしたさまざまなプロジェクトにあって、規模の大きいことがそのまま価値ではないことを心に留めておく必要がある。大きさではないのだ。むしろ、その形式と内容として、質として、密度として、強度として、価値を有するかどうか、影響力を持つかどうか、さらに言うなら、人類の文化遺産として愛されるかどうか、がたいせつなのだ。ルーブル美術館に行ってみたらいい。居並ぶ巨大な絵画群に比べたときの、「モナリザ」の小ささを見れば、そのことがよくわかる。

さて個人という話である。パーソナル・コミットメント、という言葉をずっと学生たちにも言い続けてきた。個人として問題とどう関わるか、どう責任をとるか。人のうしろに隠れて共同作業をやっているふりをしてはいけない。なあなあで責任を回避するずるい人生を送ってはいけない。いろいろな状況があるだろうから、ひとしなみには言えないが、歯車になって組織にオンブに抱っことなるかどうかは、本人次第だ。でもどんな立場にあっても、個人の自由を優先させるようなチームであってほしい。そして、やがて組織をリードする立場になればなおのこと、そのようなチームをつくりあげていってほしい。個人個人の夢を圧殺せず、組織としても最大限に機能するような。これはどんな社会でもどんな時代でも、人間の美徳であり、少し大げさに言うなら、倫理でもある。

個人の夢というのは案外変わらない。認められる個人でありたいという欲望は変わらない。原広司はかつて、「時代は必ずスターを求めるものだよ」と語った。これは必ずしもスターアーキテクトを意味しない、と私は思っている。そしてスターを個人と読み替えて、いまも深く頷いている。個人は個人として生きることを求め、時代は個人を求める。個人の夢を体現するスターは、いつの世にもどんな世界にも、求められる。そして、輝く個人はすぐそばにもいる。無名の輝く個人こそを見出しながら生きていきたい。

念のためつけ加えるなら、他者と協働することと他者のなかに埋没することとは違う。そしてそれは他者から遊離することとも違う。姿の見えない組織やシステムに左右されるばかりの生き方は不本意だし不愉快だろう。だからといって、突出すればいいというものでもない。個人を滅しても、個人を暴走させても、あまり良い結果にはならない。

建築設計に関していうなら、構想される建築が、より豊かな、夢と驚きと喜びに満ちたものになることがたいせつなのであって、そのためには心を合わせる必要もある。個人が自身の意見をしっかり持って戦う必要もある。それはこの先どんなに社会が管理化されていっても、多数が優先されていくことになっても、同じことだ。人類が社会を築いて以来このかた、それが基本的にずっと繰り返されてきた営みであり、社会の葛藤のあり方だからだ。行ったり来たりの揺り戻しはあるにしても。長い目で見れば、人類の歴史は個人の自由に向かって運動している。他者を圧殺したり圧殺されたりしない社会に向かって進んでいる。

「少なくとも私の考える建築は個人の観念の中にしかない」と磯崎新は『空間へ』のなかで、アフォリズムとして語った。建築は、建築を設計するという行為は、少なくとも個人の自由を認め合う世界につながっている。建築を構想することができる、ということは、個人としての表現ができる、ということだ。どんなディテールにも個人の夢が宿っている。これを認め合うところに、人類の文化としての建築の未来がある。

どこにも属さず生きる

建築家へと駆け上(のぼ)ろうとしている人間を見たのは高松伸(しん)が最初だ。高松伸も、大高正人の事務所を2週間でやめて京都に戻り、川崎清のアトリエを経て独立したばかりだった。安藤忠雄とは彼がまだ

36歳のころに出会った。仲間たちと『ＳＤ』という建築雑誌でコラムを執筆していて、その取材も兼ね、安藤忠雄に会いに事務所まで訪ねていったのだ。「住吉の長屋」や「帝塚山の家」、「双生観」など、安藤忠雄は自らブラウンのポルシェ911を駆って連れまわって見せてくれた。そういえば安藤忠雄もどこにも正式に勤めたことはない。いくつもの事務所で腕を磨いていた、と本人から聞いた。

　たとえ吉川英治のフィクションにせよ、宮本武蔵に人気があるのは佐々木小次郎のように仕官をしたりしていなかったせいもあるだろう。どこにも属さない、という生き方は、私にとっても人生の指針であった。だからどこにも就職することなく、自分で事務所を立ち上げる道を選んだ。

　高松伸は私の6年先輩で、私が学部学生だったころ、博士課程に籍を置きながらすでに建築家として独立して仕事をしていた。時代は高度成長期、昼は万博の工事現場でブルドーザーを運転して稼ぎ、夜は乳飲み子を抱えながら製図板に向かって、あの伝説の卒業設計（真っ黒なケント紙に白インクという独特のプレゼンテーションの琵琶湖に浮かぶ医療都市）を描き上げたという逸話もあり、建築雑誌の学生コンペなどでも勇名を馳せていた。のちに京大教授となる当時堀内研究室（防災が専門領域）の小林正美助手（高松伸と同級生で、二人とも川崎研の残党と呼ばれていた。川崎清が彼らを残して京大から阪大に移ってしまったからだ）と同じ部屋に名札がかかっていた。

　まだ学部の学生だったある日、設計課題のエスキス（設計課題に対する草案批評のこと）をしてくれていた小林正美助手から「君、高松伸に会いたい？」と聞かれ、「もちろん会いたいです」と答えた私を、彼は京都の二条通りを下がったところにあった小さく暗い事務所に連れていってくれた。扉には「匠設計室」と札がかかっていた。そこに一人ポツンと座って図面を描いていた小柄で凄みのある男が高松伸だった。「こいつなかなか見どころがあるんだよ」と小林正美から高松伸に紹介され、どこか緊張感と親愛感に満ちた時間が過ぎたのち、彼は卒業設計をまとめた黒い表紙の手製の小冊子を私に貸してくれた。

のちに川崎清からの誘いを私に伝え、京大着任へのきっかけをつくってくれたのはこの小林正美だった。高松伸と小林正美は、大学院で東大と京大とどちらに行こうか迷っていた私の背中を押して、東大に行け、原広司の研究室に行け、そして、デザインを諦めるな、と檄を飛ばしてくれた。いつの時代もそのようにして、なんらかの形で背中を押してくれる先輩や師はいるものだ、とつくづく思う。

土壌

竹山研には好き勝手にやる土壌があったという思い出を語る学生が多い。大林組にいてハーバード大学でも学び、外国企業の日本進出プロジェクトの切込隊長を自任する辻芳人は、「竹山さんは世代も近くて憧れる先輩みたいだったから近づきやすかった」と言ってくれている。「第0世代の僕らがそういう先生を見ながら好き勝手にやってきたので、竹山研には好き勝手にやるような人たちが入ってきて、それが研究室のカルチャーになり」とは河井敏明の発言だ。彼はロンドンに留学したり、メキシコの大学で教えたり、若いころは冬も低いフロントウィンドウのMGのオープンカーで風を切り助手席の人間を凍らせ、高価なカメラのコレクションを駆使してモノクロ写真を撮るという自由人を地で行くような人間だが（ちゃんと日本建築設計学会賞をとっていたりもする）、その彼をして好き勝手にやる土壌と言わしめる竹山研とはいかにも端倪すべからざる者どもの集合、といった趣ではないか。

どうやらこれは初期の学生たちから、最後に教えた学生たちまで、共通しているようだ。自由な風土、とでもいうのだろうか。それは確かにそうでありたいと思っていたし、さまざまな思い出話を聞いてみればなるほどと思いあたることばかりである。目的地に向かって最短距離を行く合理的な航路ではなく、右に行ったり左に行ったり、ジグザグと寄り道回り道だらけ。

他の研究室から移ってきた学生などは、とりわけこのことを痛感したようだ。礼儀や上下関係や規律を重んじ、厳しく躾けられた研究室から移ってくると、あまりの自由さに戸惑ってしまう、と。だが、それはたぶん学生が自ら開墾した土壌だったような気がする。自由のもたらす戸惑いを自らへの鼓舞となしうる学生たちが集ってきたわけだ。自由に自らをのばしていくことを私は心から歓迎し、そして応援もした。しかしなにより、学生たちが自ら、放っておいても自主的に学んでいく空気を醸成していたのだ。もちろん、お互いに、微妙な緊張感や競争心を漂わせながら。

ただそれは、好き勝手というのとちょっとニュアンスが違う。そこを流れる思想や倫理のようなものはあった。つまり、勝手放題やり放題ではなくて、なにをやっても自由だけれどもそこにちゃんと責任をとれ、というような。生き方やふるまいについてもまあそうなのだけれど、設計に関しても、どんな形が出てきても自由だが出てきた形には責任を持たねばならない、という認識は共有されていた。そのように私も求めたし、学生たちもおのずとそれに応えてくれた。私たちの、あるいは研究室の作風はこうだからこうしなさい、と形を規制することはしないけれども、形に対する姿勢とか態度のようなものは筋を通さなくてはならない。当初は根拠のない形であっても、出てきたからにはその形に根拠を見出さねばならない。ときに根拠のない形をも認めるけれど、そこに根拠を見出す努力は根気強く続けねばならない。言葉であったり図式であったりを通して。

そういえば原研出身の建築家は、9歳上の山本理顕も同級生の隈研吾も4歳下の小嶋一浩も、作風はみんな違うけれど、そして師の原広司とも違うけれども、たとえていうなら原イズムのようなものを共有している。原広司の建築に対する姿勢や思想を引き継いでいる。かりに竹山イズムのようなものがあるとして、もししかるべき時を経てそれが滲(にじ)み出てくることになるならば、とてもうれしい。

ただし、イズムといっても、一色に染まるようなイズムはちょっと願い下げである。プリンストン大学の学生がみんなイエロートレペ（黄色いトレーシングペーパーのことで、プリンストンで教えたマイケル・グレイブスが、決まってその紙にプリズマカラーという色鉛筆でスケッチをしたので有名）でポストモダン・デザインをしなければならないマイケル・グレイブス・スタイルとか、タリアセン（ライトの事務所）で教祖を崇めるように図面を引かせるフランク・ロイド・ライト・スタイルとか。そういう一発でわかってしまう、あからさまで強制的なイデオロギーではなしに、だ。

念のため言っておくけれども、マイケル・グレイブスもフランク・ロイド・ライトも、私はとても尊敬している。でもそれとこれとは話が別だ。

（扉写真）古代都市調査／ギリシア・デルフォイの円形劇場　1992

現実と虚構を架橋する建築的想像力のアブナーイ魅力について

想像力というやつは、生きとし生ける者のうちたぶん人間だけが持っている能力なんじゃあないかと思う。こいつのおかげで人間はありもしないことを思いついたり、とんでもないことを考えたりして、喜んだり悲しんだりしてしまうのである。そのプラスの面もマイナスの面もひっくるめて、こうした想像力の描出する世界こそが、人間と生まれた最高の楽しみと言うべきではないか、とは幼い頃からうすうす感じていたし、最近とみにまた痛感することでもある。音楽、アート、TV、演劇、映画、写真、小説、詩、およそありとあらゆる表現のジャンルをその根っこのところで成り立たせているのが、この想像力＝イマジネーションというやつに他ならないのだから。

表現のジャンルと呼ぶべきかどうかは別にして、スポーツにおいても想像力の働きは大きい。イマジネーションのあるなしで、プレイの上達には大きな差が出るものだ。高校の頃、大商大の千種のジャンプシュートを見て、僕なんかずいぶんと自分の内に虚構のフォームを鍛え上げたものだし、実際そのようにシュートするとえらくまたこいつが入ってしまったりするのである。全日本の試合をTVで観た翌日などは、皆が諸山になったり谷口になったり阿部になったり、つまりはお尻をちょっとひいてジャンプシュートしたり肩にかつぎあげてロングシュートしたり思いっ切り鋭いカットインをしたりして、ともかくギンギンにプレイに活気が漲(みなぎ)ったりするのだった。ときには沼田のようにヌーボーと突っ立ってコーチにどやされたりもして…いや、その昔のバスケットボールの話だ。

かくして想像力というやつ、まったく恐るべき力を持つもののようであるらしいのだが、しかるにその正体は、というと、これは一言でいって、現実と虚構を架け渡す能力である、と定義してしまってさしつかえない。ものごとその都度定義することが肝要である。そして建築の面白さというか醍醐味というかそーいったものについて語るならば、そうそうそれがそもそもこの文章のテーマであった、これはひとえにこの想像力のダイナミクス、すなわち、現実と虚構との緊張関係の上に成立するものだと言っていいのである。

現実的側面と虚構的側面を双方あわせ持つというジャンルは、文化・表現の世界広しといえども建築を措(お)いて他にないんじゃあないか。そこでさまざまなアプローチが可能にもなってきて、建築の世界をより多彩なものにしている。材料を徹底的にいじくりまわしてみるパラノイア的楽しみ方から、構造システムを解析して純粋な力の流れを抽出するメタレベル的な楽しみ方まで、現実派の人々も虚構派の人々もともに楽しみを分かち合うことができる。工学畑から文学畑までそれなりに一席ぶっちゃったりもしちゃえるのである。こんなジャンルはちょっと他にはないのではあるまいか。

なかでも現実から虚構へ、虚構から現実へと、フィードバックを繰り返すデザイン＝設計というフィールドの楽しみは、自分でやっているから言うわけじゃないが、これはもうちょっといっぺん味わったらやめられない醍醐味があって、だからこそ、ろくな稼ぎにもならず社会的プレステージもさして高くないこの仕事に身も心も捧げてしまう建築バカたちが、毎年毎年まるで雨後のタケノコさながらに出現してくるわけで、それを僕は「建築教の信者たち」と呼んでいる。つまるところ建築というのは宗教とさしたる隔たりはないのであって、信じてしまえばシマイ、という構造を共有しているのである。だからこの冊子の研究室紹介なんかにも、たぶんそうした信者あるいは信者予備軍が教祖やら予言者やらの言説を受け売りして、なにやらわかったよーなわからんよーなことを言っていたりもするであろーことは想像に難(かた)くないのでありますが、神＝建築に身も心も捧げた人々の告白と思って大目に見てやってほしいのであります。なあにかくいう僕とて同じ穴の狢(むじな)、ただ少しばかり悟りを開いているのでそこらの構図がよく見える見晴らしの良い場所に立っているだけだ、と思ってもらってよろしい。ここまで来るにはそんじょそこらの修業じゃすまんのだぞ、ととりあえず声を大にして申し述べておきたい。まあ、気楽にやっているんですけどね……

　でまあそういうわけで、建築というのはその人なりにそれぞれの楽しみ方が可能なのだ。「建築、建築」と日々呪文のよーに唱える人がいてもいいわけだし、オレ建築知らないよ、と言いながら建築しててもいいわけだ。

　ところで、デザインの世界なんかに足つっこんじゃうと、現実と虚構の間を想像力というバーつかんで綱渡りしちゃって、これがもうたまらん、薬物中毒と同様の御面相とあいなるのは前述のとおり。こんなこわい世界にはくれぐれも足を踏み入れないよう、ご忠告申し上げたい。いまの純粋で健康な心を保ち続けて、信者の妄言には耳を貸さぬこと。街頭で幸せを祈られそうになったら、さわやかにアタシャシアワセよって答えられるだけの心のユトリを見失わないこと。さもなければ、ほら、あなたのすぐそばまで、建築教の魔の手は迫っていて、あ！！？

　とゆーくらいに建築というのはアブナーイ魅力に満ちたところです。お気をつけあそばせっ！

（たけやま　せい　昭和52年卒。現在、設計組織アモルフ）

（１９８７年新入生歓迎冊子『WELCOME1987』所収
昭和62年4月18日発行　限定３００部）

＊＊＊

　１９８７年の新入生歓迎冊子は、１９８６年入学の学生たちが編集委員となって制作している。ちなみに当時２回生のその編集委員のなかには、現在東大生産技術研究所教授の今井公太郎、国士舘大学教授の南泰裕（やすひろ）の名前がある。鹿島建設に行った福永太郎は川崎研であり、私の着任まで卒業を待ってくれていたので、私も指導した。彼らがどういう意図と基準で寄稿者を選考したのかは知らないけれど、まさかのちに京大で教えるなどと夢にも思わないまま、バブルエコノミーのはじまった東京で後輩たちに向けてこのふざけたような調子の原稿を書いた。いかにも若かったし、なにやら浮かれた時代の気分が伝わってもくる。彼らと同級の当時の２回生には、第０世代で私ともっともよく飲み、語り、旅をした河井敏明がいる。近畿大学で教える垣田博之も川崎・竹山研であり、河井と同期入学。２人とものちに建築設計学会賞を受賞している。

　１９８７年に新入生としてこの文章の洗礼を受け、川崎・竹山研に入る学生には、第０世代トークイベントで活発に発言してくれた竹中工務店の小幡剛也や、建築家であり京都・山科の若宮八幡宮の神職であり京都工芸繊維大学でも教鞭をとる中村潔、先斗町（ぽんとちょう）のすきやきいろはを営む建築家植南草一郎、京大キャンパス計画にたずさわりいまは高知工科大学で教える吉田晋がいる。また同じく川崎研で京大アメフトキャプテン、私とちょうど入れ違いに東大大学院の原研に進んだ槻橋修（つきはしおさむ）や、小林正美研に進み、いまは立命館大学で教える大窪健之がいる。京大建築教授の牧紀男（防災研）、冨島義幸（歴史研）もこの学年である。京大人間環境学研究科教授の中嶋節子もそう。

　バブルエコノミーの隆盛とともに学生生活を送り、その失速を経験もした世代だ。第1世代の森田一弥がトークイベントで言及していた「建築ってのは、まあかなり面白いもんだよ」という文章はそのまた少しあと、彼らの入学した1990年の新入生歓迎冊子に寄稿したもので、これは『庭／のびやかな建築の思考』に収められているから、そちらも参照してくれるとうれしい。この文章もまたずいぶんふざけた口調で、やはり時代と世代と年代をよく表しているな、と正直に思わざるをえない。

1 新時代の到来

| 第 1 世代 |

1994-96

1st generation / The dawn of a new era

第0世代とは数年も変わらないが、なぜここで1という番号がふられるかというと、それは先住民でなく、選ばれた民だ、ということだ。これも一種のジョークだからそのつもりで聞いてもらいたいのだけれど、先住民、つまり旧約聖書のころ、と呼ばれる第0世代の学生たちは、私の着任時すでに研究室にいた。川崎清の研究室に在籍していた学生たちである。それに対して、第1世代からは、私を選びそして私が選んだ学生、ということになる。

どういうことかを説明しよう。京都大学の研究室配属にはセレクションという儀式があって、学生たちは志望を出してセレクションを受け、そして研究室に入る、というプロセスを経る。3回生まではどの研究室に属するというわけでもなく、基礎的な、そして全般的な教育を受けるのだが、4回生からは専門的なテーマを持つ研究室に入ってより特化した教育を受ける。

京大建築では大きく3つの系に分かれており、計画系、構造系、環境系と呼ばれていて、それぞれの系はいくつかの研究室によって構成されている。私たちの研究室は計画系のなかでも、特に設計を専攻する研究室だ。学生たちは自らの興味や向き不向きを考えて、そのどこかの研究室を選ぶことになる。学生たちがまず研究室を選ぶのであるが、各研究室には定員があるので、もし定員をオーバーするとセレクションにかかることになる。

川崎研究室では志望する学生たちを集めて、それまでに描いた図面を持ってきてもらい、これを見て決めるという形がとられていた。1992年の4月に4回生になる学生たちから、川崎清と一緒に私も選考に加わって学生たちを選ぶことになった。だからそこからは、ゼロでなく、ちゃんとナンバーがふられた第1世代となる。つまり川崎清に加えて竹山聖もあわせて志望する、という意志表示をした学生たちであり、と同時に私自身がセレクションに加わった学生たちということにもなる。

ところで追記すると、京大にはかなりシビアな大学院の入試というものがあり、これは純粋に試験の結果で研究室が決まる。教師の側に選ぶ権利はない。だから修士課程の学生に関していうなら、これは私が選んだのではなく、彼らが私を選んだのだ。いずれにせよ、私を選んでくれた第1世代である。

最初の学年は、1992年4月に4回生になった、したがって1989年入学の学生たちである（京大では留年も多かったから、ほぼ、だけれども）。ただ、私が最初に学部の講義を担当したのが3回生配当の「建築設計論」だったから、この学年の学生たちにはゼミの指導はしても学部の講義はしていない。実際に私の講義を受けて、そして入ってくるのは1992年に3回生だった1990年入学の学生たちだ。

この1990年入学の学生たちから、実は大きな地殻変動が起きる。それまで大きな組織に就職することがあたりまえであった京大生が、小さなアトリエ派と呼ばれる設計事務所に大挙して押しかけるようになる。学生の気風が一気に変わったといっていい。

これはおそらく私の影響でもあるけれど、私の前年、1991年秋に京大に着任していた布野修司の影響もかなり大きいと思う。布野修司と私は、その後タッグを組んで、京大建築の設計教育にいわば革命的な変化を起こしていくことになる。卒業設計の最優秀賞（武田五一賞と名づけられた）の制定や、スタジオコースの立ち上げや、国内他大学のみならず海外の大学との交流や、京大建築の機関誌『traverse（トラヴァース）』の発刊など。

ただやがては大きな革命的ムーブメント（これは教える側がしゃかりきになっても生まれるものではなくて、これに応じる学生たちの動きとその自主的な展開がむしろ重要）になっていくとはいっても、はじめはごく単純なことで、ただ「設計課題の締め切りを守る」ということだった。まずはこれに尽きる。蟻の一穴、である。あ、これは災いにつながるから、良いたとえではなかった。失礼。

さて、しかし、なにはともあれ、締め切りである。締め切りを守ればそのあと講評会という議論の場を設けることができる。締め切りを守る、講評会をする、そのあと打ち上げをする、というのが布野修司によれば１９７０年代に教授として東大の設計教育をリードした芦原義信が持ちこんだアメリカの流儀（芦原はハーバード大学に留学した経験がある）だったそうで、これもまた導入された。海外の大学などでは、それがあたりまえだったことを、私ものちに知ることになる。私は渋る多くの先生方（負担が増えるし、学年末に一括でつければよかった成績を、いちいちその都度つけなければならなくなる）を説得し、以来すべての課題で講評会が開かれることになった。

そもそも締め切りを守らない、講評会もやらない、というのは他のどの大学でもおそらくは見られない自由奔放さであって、それが京大らしいといえなくはなかったのかもしれないが、それでは自分が設計したものがどのように評価されるのか、どこが良くてどこが悪いのか、なにもわからない。設計したらしっぱなし、なにより締め切りが守られなければ講評会もできない。思えば私が学生だったころもそのとおり、形だけの締め切りはあっても守られることはなく、講評会も、先生によってはごく稀に開かれることもあったが、まずないといってよかった。それが、70年代から続いて90年代まで脈々と京大の「伝統」となっていたのだ。自由な学風と自由放任とは違う。締め切りがあって、講評会が開かれるから、ディスカッションの場が生まれ、建築を言葉で語ることができるようになる。それも他者に通じる言葉で。

というわけで、この第1世代あたりから、京大の設計教育の場に吹く風が変わった。そして課題の内容やその流れにも手を入れ、課題を担当する先生方の配置を工夫し、特定の先生たちばかりにあたったり、逆にあたらなかったりすることを避けて、いわば学生たちになるべく不公平にならないようにした。そしてカリキュラムも意識的に変革した。コンテクストからプログラムへ、という流れとなるように。

少し説明してみたい。多くの他大学はおそらくそうなのだが、住宅とかオフィスビルとか学校とか美術館といったように、施設の種別や内容に応じてカリキュラムを構成し課題として与えていく。私がおこなったのは、そうした機能別の課題構成を壊すことだ。そのような建築の目的ごとに順々にこなしていく課題ではなくて、まずは風景であったり場であったり環境であったり、建築がおかれるコンテクストを問いかける課題がきて、やがてそれが単純なものから複雑なものへ、そしてプログラム（施設の内容）のあるものへ、さらにそれが複合的であるものへ、と移っていく。そうした全体の流れのなかで、課題を担当する先生方の配置を再編成し、学生のグループ分けを見なおし（グループ分けと課題の偏りによって、設計に進む学生の偏りがわかってきたからだ。のびのびとした課題にあたった学生たちは設計が好きになり、きちきちの課題にあたった学生たちは設計を疎(うと)ましく思うようになる）、設計教育のカリキュラムを抜本的につくりなおす。

私はそうした作業をおこない、そしてそのように課題の構成を組み替えていった。建築は機能でなく、空間の豊かさでこそ評価されるべき、と考えているからだ。ギリシアのパルテノンも、ル・コルビュジエのラ・トゥーレット（のちにも触れるヴォルフ・プリックスがル・コルビュジエの最高傑作と讃える修道院）も、丹下健三の代々木のオリンピックプール（国立代々木競技場）も、使いやすいから評価されるのではない（機能的な要求は時代によって変わりもする）。空間が豊かで驚きに満ちているからだ。

これはいまも引き継がれる課題の流れであって、京大ならでは、だと思う。建築物の中身をアーダコーダ言うよりも前に、まず建築と他者との関係から出発する。他者とは自然環境であったり、都市的コンテクストであったり、歴史的文化的コンテクストであったり、さまざまだ。建築は他者に対する抵抗／応答の形式だ。建物の佇（たたず）まいが、内部空間が、街や自然になじみ、人々に愛されているからだ。建築の設計者は、機能に左右されるより以前に、どのようにその場所や風景を読み解き、光や風や水の流れに応答し、そして真に価値のある建築空間を構想するかがたいせつだ。価値ある空間は中身が変わっても、教義が変わっても、守られ愛される。ローマのパンテオンのように、あるいはイスタンブールのハギアソフィアのように。

第1世代の学生たちはこの変革期を、その激動を、身をもって体験した世代である。ただ、彼らの言葉を借りるなら、第0世代と違って、閉塞した状況を打ち破る解放の瞬間の目撃者ではなく、概ね解放されていた、という。つまり、新時代の到来は、待たれていた予言でなく、すでに訪れていたのだ、と証言している。この世代からはさらに、実に多くの個としての建築家が出ているのは第0世代の章で触れたとおり。それは竹山研にとどまらない。京大建築はやがて、これまでとは比較にならないほど、多くの建築家を輩出していくことになる。

1996年の春に川崎清が退官を迎え、1992年からはじまった川崎・竹山研は、ここでひとつの時代を終える。

都市に出会いの場を構想する

第0世代の学生たちと第1世代の学生たちとは、ともに旅をし、ともに多くのプロジェクトを計画した。学生たちと古代都市をめぐる旅を続ける一方で、いま現在ある現実の都市を、正確にはその一部を、計画する試みをおこなったのである。たとえば、京都の南を新たに走る高速道路の景観検討委員になったのをきっかけに、道路沿いの街を考えていった。あるいは、神戸のポートライナーと三宮(さんのみや)駅、そして神戸新聞社の建て替えの話から、神戸三宮駅前を考え、それがやがて震災後の新首都計画につながっていった。京都大学都市景観研究会というチーム名で発表もおこなった。そして、少しあとのコンペを機に、大阪北ヤードのLive Love Lab. Osakaプロジェクトへと展開していく。京都プロジェクトと神戸プロジェクトと大阪プロジェクト。これらをのちに「三都物語」と称したりもした。

都市に関心があるのは、そこにパブリックな場所が展開されるからだ。パブリックな場所を持つものが都市であり、ただ住宅の連続するニュータウンは都市ではない。ただの労働力再生産の畑だ。交易こそが都市をつくった。都市とは「交の場」である。これもまた、古代都市をめぐる旅が教えてくれたことだ。

都市は、もの・人・情報、の交換されるパブリックな場所を持たねばならない。古代ギリシアの都市計画の父と呼ばれるヒポダモスも、彼の都市計画手法としてよく引き合いに出されるグリッドプランが彼の発明なのではなくて、そこにどのようにパブリックな場所を構想するか、組みこむかにこそ、ヒポダモスのクリエイティビティーはあった。グリッドプランなどヒポダモスを待たずとも世界中のどこにでも生み出されていた。

古代都市からの学びは、そこに豊かなパブリックな場が形成されていたことであり、それがヒューマンスケールのものであったことである。互いに姿が見え、声が聞こえる。〈アクロポリス（神と神の交わりの場）・アゴラ（人と人の交わりの場）・アンフィシアター（神と人の交わりの場）〉という、古代ギリシア都市を特徴づける都市のプログラムはいかにも印象的だ。古代ギリシア都市のパブリックな場所は人々を惹きつける強烈な魅力を持っている。だからこそ、古代ギリシア都市に人々は集まった。

そう、人が集まるには理由があるのだ。都市はそのプログラムとプレゼンテーション（都市景観）によって、人々を惹きつけ、そして繁栄を謳歌する。豊かな都市景観を持たない都市に、人が集まることはない。私たちはこのことを旅を通して確かめていったのだし、そしてその果実をプロジェクトを通して提案していったのだった。都市は恰好の思考の実験場である。

日本経済新聞から依頼され、１９９５年7月から「街づくり・私の視点」というコラムを連載したのもこのころだ。〈「交の場」としての都市〉というのがその第1回のタイトルだった。「人が人とのあらたな交わりに、自身の欲望の発露を見出していくことと、都市の発展とはパラレルなのである」と私はそこに書き記している。交わりこそが欲望を促す。そして欲望が文化の活力を促す。文化の活力が都市の繁栄をもたらす。

そのときに手がかりとしたのが、もの・人・情報の交通とともに、景観だった。やはり、都市は景観なのである。魅力的な都市景観を生み出した都市は強い。人と人が喜びと驚きをもって出会えるからだ。どんなに情報通信機器が進歩しても、人と人が出会う都市の喜びは消え失せない。

パブリックな場所は出会いの場所だ。そこで人は、表情で、身振りで、コミュニケーションをとる。語り、聞き、笑い、ときには口角泡を飛ばしまでしてコミュニケーションをとる。そんなコミュニケーションの場だ。私は建築でも、住宅でも、パブリックな場所の構想こそがそのデザインの射程を決定すると思っている。建築を、住宅を、そしてもちろん、都市を考えるということは、出会いの場を構想するということだ。他者との応答の場こそが、建築の、そして都市の喜びの源泉である。

神戸新首都計画

1995年1月の神戸の震災のあと、学生たちと取り組んだのが神戸新首都計画である。いったい私たちになにができるかを学生たちと夜を徹して話し合った。そして到達した答えが、理想の都市空間を神戸のために計画する、ということだった。

阪神高速道路が根こそぎ倒壊し、三宮駅前のビルがそのままの形で真横になって倒れ道路を塞ぎ、市役所はだるま落としのように中間階が崩れた。地震が頻発する日本には美術品も貸し出さないという海外の美術館からの話題も伝えられていた。信頼されるに足る首都クラスの都市を、将来誰もが震災を乗り越えた証（あかし）として誇りに思える都市空間を、提案してみよう、と。

実は、地震の1年少し前に、私たち京都大学都市景観研究会は、神戸三宮計画を提案していた。ポートライナーとＪＲ、阪急、阪神三宮駅の接続を整えて、神戸新聞社のビルを建てなおす。その計画を練り上げて、１９９３年12月には神戸のセンター街の市民ギャラリーで大きな模型と図面の展示もした。そのとき、素晴らしい計画だけれども、地震でも来ない限り実現は難しいですね、と神戸の方々に言われたのを覚えている。

ところがほぼ1年後の１９９５年1月17日の早朝に神戸を地震が襲った。神戸の街は壊滅的な打撃を被った。私の住む豊中市も地震の揺れはすさまじく、かなりの被害を受けた。西国（さいごく）街道に沿って、また北大阪急行線に沿って活断層が走ってもいて、しばらくはライフラインがすべてストップしたし、小学生だった長男の担任の先生は宝塚にお住まいだったが震災で亡くなった。大学時代の親しい友人の家が神戸の住吉にあったので、震災直後に自転車を積んで車でともかく行けるところまで行き、あとは自転車で瓦礫の散乱する道を縫いつつなんとかたどり着いてみると、彼の住むマンションは1階がペシャンコに潰れてなんと2階にあった住まいが道路に面した一階になっている。ちょうど家族総出でバルコニーから家財を運び出しているところで、幸いみな命に別状はなかったのだが、建物の甚大な被害や街の惨状に私は言葉を失った。

京都大学にあって、しかも都市をテーマのひとつにしている私たちができることは、あらたな都市のビジョンを描き出すことなのではないか、未来の日本の都市像を描き出してみることではないか。そんな議論の先に生み出されたのが「神戸新首都計画」だった。設定した敷地は、神戸三宮計画の東に隣接する製鉄所の跡地である。海に沿って東西に長くのびる、製鉄所が移転したあとの空き地だった。ここに、首都クラスの都市を描き出してみようではないか、防災にも強く、景観の素晴らしい、職住近接の、海辺のプロムナードのある、神戸らしく国際的な、そして灘(なだ)の酒をテーマとしたメッセもある、新しい都市像を。

1995年の2月から3月にかけて、連日徹夜を繰り返しながら学生たちとまとめ上げたこの計画は、『GA JAPAN 14』(1995年5・6月号)に「神戸新首都計画/竹山聖+京都大学都市景観研究会」として掲載された。そこではストライプ、ゼロスペース、トラヴァースという三つの要素で都市のパブリックゾーンを構成していこう、という提案がなされている。それぞれ、かつての都市によく見られた、グリッド、センター、アクシスに対応している。均質なグリッドと中心と軸を持った新都市の像が描かれ続けてきたが、そうしたこれまでの計画に対する批判的応答だといってもいい。

近代都市計画は、働く場所、住まう場所、憩う場所をきっちり分離して、それらを交通機関で結合する、という原理を持っている。これを機能的ゾーニングと呼ぶのだが、ストライプはそうした機能的なゾーニングに見られるような、分割された時間ではなくて、並行する時間(いろいろな行為を分断するのでなく重ね合わせられる空間構成)を生み出してくれる。切り離すのではなく、並べるからだ。すぐ横に並行して異なる機能が走っている。働くことと住まうことと憩うことが並行して存在しているのだ（グリッドではなくストライプ）。センターは均質な空間にヒエラルキーを持ちこむ。ゼロスペースはそうではなくて、中心を偏在させることによって不均質な場を生み出し、どこにも属さない無為の時間の連鎖をもたらしてくれる（センターではなくゼロスペース）。トラヴァースはそれらを自在に横断する仮想の流れだ。軸線の持つスタティックな構えに対して、ダイナミックな運動を誘発する（アクシスではなくトラヴァース）。

プロジェクトとともに掲載された「21世紀の都市モデル」と題した文章は、「もはや権力の都市でも田舎の生活でもない、自発的空間に満ちた都市居住形態をわれわれは求めている。都市の生活ヴィジョンを今こそ誰もが描いて見るべき時だろう。1995年の不幸な出来事の意味を本気で考えてゆくためにも。」と結ばれている。5500年ほど前にメソポタミアで産声をあげた都市という居住形態は、将来いったいどのような形へと変貌を遂げていくのだろうか。震災から27年が過ぎたいまもなお、この問いは生きているように思う。

建築が生まれるとき

ここで、建築を構想する、という行為を振り返ってみよう。少しややこしいかもしれないけれど、脳内でどのようなことがおこなわれているのか、を言葉にしてたどってみたい。

建築は、しっかりと目覚めてコンテクストやプログラムを分析する作業と、夢のなかのように無意識をくぐって「空間加工のイメージ」を追い求める作業が並行しておこなわれる。そのことを、深くて暗い谷を越えるとか川を渡るという比喩で語ったりもする。建築を形にするには、つまりフォームやコンフィギュレーションに至るには、そのような論理と感覚をともに動員した作業を経ないとたどり着けない。

フォームというのは平たくいえば形のことだが、シェイプのように表面的な形というより、建築の底に宿る形式というかそのあり方を決める、そんな形のこと。ルイス・カーンがそうした意味でよく用いた言葉だ。コンフィギュレーションは形と形の関係、あるいは配置、配列といった意味で、ドイツ語でいえばゲシュタルト、そうゲシュタルト心理学のあのゲシュタルトだ。部分と全体の関係を含んでいうところの形を意味している。あるまとまり、構造を持った全体のことだ。建築はいつもフォームとして、そしてコンフィギュレーションとして私たちの前に現れる。このフォームとコンフィギュレーションこそが建築設計のめざすべき目標である。

でもその前に所与の条件を分析しなければならない。これは冷静に、客観的に、しっかりと目覚めて。それがコンテクストとプログラムである。コンテクストは建築を取り巻く外的な要因であり、地形や気候や街並み、土地にこめられた歴史・文化などだ。一方のプログラムは内的な要因であり、そこでどんな行為が営まれるか、ということだ。住宅なのか学校なのか事務所なのか。どんな部屋が必要とされ、どんな関係に置かれるべきなのか。ただこのプログラムについては所与とばかりは言い切れなくて、建築を設計するプロセスのなかで新たに提案すべきことがらとして浮かび上がることもある。たとえば、依頼されたのはコンサートホールですが、ぜひそこにギャラリーやライブラリーも、それからカフェも加えましょう、とか。

1994年にできた周東町パストラルホール（周東町は岩国市に編入されたから、いまは周東パストラルホール）はそのような提案をして、ライブラリーやギャラリー、そしてカフェ、さらには円形劇場などの新しいプログラムを組みこんだ。とはいえ、たとえば図書館を頼まれたのに劇場にしておきました、ではいかにもまずい（いやそれが面白い、という考え方もある。バーナード・チュミは、これをトランスプログラミングと命名した。空間とのミスマッチが機能を触発することもある）。要望されたプログラムをいかにうまく空間として構成していくかは設計手腕の見せどころだ。と同時に、どのようなプログラムがふさわしいかを検討していくのもまたたいせつな作業だ。

もう一度確認しておこう。まずは、コンテクストとプログラムが建築の出発点である。このふたつは建築を設計するときの大きなヒントであり導きの糸である。しかしながら、重要なのはここからだ。敷地の条件や必要諸室とその連関など、コンテクストやプログラムをいくら分析しても、それだけでは建築の設計はできない。建築の構想に至るためには、そこに大きなジャンプがいる。ジャンプしてはじめて、フォームやコンフィギュレーションにたどり着く。リサーチと分析だけでは決して驚きと喜びに満ちた豊かな空間は得られない。人間の心に訴えかける建築にはならない。問題はそこなのであって、このジャンプのためには、意識と無意識を往還するフットワークが必要になるのである。

そのために手を動かして絵を描いたり模型をつくったり、そしてときには詩的であったり非論理的であったりもする思考や議論を繰り返すのである。手を動かし、身体を動かすのは、眠っている感覚を呼び覚ますためだ。頭でっかちに考えているだけでは、「空間加工のイメージ」はなかなか浮かばない。詩的であったり非論理的であったりする議論というのも、がちがちの頭を柔らかくするためだ。身体感覚を総動員して、空間の響きに耳を傾けるためだ。人間の持っている頭脳と身体の可能性を最大限に作動させていく、というわけだ。できあがった建築空間には、そうした思考の痕跡やら迷いやためらいやらがある種の味わいとして反映される。迷いやためらいは決断を鈍らせるから、最後には捨て去って潔い建築をめざさねばならない。しかし迷いやためらいの痕跡を消したということすら、そこにほのかに漂う香気となって、建築に深みを与えてくれるだろう。

迷いとためらいは薬味のようなものだ。迷いとためらいの試行錯誤を繰り返さないと、凝縮され密度高く、それでいてシンプルなディテールにはなかなか行き着かない。感動的な光の分布には行き着かない。考えれば考えるだけ、良い空間とディテールになるものだ。だからいろいろと回り道をする。時間をかける。考える時間の節約は貧相な建築しか生まない。頭と手と体と、そして口と耳とを最大限動員して、幾度も練りなおしながら、設計の作業は進められる。無駄に思えることが、反転して思いがけないほどに素晴らしい空間を生むからだ。大学で学ぶのは、このような生みの苦しみであり、そうした面倒臭さ以外のものではない。

フォームとコンフィギュレーションの批評

設計を指導するときにはエスキスといって、学生の持ってきたスケッチや模型をあいだに挟んで批評や議論をする、という形をとる。エスキスというのも、もともとフランス語でスケッチというような意味だが、日本の大学ではだいたい設計の指導、クリティーク（批評）のことをそう呼んでいる。アトリエといいクリティークといいエスキスといい、フランス語が多いのは19世紀以来のボザール流の古典主義建築の指導が世界中に広まったからだろうか。このエスキスで私が心がけていることを少し語ってみよう。まずはフォームについて。そしてコンフィギュレーションについて。これらをしっかり把握することが建築設計の基本だからだ。そして学生の設計能力の向上は、この感覚を育てていけるかどうかにかかっている。

フォームは形というより形の底に潜む原理のようなものであって、コンフィギュレーションはそれらの関係、あるいは配列を含んだ形のありようだ。これは繰り返し修練を積んで感得するしかないが、天性の勘のようなものも、やはりないわけではない。そんな気もする。長年学生とつきあっていくと、そう思わざるをえない学生に出会いもするからだ。とはいえ、そのプロポーションやスケールやセンス（音楽でいえば音感であり、和音の妙を感じるセンスのようなもの）は、ある程度トレーニングで獲得される。大学に入る前からそうしたトレーニングが意識されずにおこなわれてきて、空間が即座に読み取れ、見通せる学生と、そうでない学生の差は、確かにある。はじめから、ある。しかし、大学でのトレーニングでそれは埋められるし、さらに磨かれもする。

だから私は、エスキスをおこなうとき、その学生がどのような「空間加工のイメージ」を持ってフォームやコンフィギュレーションに至ろうとしているかを見る。潜在能力と、伸び（たった1週間でぐんぐん伸びる学生もいる）もあわせて測りながら。そしてさらに進んでいける可能性を一緒に探ることにしている。意識の持ちようでずいぶんデザインの質も変わる。デザインの狙いや意図も研ぎ澄まされてくる。そういう道筋をともに進んでいける学生に出会えると、とてもうれしい。もし残念ながらそうした意図が見あたらない学生の場合は、さしあたり「目覚めた」ところだけを批評する。「目覚めた」というのは、これは科学的で客観的な作業だ、ということを意味している。コンテクストやプログラムといった、建築設計の際に与えられる条件の分析のことだ。

コンテクストやプログラムに対する批評と、フォームやコンフィギュレーションに対する批評とでは、批評の次元が少し違う。建築設計の現場にいる者なら、そのあたりの違いをはっきりと意識している。設計に携わったことのない大学の先生は、コンテクストやプログラムの批評しかできないことが多い(もちろんそれもとてもたいせつなことだし、客観的な批評が成立するフィールドだ。だからこそ学術的なのである)。そして設計の批評には、その双方が必要だ。感覚だけで物を言ってもらっては困るし(大学のなかでも社会に出ても)、だからといって理屈を語るばかりで物そのものがよくなければこれまた困る。感覚だけでも理屈だけでも困るのである。このへんを通過して、その矛盾や葛藤をむしろ楽しめる学生は、設計が好きになっていく。ただし決して不明快で曖昧なものが良いと言っているのではないから誤解をしないでほしい。むしろ明快なものが求められるのであって、できればその明快さのなかに、多様性や複合性、場合によっては視覚的な曖昧さもこめられていればなお良い。

人間は欲深い存在である。シンプルなものを好みながらも複雑で味わいと余韻のあるものを望んでいる。つまり、設計という作業の渦中にあるとき、そこには人間の必ずしも合理的とはいえない思考や欲望が絡んでくるのであって、建築の設計者を志す者は、学生のころからそうした合理的分析と欲望との間で葛藤を抱えているものだ。人間という非合理な存在の抱く欲望や期待、物語そして夢。あるいは忌避すべき感情など。それらは言葉にできないなにかであることも多い。

エスキスでは、学生の考えを読み取りながら、そこに的確なアドバイスを与えてあげられるかどうか、これがとてもたいせつだ。学生の思考と同じ地平に立つことは難しいかもしれないが、そこに寄り添ってともに考えようとする姿勢が必要になる。エスキスをおこなうとき、私がつねに心がけていることだ。

コンテクストとプログラムはいうまでもなく建築の基本である。それを読み取ることができなければ建築の設計はできない。しかしフォームやコンフィギュレーションに至るにはそれだけでは十分ではない。何度も繰り返してくどいようだが、これまた確かなことだ。数学的に、たとえばy=f(x)といったように、すっきりすんなり答えの出るものではない。しかも面倒なことに、建築に唯一の最適解はない。構造や設備やコスト、地形や気象や景観など、パラメーターが多すぎるからだ。どのパラメーターに優先順位をつけるかによって、解は大きく異なってくる。

建築では考慮に入れなければならないパラメーターがそれこそ無限といっていいほどあるから、そのなかから取捨選択をし、優先順位をつけて、最終的な解へとたどり着く必要がある。もちろん切り捨てる与件もある。うまく切り捨てれば明快な解になることも多い。ただ、できるだけ多くのパラメーターを考慮した設計のほうが深みと味わいが出る。そのあたりの兼ね合いが難しいところだ。そこを指して迷いだとかためらいと言っている。最初から簡単な枠組みだけを立ててほとんど一切を捨て去ってしまうやり方をすると、ただ単純で明快で、でもすぐ飽きる建築になる。建築は、設計に長い時間がこめられればこめられるほど、完成したあとも長い時間飽きられない。そうしたものだ。

そんな、決して一筋縄ではいかないフォームやコンフィギュレーションの獲得へと至る「頭脳の運動神経」のトレーニングとして、ポエジーや、無為の時間の空間化や、ダイアグラムや、コーラ、襞(ひだ)、天と地の対位法や特異点、微分不能点、未完結な形象、不連続都市、超領域、どこにも属さない場所、ゼロの空間、などといった言葉が頻繁に交わされるのである。言葉を通してコミュニケーションをとらざるをえないから、そして言葉を超えて、あるいは逃れて、思考していかなければならないから。

建築は哲学でも思想でも歴史でも文学でもないけれど、物理学と数学だけで解に到達するものでもない。そして解は決して唯一絶対のものではない。なぜなら、理不尽で曖昧な、しかも驚きと喜びを糧とする人間が、そこに介在するからである。

MWCAコンペ／天と地の対位法

1995年の7月に学生たち二人を連れて英国を訪れた。ミッドウェールズ・センター・フォー・ジ・アーツ（MWCA）という国際コンペの一次審査に通り、二次審査のプレゼンテーション・インタビューに呼ばれたためだ。この学生は二人とものちに日本建築設計学会賞を受賞することになる、妹島和世(せじまかずよ)事務所を経て独立した桑田豪と、伊東豊雄(とよお)事務所を経て独立した平田晃久である。

一次審査のときには、文字どおり「建築が生まれるとき」といったような「ある場所に意味が生成されていく出来事の場面」を、マンガのコマ割りよろしくイラストでプレゼンテーションしたのだが、その斬新さと新鮮さ、そしてちょっとした謎、のようなものが評価されたのだと思う。というのも、本来の建築コンペ案らしいきっちりした図面など、実は一枚もなかったからだ。

このコンペは、そもそも代官山の事務所のファックスに届いた英国からの一通の手紙に端を発している。コンペ参加の誘いだ。ちょうど1995年3月に事務所を東京から京都に移し、東京には小さな連絡事務所だけを残していて、それが幸いした。たぶん英国の建築家で批評家でもあるデニス・シャープあたりの推薦なのではないかと思う。彼とはその少し前に1992年の奈良建築トリエンナーレで出会っていて、そこで私は周東町コンサートホールプロジェクトを発表している。あわせて「強度をもつ未完結な形象の干渉体」「超領域化構想」「都市の微分不能点」という三つのコンセプトを提示した。それらが少しばかり彼の気を引いたのではないだろうか。この奈良のトリエンナーレでは、ハンス・ホラインとリチャード・マイヤーとジャン・ヌーベルといった巨漢の建築家たちと同じテーブルを囲んで飲む機会もあって、世界の風、のようなものを感じたものだ。国際レベルの建築家はみな大きくて太っていて、そして少し禿げている。これは冗談。しかしオーラと迫力が漲っていたのは確かだ。

さて、そのミッドウェールズ・コンペだが、学生二人を連れての珍道中で、まずロンドンに入り、オブ・アラップ事務所を訪ねた。アラップは構造と設備のエンジニアリングにおいて世界のトップと評される事務所で、シドニーオペラハウスで1等を勝ち取ったヨーン・ウッツォンが難航していた構造の問題を、プレキャストコンクリートで見事にまとめ上げたことで知られていて、ちょうど日本にオフィスを開いたころだった。その初代代表で旧知のジョン・バチェラーに連絡をとると6月29日に京都駅までやってきて、構造も設備も大丈夫、ちゃんとバックアップするよ、と言ってくれた。

トム・ヘネガンも英国事情をいろいろ聞かせてくれた。彼はロンドンの前衛的な建築学校のAAスクールで教鞭をとっていた建築家で、雑誌『新建築』の住宅コンペ「わがスーパースターたちのいえ」(1975年、審査員：磯崎新)で優勝し、日本に活動の拠点を移して1994年には日本建築学会賞を受賞している。彼が日本に移り住んだのは1990年だったか、日本に着くやすぐさま道玄坂の私の事務所を訪れてくれ、持参したギャラリー・間の「不連続都市」のポスターにサインを求められて(彼はポスターのコレクターだ)、それ以来の友人だ。

このコンペでは6人の建築家が二次審査に残って、5人がイングランドから、あとの一人が私で日本から選ばれていた。トム・ヘネガンはもともとアイルランド人なので、少しばかりユーモアをこめて、「君が選ばれる確率はとても高い、なぜならウェールズ人はイングランドが嫌いだからだ」と微笑んだ。

7月4日午前には、京大で前期最後の建築設計論の講義としてスピノザの身体論について語り、午後には第1回のスタジオコース「UNITÉ D'HABITATION 1995」(神戸のポートアイランドに新しいタイプの集合住宅を計画する課題。ル・コルビュジエのユニテダビタシオンにちなんでタイトルをつけた)の発表をおこなって、私たちは7月5日に関西国際空港からいざロンドンへと飛び立ったのだった。到着したその日のうちにロンドンのアラップ事務所を訪ねた。地下鉄カムデンタウン駅の近くの運河が流れるとても牧歌的で優雅な雰囲気の事務所で、サンドイッチを食べながらのミーティング。学生たちも私も英国の建築事務所のエレガントさに感動した。ロンドン事務所からさらにウェールズにあるアラップのカーディフ事務所を紹介されて、翌6日にカーディフに移動した。そこでアラップ所属の構造設計、設備設計のメンバーとともに、ローカルアーキテクトとクオンティティー・サーベイヤーと顔合わせをして、またランチ。クオンティティー・サーベイヤーは積算の専門家だ。プロジェクトのコストの算定と評価をおこなう技術者で、英国では必ず彼らと組んでプロジェクトに臨まなければならない。

どんどん紹介されるので少し戸惑った顔をしていると、「大丈夫だ、英国では、構造設計も設備設計もクオンティティー・サーベイヤーのフィーも、建築家の設計料とは別にクライアントが払うから」と。そんなことを心配していたわけではなく、そもそも心配なのではなくて、あまりの周到なセッティングに当惑していただけなのだが、でも、そうか、建築家はエンジニアとは切り離されていて、建築家とは純粋に設計の価値にお金を払ってもらえる存在なのだな、と認識した。これはかなりの発見で、日本ではすべてが建築設計料に含まれる。構造設計費も設備設計費も積算に要する費用も。建築設計自体が、ただ単に建築物の技術的な取りまとめをおこなうことだと考えられているためだろう。さらに設計施工一貫の場合なら、設計料は施工費のなかに丸めこまれてしまう。実際は時間もコストもかかっていないながらサービスのように扱われることすらある。

ところで日本では、建築設計は、委任契約ではなく請負契約だ。つまり施工の一部のようなものだと見なされている。ただ工事のための図面を描くだけの仕事だ、と。だから経費で落ちず、長年にわたっての償却になる。というわけで、経費で落ちないからクライアントは設計料を出し渋る。その点コンサルティングやグラフィックデザインのように委任契約であれば、話は別である。つまりそのプロジェクトの価値を高めるためのコストであれば、もっとわかりやすくいうなら頭脳労働の対価と見なされるなら、経費として認められる。

設計は実は頭脳労働だ。図面を描くのはその一部でしかない。図面を描いているといっても、その間ずっと考えているのだ。いやむしろ考えている時間のほうがはるかに長い。図面を描く前も、描きはじめたあとも、いつもいつも考えている。四六時中考えている。それが仕事だからかといえば、もちろんそうだからだ。しかしそれよりなにより、好きだからだ。好きでなければとてもやっていられない。大学とはなにより、建築を設計するという行為のたいへんさと面白さとを、はじめに学ぶ場所なのである。

そんな制度的な側面をもう少しなんとかできれば、日本でも、時間的にもコスト的にももっとゆったりとした設計ができるだろうに。海外でいつも感じるのはそういうことだ。一緒に行った学生たちがそんなことを理解したかどうかわからない。しかしともあれ、いまや彼らはどちらも個人の建築家として素晴らしい仕事をしている。少なくとも建築が面白い、と感じてその道を選んだ。たぶん日本の建築界のいいところも悪いところも、感じとっていることだろう。おそらく誰にも言えることだろうけれども、学生のうちに、早いうちに、日本以外の空気に触れておくことは、悪くない。

1975年7月7日、私たちはウェールズの山の中にあるウェルシュプールという小さな町に出かけた。すぐそばにローラアシュレイの大きな工場があるので有名な町であった。その真ん中に広がる緑地に今回のコンペの敷地はある。

ミッドウェールズ・コンペで提案したコンセプトは「天と地の対位法」と名づけられた。建築は天に属する部分と大地に属する部分とでできている、と考えて、それらを音楽でいう対位法的に組み合わせ、組み立てていくのだ。それまでもいくつかの建築で試してみた方法だったが、今回は当初からはっきりと建築が生まれる物語として、天と地の対位法を意識した。

敷地は緩やかに傾斜している。それを軽く掘りこんで大地にくぼみをつくる。そこに天から軽やかな屋根が浮遊しながら降りてくる。そしてそっと着地する。大地に触れるか触れないかのように、そっと。そんな建築出現の物語だ。

この屋根には穴が穿たれている。そこから光や風が流れこむ。なかから仰ぎ見れば空が見える。屋根の素材には、ウールをはさみこんだガラスを想定した。光を適度に弱めてくれるだろうし、熱も遮断してくれる。なにより、この町は羊の取引で有名なのだ。インタビューで屋根の素材をたずねられ、ウールをサンドイッチしたガラス、と言うところを、シープをサンドイッチしたガラス、と言ってしまって、審査員一同が怪訝な顔をした。妙な沈黙が訪れたのを感じてすぐに気がつき、そうか、シープじゃない、ウールだ、と言いなおしたのだけれど、一同爆笑。こちらもガラスに羊がはさまって宙に浮いているさまをイメージしてしまって、恥ずかしいやら情けないやらおかしいやら、失笑である。

天空と大地の間に、どこにも属さない場所ができる。紐がくるりと丸まって、結び目ができるように、違った次元の空間がそこに生み出される。それが街と原っぱを結び、外の世界と村の世界を結び合わせる。

インタビューで私たちのプレゼンテーションが終わると、審査員の一人がつぶやいた。「とても詩的なプロジェクトだ」。

素直にうれしく受け止めた。それが、羊が宙に浮いているシュールなイメージのことを指していなければよいのだけれど。

鏡像反転/数学的な「空間加工のイメージ」

「空間加工のイメージ」には情緒的であったり詩的であったり身体的であったりするものも多くあるが、数学的というか知的なイメージも折に触れて出てくる。円錐曲線やベルヌーイ螺旋やフィボナッチ数列など。ル・コルビュジエのモデュロールもフィボナッチ数列をもとにしている。鏡像反転もそうした操作のひとつだ。対称性はわけても興味深い秩序のあり方で、宇宙のあり方にすら思いを馳せる想像力を呼び覚ましてくれる。

この手法を意識的に用いたのは、たぶん1993年にはじまった私の母校北野高校の設計のときが最初だ。建て替える前のもとの校舎の平面形がP字型をしていたのだが、そのP字型を鏡像反転し、回転移動させて拡大し、あらたな配置とする案を構想したのだった。

点対称、線対称、反転や回転、反射などの操作は、記憶に似て、過去の痕跡を残しながら、微妙に改変され、新しい形の出会いへと導かれていく。長い歴史を持つ(明治6年——1873年——に開校された欧学校にはじまり、昭和の校舎は1930年にできあがっている）この高校の校舎の記憶を継承し、なお「新しい皮袋」を生み出すには、そうした操作が有効に思えた。地形と呼応したり、歴史的文脈に応答したりする場合も同様だ。

学生たちと一緒に取り組んだ群馬県太田市のコミュニティー施設のコンペでもそうだった。場所の記憶が形に結晶し、そこに鏡像反転や切断という知的操作が重ね合わされる。これも桑田・平田のチームだったが、かつてその地を代表した中島飛行機の記憶が蘇り、大地に沿って走る飛行機の機体のような空間が現れた。飛行機は運動する形を持っているから、動かない建築にとっては憧れである。ル・コルビュジエも飛行機や船への憧れを隠さなかった。私も子供のころからレーシングカーやF1などの高速で運動する可能性を秘めた形に限りない憧れを持ってきた。

そんな飛行機の記憶の形象のなかから、楕円筒形の機体が抽出され、その楕円筒形が折れて、そこから新しいコンテクストやプログラムがはみ出してくる。夢のなかの屈折やズレを、現実に向けて解いてゆくと、新しい空間的な発見がある。屈折やズレは、創造性の苗床だ。そんなふうに意識下で生まれた形に、しかし意識の場できちんと責任をとっていく。設計の作業はそのように進む。インナースピーチが徐々に形になってくるのだ。定かならぬ形を手探りする段階は、設計の経験を積んでも変わらず訪れるし、それが訪れないと、どこかしらわかりきった解決になってしまい、えてして納得のいかない結果に終わることが多い。

鏡像反転は意識下でも、意識に乗せても、面白い操作だと思う。思考のプロセスをそのままトレースするようでいて、なぜかそこに思いがけない効果が生み出されることも多いからだ。さらに重要だと感じるのは、それが動きを孕んでいる点だ。先ほど述べた運動とはまた異なった意味で。つまり操作とその痕跡、という形の動きを孕んでいるのだ。動きを孕んだ形は人を誘惑する。移動の軌跡は想像力をかきたてる。

基本的に人間は、動くものに反応する。予測を超えるような乱暴な動きには拒否反応がある（嵐や怒濤など）かもしれないが、ある秩序に則った不確定な動きは、これを好み、気を惹かれる。動きが結晶した形は、美しいものだ。数学的な想像力は運動と図形を媒介し、そして論理とポエジーを媒介する。世界に秩序を見出したいのが人間の性だが、固まって動かなくなったような秩序はあまり歓迎されない。人間関係も、社会も同じだろう。建築もまた同じだ。

記憶術／場とイメージ

このころ研究室で熱心に勉強会を重ねていたのが記憶術に関係する書物だ。とりわけフランセス・イエイツの『世界劇場』と『記憶術』は世代を超えて読み継がれた。では記憶術のなににそれほど心が惹かれるのか。実はその建築的関心の矛先は、世界を場とイメージで読み取る、という点に向けられている。建築をつくるとは場をつくることであり、イメージはそこに立ちあがる建築的な現象だ。

記憶術で例に出されるのが雄弁術との関係である。古代ギリシアやローマの雄弁術に、まず場を覚え、場にイメージを置いてこれを記憶して、演説の際の想起の手がかりとする、という技術がある。

場は、自身のよく知る空間が良い。すでにある程度脳裏に刻まれているからだ。わけても歩きまわると眺めが変わる立体的な空間が良い。そうした場を記憶し、しかるのちに想起の場面では、まずその場を記憶のなかから呼び出し、そしてそこに置かれたイメージを想い起こして弁論を進める。そうした技術である。記憶された場に演説の構成と内容に応じてそれを想起させるイメージを置く。イメージに導かれてトピック（「場所」と語源を共有している）を想起し、それを順につないでスピーチをしていけばよい。キケロなどの名前とともに、それは古代の記憶術、むしろ想起術として、記憶されている。つまり、覚える、というより思い出すための技術である。

これは場に力がある、場には思考を触発する力がある、という考え方であって、建築を構想する立場に身を置いてみれば、とても刺激的な技術に思える。つまり建築がイメージを触発する、ということになるからだ。キケロにとっては弁論の内容と順番を想起する手がかりにすぎなかったかもしれないが、空間の可能性を広げて考えてみれば、建築にはある種の世界を収容することができる、ということになる。キケロの演説の内容もまたひとつの世界であり、ということはそれ以外の世界を収容することもできるわけで、この、建築に世界を収容することができる、という思想が、設計者にとっていかにも魅力的に感じられるのである。

ヴィクトル・ユゴーが『ノートル＝ダム・ド・パリ』（辻昶／松下和則訳、潮出版社）のなかに書き記したように、建築はかつて書物であった。「15世紀以前には、人類の抱いた少しでも複雑な思想はみな、建築という形式によって表現されていたのである」とユゴーは書く。しかし15世紀になって「書物が建築を滅ぼそうとしていた」のだと。グーテンベルクの活版印刷の発明によって。いま私たちはみな書物を通して思想を得る。しかし字が読めない人々がほとんどであった時代には、建築に思想はこめられた。物語が刻まれた。その空間形式と構成に、そして図像に。

つまり建築は古来、思想の器であった。思想を刻みこみ、そこから思想を読みこむ媒体であったのである。ユゴーが永遠をめざす石の建築物を指しているのはいうまでもないが、それがどのような素材でつくられていても、建築空間はおそらく太古の昔から、宇宙の似姿であったり死者の記念であったりしたことだろう。石でなく木であっても土であっても藁であっても。そして建築を築く者たちは、そこになんらかの世界をこめよう、表現しようと考えてきたことも確かだろう。あるいは結果的にできあがった空間を見て、そこに何かが現象するのに気づき、それを感じて、そこから建築のあり方をさまざまに構想するようにもなっただろう。

思想が行動を決定する。もちろんそのとおりだろう（いや、経済だ、とか上部構造とか下部構造とかの議論はおいて）。しかし空間が行動を決定することもままある。少なくとも影響を与えることは間違いない。空間のありようが人の行動を、そして感情を左右する。そしてそうした建築的な場が、なんらかのイメージを立ち上がらせ、思想を表現するとしたら、これはやはり建築が書物であることになる。ひとつの世界を収容していることになる。より精緻な人間の心と身体との対話がもたれることになる。

建築が単なる物体や物質ではなく、そこに場とイメージという組み合わせがこめられるなら、つまり場がイメージを触発するという前提で空間を構想するなら、建築は世界を収容することも誘導することも可能になる。おそらく建築の構想者たちは、世界を収容する欲望を抱き続けてきた。パルテノンも、パンテオンも、ハギアソフィアも。そして劇場や図書館にも、丹精こめた住宅にも。記憶を刻み、思想を伝え、感情を鼓舞する建築を構想することは、現代にあって、あるいは時代錯誤の誹り（そしり）を免れないかもしれない。しかし、そうした無駄が、日々の生活に潤いを与え、効率に追われる日々の生活もほんの少し和むかもしれない。たぶんそれはコストの問題ではなくて、むしろ思想の問題だ。あるいは個人個人の心がけの、さらに言うなら志の問題だ。建築設計の機会を得た者は、少しでも驚きと喜びに満ちた世界を収容する建築を構想していきたい。

学生たちと古代の記憶術について語り合うとき、これはなんの役に立つのですか、と問う学生は、幸いなことに一人もいなかった。

思考は空間的である

私たちがなにかを思い描き、そして考えるとき、そこには思考の空間が広がっている。ベルクソンはすべてを時間に還元したが、実は思考は空間的だ、と思う。時間は見えないけれども、空間は見える。私たちは見えるように思考する。構図や布置（ふち）として世界を捉える（とはいえ、私はベルクソンのファンであって、直観や変化、流れ、動き、などへの偏愛を共有するものである）。しかも、えてして哲学者は空間の持つ誘導性や位階性（ヒエラルキー）を敬遠し、持続や生の現実を特権的なものとして敬いたがる傾向がある。抽象化をおこなっているくせになお生身の経験を保持しようとして、これを時間と呼んだりする。けれど、実際私たちが物を考えるときには、そこに空間的な秩序を与えて思考を整理している。時間もまた、実は空間的に把握されているのであって、たとえば方程式に表現される。方程式自体が写像を表しており、ある集合からある集合へと点を投影することであり、空間図式だ。空間的なメタフォアや図式に結びついている。つまり、私たちの思考は空間的である。これをそのまま建築的である、と言いたい欲望にかられる。つまり、思考は建築的だ、と。

これは新しい考えでもなんでもなく、むしろはるか昔から受け入れられてきた思考のあり方だ。カントがそれを整理した。『純粋理性批判』の「第一部超越論的原理論／第一部門超越論的感性論　I. The Transcendental Doctrine of Elements/First Part The Transcendental Aesthetic」（『Critique of Pure Reason』, translated and edited by Paul Guyer and Allen W. Wood, Cambridge University Press, 1998）に即してカントの考えをトレースしてみよう。光文社古典新訳文庫の中山元訳に力を借りながら。ちょっと難しく感じるかもしれないけれども。

そもそも対象を認識するには、対象が心や意識を触発する必要があり、それは感性を通して与えられる。つまり、まず感じなければならないのだ。感性というのは対象の像を受け取る能力だ。そしてこの感性が直観をもたらす。つまり思考は直観と感性に基づいている、ということになる。スタートはあくまで感性と直観である。

ちなみにカントによれば、感性は主観に関わり、直観は対象に関わるのであって、感性と直観は通じ合っている。心を向いているか、物を向いているか。というわけで、対象はまず感覚の素材として与えられ、これを秩序づけるものが現象の形式（英訳では、the form of appearance、本来はドイツ語なのだけれど、苦手なのですみません）である。この現象の形式を、つまり目の前に現れる現れ方を、カントは空間である、とした。そしてこの空間は純粋な直観であり、感性の形式でもある、と。直観や感性の一種で、論理じゃあない。つまり言葉でくだくだしく説明するようなものではない。

たとえば桜は感覚の素材として現れる。そしてそのありようを私たちは桜の属性として直観する。感覚の素材が私たちの直観と響き合って空間となる。咲くのだな、そしてすぐに散るのだな。経験に根ざした知性がほのかにそこに寄り添っているものの、あくまでも桜の咲いているその一瞬に時空を直観する。凝縮する。桜を見るときの思いや感慨は、論理的なものではない。というより、いまだそこに至っていない。知性や言葉はあとになってついてくる。そしてこの直観に導かれ、「散る桜咲く桜との鬼ごっこ」と詠んだとする。ここにはすでに知性の萌芽があるかもしれない。しかしあくまでも、咲けば散るという桜のありようを、感性と直観の領域にとどめている。時間をも空間の現象にこめつつ、論理の言葉にまで持ちこんでいない。説明や分析の言葉を介在させていない。私たちは桜をそうした領域に持ちこまないで味わうのである。咲くとすぐに散る、という経験的な事実を意識の俎上にのぼらせることなく、鬼ごっこという遊びのメタフォアを重ねながら。死すべき人間の宿命や潔さという観念をすら思い浮かべながら。つまり、情感、という領域をも暗示しながら。ポエジーのそばで耳を澄ませながら。現象を包みこむ空間は、そうしたうつろう世界をも孕んだ情景につながっている。

少し先走ってしまった。カントのクールな整理に戻ろう。

この現象の形式（form）という言葉は、現象の素材（matter）と対になって用いられていて、素材は感覚に受け止められるもの、形式はそれを秩序づける場のことだ。つまり、イメージ（素材）と場（形式）、である。カントはこの形式を空間と呼んでいる。つまり、場であり、形式であり、空間なのだ。図と地の関係で言うなら、地、である。図を、感性のもとにやってくる素材を、諸々の概念や対象を、包みこみ支える場だ。

心に与えられる物体の像から、知性が考え出したものを取り除き、感覚に属するものを取り除けば、純粋な直観が残る。それが空間だ（カントはここに時間も入れているが、外的な世界の現象はすべて空間のうちにあり、時間は心のうちの現象の感覚的な推移の枠組みを指しているから、建築的思考を論じるときにはまず空間をその感性の形式として受け止めればよいと思う）。空間によってはじめて、形、大きさ、互いの関係、すなわち物体のあり方を、世界のあり方を、そのうちに捉えることができる。つまり、思考は空間的なのである。カントは感覚に秩序を与える枠組みを提起した。すなわち、イメージを配する場を想定した。

そう、現象の形式（現象の多様な内容をある関係において整理するところのもの）と現象の素材（現象において感覚と対応するところのもの）というカントの用語に倣いつつこれを読み替えるなら、現象の形式は「場」、現象の素材は「イメージ」となる（ここでカッコのなかの説明は、岩波文庫の篠田英雄訳の助けを借りた）。そうすれば、それはそのまま記憶術の構図につながる。そしてこの「イメージ」すなわち「感じられたもの／感性的なもの」を、さらに頭のなかで「考えられたもの／叡智的なもの」へと変換すれば、キケロのような見事なスピーチができあがる、というわけである。

場所に力がある。場がイメージを喚起する。情景が情感を呼び起こす。これは建築設計の現場でまさに展開されているドラマである。建築的思考はまさに、そうした感性的なものと叡智的なものとの、限りない往還のプロセスにほかならない。

ミラノトリエンナーレ／パブリック・ボディ

黒川紀章と『a＋u（エイアンドユー）』初代編集長の中村敏男に誘われて、1996年に開催されたミラノトリエンナーレの日本チームのコミッショナーを務めることになった。黒川紀章と中村敏男がステアリングコミッショナー、隈研吾と私とがアクティングコミッショナー。この命名と指示は黒川紀章だったが、彼がどのようにその役割分担を考えていたのかは、いまもってはっきりしない。黒川紀章と中村敏男が親分で、隈と私が鉄砲玉、ということだったのか。

ともかく、黒川紀章も中村敏男も隈研吾も実際はまったく動かなかったから、私が一人でミラノに出向き打ち合わせを重ねて、テーマ設定も展示空間のデザインも引き受けた。ステアリングというのはひょっとしたら鵜匠（うしょう）よろしく手縄（たなわ）を操って、先につながれた鵜（アクティング、つまり実際動いて魚をとる、である）を扱う、とそんなイメージだったのかもしれない。

ともあれ、なにもかも私に託された。だからなにをやってもいい。私の関心に即して、なにを企んでもいい。このとき私が選んだテーマが「パブリック・ボディ・イン・クライシス」。ミラノトリエンナーレとそのあたりの経緯をめぐっては、TOTO出版からそのままのタイトルで『パブリック・

ボディ・イン・クライシス』という書籍が出ているから、そちらも参照していただけるとうれしいのだが、このテーマの由来について少し語ってみたい。

都市には公共空間がある。これは都市発生をめぐる話のところでもすでに触れたと思う。そこは、もの・人・情報が出会う場であり、パブリックなボディ、つまり公共的身体同士が出会う場だ。ただ現代私たちが身を置いているのは、これまでとは違う。もはや、かつて古代都市がそうであったように生身の人間が対面してコミュニケーションをおこなっていくような都市空間ではない。さまざまなコミュニケーションや通信のためのメディアが発達したために、直接対面して意思疎通をはかる必要もさほどなくなった。

それでも対面することの意義があるか。あるとすればどのような形でか。そんな公共空間の未来像が、いまや問われている。未来の公共空間、それはどのような場所か。そのような場所で人間がどのようにふるまうか、感じるか。物理的にも心理的にも。そこに興味深い課題がある、と考えた。これは都市的にも建築的にも、とても面白いテーマなのではないか、と。コミュニケーションの変化と都市空間、あるいは、コミュニケーションする身体の変容。

そこで日本から10組の建築家を選び、このテーマでプロジェクトをつくってもらうことにした。なるべくさまざまな地域・地方から集まってもらう。そして京都大学竹山研究室もその1組として参加した。つまり脚本、演出をまかされ、そのまま仲間を率いて出演もしてしまった、というわけである。

パブリック・ボディというのは、普通でいえば、自治体のことだ。けれどこのときは「公共的な身体」あるいは「社会化された身体」という意味で用いた。「コミュニケートする身体」と言い換えてもいい。つまり、人間というのは、コンピュータになぞらえるならば、初期化されてこの世に生み出されてくるものだけれど（遺伝的要素というのがあるから完全にまっさらではないけれど）、成長するにつれて社会化されていく。それぞれの時代なりの「パブリック」が刷りこまれて、ある社会化された身体になる。このころはちょうどみんなが携帯電話を持ちはじめ、メールなども使いはじめた時期だったので、待ち合わせの仕方や集まり方、公共の場の使い方が変わってきた。するとそこに新しい社会的身体が出てくるだろう。そのとき都市空間は、そのなかにある建築は、どういった応答をしていくのだろう。

　ミラノトリエンナーレと並行した１９９６年の空間論ゼミでは、ユルゲン・ハーバーマスの『公共性の構造転換』を読んだ。そして公共性の歴史的変遷を学び、議論を重ねた。都市は、人と人との出会いの場であり、そこで人が、そして人のふるまいが公共化されるから、見つつ見られる関係に置かれるから、他者にさらされた個人が出現するから、だから面白い。ファッションがこれを彩り、パフォーマンスが生み出される。

　この年のミラノトリエンナーレの全体テーマは、「差異性と同一性」であった。私たちは日本から差異性と同一性を示す10個のプロジェクトを提示した。ではなにが差異でなにが同一なのか。コミュニケーションのあり方に過去との差異がある。見つつ見られること、耳を澄ますこと、すれ違うこと。そこで求められる身体性は過去とはすっかり変わっている。しかしコミュニケーションの欲望は変わらない。欲望の群舞の場、加速の場としての都市の機能は変わらない。そこに展開される未来像は、過去と隔たっているようで、それでいて既視感もあり、懐かしさすら漂う。等しく割りあてられた細長い区画に、高く上に伸び、低く横に走り、バラバラに点在し、発光し、吸音し、膨らみ、流れ、沈黙し、語り合う、とりどりの模型が展示されている。帯のような区画が重なり合いながら一望のもとに眺められる。その横を人々の通り道が走り、道に沿ってひと区画ごとにモニターが置かれ、映像が並ぶのである。モニターから発する光は通りゆく人の影を壁に映し出して、モニターも10個あるから、動きゆく人々の影がさまざまな方向からトリエンナーレの建物の長く高い壁に投影される。そのような展示空間がしつらえられた。

この年、1996年のミラノトリエンナーレは2月26日にプレスオープン、27日にオープニングを迎えた。日本の展示はとても面白いね、とオープニングのパーティーで近寄ってきて、私たちに話しかけてくれたのがルーマニア・チームのコミッショナー、ドラゴ・ゲオルギア、ドラキュラを思わせるハンサムで長身の彼とはその後も折に触れてやりとりが続いている。私が送った著書の『都市を呼吸する』（リブロポート）は、そのままちょっと質の悪い紙に複写されて製本され、ルーマニアで出版された。送ってきてくれたのでそれを知ったのだ。ちょっと驚いた。ルーマニアはまだ訪れたことがない。いつか行ってみたいと思っている。

5月9日には、日本パビリオン（ひとつひとつのブースをパビリオンと呼ぶ）のためのシンポジウムが開かれた。ジャパンデーである。トリエンナーレが開かれるパラッツォデラルテの隣のスフォルツァ城の中庭では薪能（たきぎのう）が披露された。ミラノが大阪の姉妹都市だということもこのとき知った。京都はフィレンツェと、東京はローマと姉妹都市らしい。大阪はずいぶん得してるね、と誰かが囁（ささや）いて笑うのが聞こえた。このときも多くの人々が集まってくれた。イタリアでは、都市や建築は、ファッションや料理のように、人々が日常的に関心を持って口の端にのせる話題なのだ。ミラノはおしゃれでおいしい文化の活気にあふれ、トリエンナーレの会場自体がひとつの都市なのだ、と感じた。都市とは自由な異邦人の交錯する場所だ。現代にあっても、なお。そして未来にあっては、さらに。

アーバン・スキン

ミラノトリエンナーレに展示したプロジェクトについて話してみよう。私たちは「アーバン・スキン」という概念を提出して、京都の祇園と河原町と西陣にそれぞれの提案を試みたのだった。祇園には空に浮かぶ都市スケールのルーフ、河原町には街路を構成する人間の動きを表現するファサード、そして西陣には町家の連続を覆い包みこむエンクロージャー、といった具合である。

三つのチームに分かれた学生たちが生き生きとプロジェクトに取り組んで、リサーチをしたり、プレゼンテーション・モデルをつくったり、映像を制作したりしていた風景が、いまもありありと目に浮かぶ。八坂神社で携帯電話を持っている人のふるまいを観察したり、ゲームセンターでドライブゲームの前に座っている人たちの写真を撮ってきたり、アクリルに金属を埋めたりカラフルな塊(かたまり)を埋めこんだ模型をつくっていたり、金属ネットで不定形な空間を包みこもうとしていたり。

目標が設定されて、しかもそれが世界を相手の舞台であるとき、学生たちは尋常ならざるパワーを発揮する。コミュニケーションや出会いの空間についての新しいアイディアをめぐる議論も昼夜尽きることなく交わされた。

そのひとつに、日本的なコミュニケーションの形に、並列で同じ方向を向く、という作法があるのではないか、対面してがっつり向き合うのではなくて、という議論があった。たとえばパチンコは一種の精神修養の場であって、一列に並んで精神を集中しジャラジャラという球の流れる音を聞く感覚は、まるで滝に打たれる修行を思わせる、と述べたのは、ニュージーランドからの留学生、トム・ダニエルだった。ちょうど映画『家族ゲーム』で、同じ方向を向いて食事をする（食卓を囲むのでなく）場面が印象的だったので、真正面から向かい合うのでないコミュニケーションの形態について、大いに議論が弾んだ。トム・ダニエルはいま、京都大学教授のトーマス・ダニエルとして、建築史学講座の国際建築批評学分野を受け持っている。

ミラノトリエンナーレの日本チームの会場構成では、そんな新しいコミュニケーションの身体性を持った人間が生み出す建築的提案たちがストライプ状に並べられ、重ね合わされた。意図的なコンポジションに閉じこめることもない、日本的並列状態である。近くから遠くへと重なり合って風景が共存する借景的な手法ともいえる。暗がりに明滅するモニター画面が通りすぎる人影を壁に落とし、えもいわれぬ幻想的な世界が出現していた。

アーバン・スキンという命名はドミニカからやってきたサチ・ホシカワの提案で、表層に浮かび上がる交流の場が、屋根となりファサードとなり町家をつなぎ包みこむ、それらの空間をうまく表現する言葉に思えた。皮膚は伸縮し、呼吸もする。そして傷つきもする。すぐうしろを血が流れ、神経が通る。そう、都市に生命体のイメージを加えてくれるのだ。都市が生き生きと動きはじめる。都市社会学のマニュエル・カステルやエドワード・ソジャを私たちに教えてくれたのも彼女だ。いまはニューヨークに住んで、母国ドミニカと往復しながら、都市や地域のディベロップメントの分野で活躍している。

人間の側からすれば、都市は出会いの場である。都市空間の側から記述するなら、それはあらたな可能性を持った運動を内蔵する場だ。国家は領域を規定し拘束するが、都市は流れを加速し、想像力のなかで境界を越境していく。彼女に限らず、留学生たちはごくナチュラルに、イメージを反転し、国の違い、文化の違いを越境し、研究室の知の幅を広げていってくれる。多くの留学生たちを受け入れてきたことによって、竹山研には自然にそうした雰囲気が醸し出されていった。

公共性の構造転換

1996年のゼミではユルゲン・ハーバーマスの『公共性の構造転換』を読みながら、都市の公共圏の構造転換を議論しあった。ミラノトリエンナーレのテーマを理論的に振り返ってみたのだ。議論はそこにとどまらず、現代のさまざまな公共空間のありようにも及んだ。

現代建築に多大な影響を及ぼしているオランダの建築家、レム・コールハースが「ビッグネス」という言葉を使う意図について。あるいは、コミュニティーの復権が説かれる背景や、浮遊、遊動、ノマドとそれに対する定住、ふるさと、家族の絆、など。そしてさらにはゼロスペースや無為の空間の可能性、など。

このとき、公共圏、あるいは公共空間という言葉は、ただ公共団体が提供する施設などという意味にとどまるものではなく（公共を標榜しながら交流を束縛する施設も多々ある）、むしろ、公共に提供されたお仕着せの場所でない交流の場、そしてさらには、具体的な場所を離れた公共圏の広がりも含んでいる。

ハーバーマスも、喫茶店から新聞などのメディアも含め、広く議論を展開しているし、現代社会は、そのころに比べれば、さらにメディアやコミュニケーション手段が発達し、しかも入り組んでいる。１９９６年のこのころは、しかしまだ、ＳＮＳはなかった時代だ。とはいえ電子メディアの可能性は、すでにさまざまな議論を呼び起こしていた。

古代都市調査を通して、都市はそのはじまりから、私生活と公共生活の場の分離をおこなっていたことが確認され、実感もされた。スケールにおいても、形においても、プログラムにおいても、風景においても。というより、都市のはじまりそのものが、社会生活が「公共性」と「私生活」に分かれていく過程と並行している。都市とはそもそもがそういう場所なのだ。

５０００年の歴史を経て、都市はその公共的な場の形を変容させ続けてきた。人が集うヒューマンスケールの場は、通信や交通システムの進化によって、いまや機能的には不要になった。ただし、象徴的に、あるいは情緒的に、さらには郷愁として必要とされたり、ときには革命の、大きな変革の、きっかけとなったりする。広場は社会的な事件の場となるし、ヒューマンスケールや人と人の直接の接触は、やはりどのような時代でも、状況でも、人間の根源的な欲望と結びついている。たとえそうした公共の場、パブリックな場、出会いの場での身体的なふるまいや、交換や交歓において現れ出る身体感覚が、歴史的な条件に応じて変容を遂げてきたとしても。いやそれだからこそ、生身の身体を持つ私たちは、身体に応じたスケールや身体感覚の変容に大きな意味を見出さずにはいられない。そしてそこにこそ、建築の意味もまたあるだろう。情報や通信に回収されない、建築や都市空間ならではのコミュニケーションのあり方とその可能性を、考えていかざるをえない。

ミラノトリエンナーレでのアーバン・スキン・プロジェクトは、まさに人間の都市における出会いの場の空間的な提案であった。コミュニケートする身体の変容とともに、求められていく社会的な場、都市的な場の形が変わっていく。見上げた空、街路、家並みといったコンテクストに、新しい皮膜を与える。スキンを与える。そして流れを加速し、とどまる場の喜びを再発見する。移動することとどまることの共存に、公共性の新しい形を求めたいと考えたのだ。

テレコミュニケーションがますます発達し、その形が変化する現在にあっても、未来を見通しても、人間が身体を離れることはない。意識がどれだけ遠くに飛ぼうと、一本の虫歯の痛みが身体に引き戻す。身体、そしてそのふるまいの美しさや、運動（スポーツなども含めて）の可能性に憧れる気持ちは失われることがない。建築は、意識の上では存分に想像の翼を広げて飛翔しつつ、憧れを描き出していくのだが、しかしながら、いやがおうでも、その人間の逃れられぬ身体性とでもいうものに、根ざさざるをえない。それが建築の限界でもあり、また面白さでもある。身体に、そのふるまいや交流や運動の可能性に、美も憧れも希望も宿り、また体現もされているからだ。建築は身体との応答の上に築かれた文化である。

スタジオコースの立ち上げ

1995年から4回生前期配当の設計演習Vという科目を大幅にモデルチェンジした。京大建築の独特なカリキュラムであるスタジオコースの立ち上げである。

締め切り後の展覧会やすべての担当教員やときにはゲストも参加する講評会なども含めて、このコースの充実と発展が、それに続く卒業設計の密度を上げていき、やがて京大が全国の卒業設計コンクールでも優秀な成績をおさめる下地をつくっていったのだと思う。私が学生だったころはもちろん、私が着任したころもまだ、京大建築の卒業設計は他大学の卒業設計に対抗できるだけのクオリティーはなかったのだから。

だいたい4回生も前期となると、研究室配属も決まり、自身の専門分野も絞られてきて、たとえば構造系や環境系の学生たちは設計科目をとらなくなる。4回生前期配当の設計演習Vは、だから当時は、流しても単位のとれる安直なボーナス課題といった位置づけだった。そもそも設計演習という科目自体が労多くして実り（単位数のことだ）少ない科目で、だから最後くらいは楽に単位をとらせてあげよう、と。

しかしこの設計演習（大学によって呼び名は違うけれども）というのは世界中の建築の学校で中心

となる科目であって、欧米の大学に共通して通じる言葉でいうなら、スタジオである。次のセメスター（学期）でどの先生のどんなスタジオをとるか、が一番の関心事だ。実践的な課題が与えられて、リサーチをし、分析をし、デザインをおこなう。私が海外の大学から招かれておこなうのもこのスタジオでありワークショップだ。招聘（しょうへい）された際には特別レクチュアも開催される。どのような建築家を招いてスタジオを構成するか、そしてレクチュアシリーズを組むかが、その大学の人気と価値を決めるといっても過言ではない。いわば建築教育の柱となるものだ。

さて、京大の場合、この設計演習V、4回生前期の課題は、先ほど触れたようにやや流している、というか息抜きのような、卒業設計前の小休止のようなものであった。これは私の在学した70年代から変わっていなかった。卒業設計を控えたたいせつな時期に、ここでたるんでしまうのはいかにももったいない。そして、学生たちに刺激を与えやる気を起こさせるためには、一工夫が必要だと思った。

そこで立ち上げたのがスタジオコースだ。活躍している建築家を呼んで、半期4月から7月までの約3ヶ月の間、ひとつのスタジオは5人からせいぜい8人くらいまでにして、少人数の学生たちと向き合ってじっくり、みっちり指導してもらう。だからたとえば、当時は非常勤で来ていた高松伸のような建築家が必要だった。手術をしたことのない医者が、学生に手術を教えられるはずがない。実際に建築を設計したことのない先生が設計を教えているのが、当時、多くの大学の実態だった。理論的なことはさておき、やはり実践的な教育のためには実務経験があったほうがいい。スタジオコースはそのための受け皿になるだろう、と。

スタジオコースは、かくして一種の実験として、産声をあげた。ただし、のちにさまざまなモデルチェンジが繰り返されて、いまは必ずしも具体的に建物を建てることを想定した課題でなくてもいい。リサーチと分析の課題であっても、保存・修復の課題であっても、あるいは地域活性化の課題であってもいいのだ。だから先ほどの「活躍している建築家を呼んで」というのはスタジオコースの一面でしかない。各々のスタジオが自由にテーマを設定していい。ただ、それまであまりにも実践的な建築家が関与してこなかったので、そのように書いた。調査研究を踏まえた提案的なプロジェクトでいい。そしてそのなかに実践なものがあってもいい。むしろ幅広い理論的な問題も含めて、実験的な試みをおこなってもらう。それが狙いだった。

もうひとつの狙いが実はあった。日本の研究室という制度は、これは世界にあまり類を見ないシステムであるが、ある種の親密な家庭的な雰囲気をつくって、教師と学生の間に交流が生まれやすい。それはそれでとてもメリットがある。しかしながらその反面、囲いこみや排除の論理が働くうらみがある。

私が学生だったころ、1970年代は、京大建築の研究室には定員制がなかった。たとえば私の前の学年は上田篤の研究室を20人ほどが志望したと記憶している。学年全体の定員が90人だったにもかかわらず。そして私の学年は加藤邦男の研究室をやはり20人ほどが志望した。私もその一人だ。定員がなかったから、みな受け入れられた。指導教官の側からすれば、人数が多すぎるのはなかなかたいへんなことだったろう。いまは想像がつく。しかし、志望しながら定員制限ゆえに排除されるというのは、なかなか辛い体験だ。定員によって教育の質が保たれるという考え方は、わからなくもないが。ともあれ、1995年のスタジオコース立ち上げのころは、すでに京大では厳密な定員制が敷かれていた。志望の研究室に入るのも至難の業だった。

そこでスタジオコースにおいては、できれば研究室の指導教官以外のスタジオを選ぶよう、学生たちに呼びかけた。絶対ではないけれど、研究室では日々顔を合わせているのだから、他の先生にいわば「他流試合」のように指導を受けたほうが視野も広がるだろうと考えたからだ。そして、私の研究室を志望しながら入れなかった学生たちと一緒にスタジオをやってみたい、という気持ちも大きかった。いってみれば、スタジオコースは研究室の垣根を取り払う試みだった。取り払うことはもちろんできないから、越境する試み、と言いなおしたほうがいいかもしれない。設計を志しながら、他の分野の研究室に配属になった学生たちに、設計の喜びをずっと持ち続けてもらいたかったのだ。

講評会は、各スタジオの作品群をめぐりながら、多くの指導教官が意見を述べ、批評し、学生たちとも議論を交わす。なにしろ設計を志望する、もはや絞りこまれた少数精鋭の学生たちだから、議論も伯仲（はくちゅう）する。結果的に卒業設計に向けての良い準備にもなる。この狙いは今日まで引き継がれて、各先生は競って個性あふれる課題を出さんと頭を絞る。だからそれが京大建築スタジオコースのバラエティーあふれるテーマ構成に結びつき、学生たちの意識を高めてくれてきたのだと思う。

残念ながら、この研究室越境の試みは、幾人かの教授たちからの反対や囲いこみによって徐々に骨抜きにされていく。いまは、ほとんどが自分の志望した研究室の先生のスタジオをとる、というのが暗黙の了解事項のようになってしまった。ただ、竹山スタジオはいつも、ずっと、他の研究室に所属する学生にも開かれてきた。竹山研の庭に塀も柵もない。大収穫祭には竹山研究室の枠を超えて、そうした多くの元学生たちが集い、企画や運営にも参加してくれた。庭は研究室の枠を超えた広がりを有している、と感じた。志を同じくする者たちはみな、竹山研の庭に集う仲間だ。「竹山研」は「竹山研究室」を超えている。

非常勤講師と若い世代

1995年春からはじめるスタジオコースを立ち上げようとしていた1994年暮れに、京大時代の恩師、加藤邦男（私は4回生のときは加藤研究室に所属していた）から、「非常勤も任期があるんでそろそろ高松君にはやめてもらおうと思うんや」と言われた。そのころは私が設計教育の世話人となっていて、課題の構成や担当教官の配置を取りまとめる役になっていたのである。

驚いた。そして頑強に反対した。高松伸は非常勤講師としてその数年前から京大で設計課題の指導にあたっていて、そのオーラを学生たちに見せつけていた。私は、つい反射的に「高松伸はスタジオコースにどうしても必要です」と、強い調子で抵抗した。かなりの反感を買ってしまったようで、その剣幕にややたじろいだ加藤邦男から「人事は教授の専権事項ですよ」とやんわり釘を刺され（京大では助教授は圧倒的に教授よりも格下なのだ。たとえば博士論文の主査となる権利もない）、諭された。でも最終的には加藤邦男は高松伸の非常勤講師任期延長を認めてくれた。スタジオコースの設立には私もそれなりの覚悟と抱負があったので、その意気ごみを買ってくれたのだと思う。

非常勤の講師をめぐっては、その後も幾多の戦いがあった。たとえば妹島和世を呼ぼうとしたときも、教授の一人が頑強に反対し、おじゃんになった。とても残念だった。私にとって、でなくて、京都大学の学生たちにとって、だ。若く生き生きした建築家は学生たちに「憧れの最近接領域」をもたらしてくれる。1990年代中葉の妹島和世は、学生たちにとって世代の近い恰好の「憧れ」だったはずだ。

教授というのは許容力の大きさが試されるポジションだと思う。だいぶあとになって教授になったときに、そのころのことが記憶に刻まれていたから、若い世代の意見は極力尊重するように努めた。それまでに、教授になって人格が激変する事例を少なからず見てきた。組織というのは面白いところである。少し権力を持つと、自分が偉くなったと錯覚する。だからここでもまた、えらそうに権威や人事権などを振り回すことから極力離れて立つようにした。むしろ基本的に若い人たちの側に立つ。新しい価値の出現をつねに期待する。これは私が、やはり原広司から学んだことでもある。

擬音語／擬態語／オノマトペ

ゼミのなかで私が、フランスの哲学者ジャック・ラカンやジル・ドゥルーズを建築の問題に引き寄せて魅力的に（自分で言うのもなんだが、でもこれは学生の言葉だ）解釈し、でも最後に「光がフワッと」とかの擬態語でごまかされる、と吉原美比古（よしひこ）（原広司のアトリエ・ファイを経て独立し、一級上の平田晃久と協働したりもして、個人として活躍している）が語っている。彼はこれを、「言葉と空間の翻訳不可能性を表していて、一番重要なところは空間の論理で考えなさい、ということだ」と好意的に解釈してくれているが、ここは言葉とイメージ、そして身体性との関係の問題に絡むので、なかなか説明が難しい。というより、建築を構想するときの思考のなかに潜む身体性のようなものなのではないかと思っている。

「空間加工のイメージ」には擬態語のようなものが伴うことも多い。たとえばシャープなナイフで加工するのと、鉈のようなものでぶった切るのとでは、現れる空間効果が違う。こん棒で殴るのでもまた違う。物騒に聞こえるかもしれないが、建築空間は切断と接続、あるいは重ね合わせの結果だから、物理的には切ったり張ったり延ばしたり重ねたりしてできていく。そうした加工の道具だけでなく、身体の運動のイメージも擬態語を伴う。スポーツと同じだ。フワッとゴールにボールを投げ入れるのと、バシッとサービスを叩きこむのでは、イメージが違う。スピード感のある形と、ゆっくりほのぼの歩く場所と、揺らぐ空気に触れる場はみな違う。移動する場とたゆたう場ととどまる場とでは意識も違う。どのような運動を、静止を、交錯を意図するかによって、めざされる空間の様相は異なってくる。

空間には、意図がこめられなければならない。よい空間には必ず意図がこめられている。光や風や音や水や気配、スケール、プロポーション、そのありようを意図する。それが設計という行為だ。そこに立ち現れる空間現象を、人々は味わい、楽しむ。設計者もその行為のさなかに、想像のなかでこれを楽しんでいる。

もちろん、これ見よがしの空間現象などいらない、そんなものは消す、という意図を抱くのもあり、だ。脱色したり吸音したり表現を消していくような「空間加工のイメージ」も、しかるべき時と場所を選ぶなら、とても効果的だ。沈黙のオノマトペとでもいうものを導きだすから。秋の夕暮れの静寂のように。

日本語には他の言語に比べてオノマトペがとても多いと聞く。私たちはふるまいの様相にとても敏感なのだ、おそらく。はっきり示すことをしない、ある種の暗示のような、日常のふとした動作にオノマトペを感じることもあるだろう。

そういえばタイトルそのものを「オノマトペ」とした展覧会を仲間と開いたことがある。そのとき出版された本に寄せた「オノマトペ試論」には、こうある。「建築という行為をあえて言葉で表そう。そのとき、われわれは、身体運動のイメージを重ね合わせる。空間加工のイメージを重ね合わせる。空間の響きに耳をすませながら」と。

千文字で書く

大学院で東大に移った1977年の春から、『SD』誌のコラムにグルッポ・スペッキオという名前で連載を持たせてもらった。鹿島出版会が出していたとてもおしゃれな雑誌だ。当時の編集長の長谷川愛子の発案で、東大院生たちに6ページほどの連載コラムを書かせてみようという企画だったと聞いている。「国内建築ノート」といって、毎回テーマを決め、1ページの左半分に文章、右半分に写真を幾葉か、といった構成である。少し上の芦原太郎世代が最初で、私たちは彼らからバトンを受け取った。厳しい先輩が一人いて、引き継ぎのときには心配だったのか、幾度も赤を入れられ書きなおしを命じられもして、最後は印刷前の出張校正で部分的に差し替えられてしまったこともあった。

引き継いだのはみな東大で同級生になった友人たち。彼らと一緒に、原則一人1ページ、これを毎月。そのときの文字数がちょうどほぼ千文字だったのである。千文字という長さは、ある程度の内容を盛りこむのにちょうど適当な分量だ。長すぎもせず、短すぎもしない。そして、しっかりした内容がこめられて、すぐ読める。起承転結もつけられる。

建築家になるには文章が書けなければならない、というのは、東京では定説だった。磯崎新は言葉によって建築にこめた知的な企(たくら)みを磨き上げ、その著『空間へ』は美術評論家の瀧口修造に「長い詩を読んだ」と評されていたし、概して建築家はみな文筆に長けていた。慧眼(けいがん)の隈研吾は当時から、文章とセットでないと建築は伝わらない、と公言していた。事実、彼はとても文章が早く、うまかった。ル・コルビュジエも、最初は文章で売ったものだ。

一般的に言って、建築そのものはわからなくても文章にしてもらえばわかる、と多くの人は信じている。言葉にしてもらえばわかるものだ、と。解説があって、批評があって、理解ができる。そう信じている。ほんとうだろうか。ほんとうは音楽と同じように、感覚的に、直観的に、わかってもらいたいところだけれど。

東京では、建築設計を志す若者たちも、社会とはそんなものだ、とまあそう達観しているから、みな文章を磨く。文章の技術を磨く。もちろん文章がうまいからといって設計がうまいわけではない。

とはいえ、うまく語ることができるということは強みではある。言葉に頼りすぎてはいけないし、粉飾や脚色もどうかと思うけれども、語らなければ伝わらないときも、ある。

京大に着任して、まずは設計のトレーニングであると、まあそのことは言（げん）を俟（ま）たないのだけれど、とはいえ文章のトレーニングをして損はない。メディアで修業を積んだ我が身に鑑みても言える。損はないというより、むしろそれどころか、得るところが大きい。自身の思考を確認し、さらに展開していくためにも、そしてもちろん（もし自身の設計が素晴らしいものであった場合に、だけれども）、人を説得するためにも。文章にかまけて設計の腕を磨くことをおろそかにすべきではないけれど、それにしても、文章はやはり、書けないより書けたほうがいい。

だから、草創期の学生たちには、毎月ゼミで発表する内容を千文字に書いてまとめるように、と勧めた。テーマを決めて書いてもらったこともあり、自主的にトピックを選んで書いてもらったときもある。書くことがない、どうやって書くのかわからない、という顔をしている学生も、いないではない。まずともかくなにか書いてみることだ、と促す。書くことがあって文章になることもあり、書くことがないと感じていても、書いているうちに、そう、あえて書くことによって、文章になることもある。『小説家を見つけたら（Finding Forrester）』という映画の一場面を思い出す。なにも考えずにともかく打て、タイプライターを打ち続けろ、と隠れて生きる小説家フォレスターは少年に教える。文章はなにかを考えてタイプを打つのではなく、なにも考えずに打つのだ、と。無意識の修行僧の境地である。私も書くことに行きづまったときなどはよく、「なにも考えずに打て」と思ってキーボードを叩いてみる。これが結構うまくいったりするのだ。

書いているうちに、書くことが浮かんできたり、まとまってきたり、変わってきたりもする。思いもかけない発想に結びついたりもする。書く、ということは、自分を発掘することでもあるし、つまりは自身のなかに鉱脈を発見することでもある。設計と、似ているかもしれない。そう、だからスケッチをしよう、なにも考えずに。

思えば初期の学生たちは、私に焚き付けられて、みな一生懸命に文章を書いていた。まだメールもツイッターもなかった時代である。文章は日々、磨く必要があるし、なにより書くことに慣れる必要がある。書くために言葉を探し、練り上げる。設計も、ありうべき建築を思い描いて図面にする、というより、その刹那刹那に思いをこめつつ無心にスケッチを重ねているうちに、思いがけない発想が湧く。そんな経験は、よくあるのではないだろうか。

建築はもちろん言葉ではない。言葉にならないものを建築は表現できる。しかし、言葉にして語ってみることもたいせつに思える。書くという行為もまた、連ね、組み立て、分解し、組み換え、全体を構成し、部分に立ち戻り、推敲する。そんな作業だからだ。建築と同じだ。そう、言葉もまた建築である。

建築と時代精神

近代建築のパイオニアたちが、建築は時代精神を表現する、と語ったのはつとに有名である。新しい酒は新しい皮袋に入れるべし。この言葉はなにかにつけ使われる常套句のようだが、過去をトレースする因襲的な思考に陥らぬように、呪文のように唱えることにしている。

さて、20世紀の初頭にスタイルとして確立されたモダニズムの建築。過去の様式と決別するにはとてつもない努力と葛藤と闘争があった。それがやがて鉄とコンクリートの建築があたりまえになり、機能性合理性も当然の要求となって、今度はモダニズムからの脱却や超克が語られた。

私が学生だったころ、そう1970年代には、モダニズムのさまざまな試みは、むしろ古臭いものとして捨て去られるべき古い衣装だと喧伝される向きも多かった。「Less is a bore」。これは「Less is more」というモダニズムの純粋思考への批判的なパロディーだ。「単純なものの方が豊かである」というモダニズムのテーゼに対して、「単純なものは退屈なものだ」と切り返す。装飾を廃し、意味を削ぎ落とすモダニズムに対して、意味の復権が唱えられ、装飾的なデザインも辞さないポストモダンもその流れのひとつだ。

ポストモダンは、その名のとおり、あくまでもモダニズム批判であって、これまでにないような新しさではなかったが、それからざっと半世紀ほどが経過した。そして、あいかわらず、建築には新しさが求められている。新しい流れを追っかけている。音楽や演劇や映画や絵画も同様であって、これはやはり人間の性だ。

建築は新しい構想がつねに求められると同時に、過去の文化遺産との照らし合わせもおこなわれていく。ル・コルビュジエは1920年代に『建築をめざして』を著して、「新しい精神（エスプリ・ヌーボー）」を標榜しながら、船や飛行機のイメージを用いつつ新しい建築の向かう方向を示したが、それと同時にパルテノンに建築の永遠の美を見るという姿勢を示すのを忘れなかった。新しさと普遍性との両面作戦である。

建築は技術の結晶であるとともに、文化的な営みだ。そしてその文化は歴史に支えられて存在し、展開している。技術の革新があれば建築は変わるし、社会が変われば建築も変わる。しかしそれでも変わらぬものもある。人間自体がそれほど大きく変わりはしないからだ。身長も体重も歩く速さも、憧れも好みも愛や恋の形も、そう、さほどは変わらない。

ただ、長い歴史を眺めると大きな変曲点があり、たとえばミシェル・フーコーは18世紀をまたぐ17世紀から19世紀初頭の古典主義の時代をはさんで、働き、生き、語る人間、という文化の位相に大きなエピステーメー（時代ごとの認識の布置）の転換を見出した。時代には時代の条件があり要求があり、そしてそこに触発された欲望がある。解決すべき課題は変わらなくとも、解決のアプローチは異なる。

建築空間は方向性と位階性（ヒエラルキー）によって構成されるが、時代によって求められるそのあり方が異なってくる。宗教建築であっても王侯貴族の建築であっても住宅であっても公共的文化的施設であっても。そしてそれら要求されるプログラムもまた時代によって変化してくる。

草創期の竹山研では、そうした認識に立ったいくつもの修士論文が書かれた。展示空間の変容について、交通空間の変容について、運動施設の変容について、商業空間の変容について。そうした建築のプログラムには、そして形式には、大きな認識論的切断と展開がある。20世紀に求められた大規模集合住宅、大規模商業施設、大規模オフィスといった建築も、すでにそのあり方に大きな変化が見られている。交通手段の変容にしたがって、駅舎にせよ、エアターミナルにせよ、新交通システムにせよ、さらにはドローンにせよ、多様な解決の仕方を示している。自動車も、ガソリン車が電気になり、自動運転になれば、今後どういう形の建築がそれに応答していけるのか。都市や建築の分野でも模索と実験が続くことだろう。

そうした未来を考えるためにも、歴史を振り返ることはたいせつだと思う。歴史は素材の宝庫だ。それは歴史を勉強しろ、ということではなくて（もちろん勉強する必要がある）、大きなスパンで物事を考えろ、ということだ。5年10年でなく、もっと長い、100年、200年、あるいは500年、1000年という大きな時間の流れのなかで、人類の営みを考えてみよう、と。そしていま私たちがどこにいるのか、見定めるまなざしを持とう。

「歴史も喚問（かんもん）する」、これは原広司の『建築に何が可能か』（学芸書林）の章のタイトルである。建築の設計に立ち向かう者は、歴史の審判にさらされる、そんな覚悟がいる。

この時期の竹山スタジオ・テーマ
1995　UNITÉ D'HABITATION 1995
1996　ビル・ゲイツの家

（扉図）琵琶湖フローティングシティ・プロジェクト　1994

都市発生論

I．都市の発生　メソポタミアから
非牧歌的物語──エデンの園からの離脱

流れの場

治金術は「物質─流れ」の意識ないし思考であり、金属はこの意識の相関物である。
思考は石よりもむしろ金属とともに生まれる。
金属は物でもなければ有機体でもなく、器官なき身体なのである。
最初の根本的移住者は職人である。
職人としての冶金術師は、地下の物質─流れに随うゆえに移動者である。

──ドゥルーズ「ミル・プラトー」

移動するものたちが都市を築いた。移動をコントロールする技術の持ち主が都市を構想した。異質な人々の衝突が都市を生んだ。他者の刺激が都市を磨いた。

都市の建設は人類にとって大きな賭けであった。その殺戮や搾取の残酷な歴史にもかかわらず、きびしい制度的な側面から逸脱した流れがほとばしり続けたことによって、都市が、都市のみが、人類の文化の多様多彩な広がりに道をつけ、新しい合金を磨き続けることになった。

密集した居住条件が生み出したかずかずの困

難にもかかわらず、いやむしろその困難を克服する技術的な試みを通して、人類は水の供給や通風、疫病の排除、排泄物や廃棄物の処理、死者との関係、公共領域の形成と充実、健康な身体の維持、超越的なるものの観念、美の観念、文字、冶金技術、交通技術、資本、貨幣、等々を磨き上げていった。

なぜか。身体的な近さ、接触の頻度、物が交わされ、人が動く、そのような、流れの場に身を置く環境こそが、人類の知を高めたからだ。適応に向かう多様性を育てたからだ。

都市は幾度も築かれては滅びた。これが適応の多様性をさらに磨き上げることになった。エデンの楽園で時を忘れてたゆたう時間のもとに暮らしていれば、さぞ幸せであったろうに、人類はそれと違った道を歩んでしまった。技術を磨くことの喜び、競争に打ち勝つことの喜びを優先させてしまう身体を育ててしまった。いや、そのような身体が淘汰に勝利する結果を生んだ。都市という異物の高密に交錯する環境を通して鍛えられた身体が、人類の歴史を動かしたのである。

都市形成以来、流れに形を与える技術を人類は生み育ててきた。圧縮・保存・輸送という、人類の技術革新の三つの（もちろん相互に関係している）モチベーションも、流れに形を与えるという一言に凝集される。生産、交通、居住の側面から、人類はこの「流れに形を与える」という課題に解答を与え続けてきた。

居住技術の側面から、流れに形を与えたのが都市であった。都市は、流れを流れのままに、静止させることなく、流れ続けさせる居住形態を形成する試みであったし、今もあり続けている。生を、死を、性を、文字を、言葉を、記号を、土地を、商品を、貨幣を、動き、流れ、交換されうるものとする。

交換が主体を生み、所有という概念を生みもした。人間が社会化される、流れの中に巻き込まれる、その渦のさなかに生じる空白が、主体だ。主体の、そして欲望の発生する場所だ。生命を、言語を、資本を、流れのさなかに投げ入れ続ける場所、それが都市だ。

われわれは善かれ悪しかれ都市の子供たちだ。自然は懐かしい母だ。ただ、もはや田園を憧れる気持ちすら、都市化されている。

気候変動

今から8000―6000年前の地球は、温暖であった。サハラ砂漠も緑の草原であった。さしずめ「エデンの園状態」といっていいかもしれない。都市の発生は、この牧歌的状況からの離脱の物語であった。

地球は呼吸を繰り返している。気候変動という波に洗われている。人類はそうした環境の変化を受けて、移動し、新しい事態に出会い、これに立ち向かいながら、生産技術や交通手段や居住形態の技術革新を成し遂げて、今日の繁栄を迎えている。環境の変化が種を鍛えるのである。

地域によって環境は異なる。環境によって生産手段・交通手段・居住形態は異なる。ただ、地球の呼吸が大きく変わる時期があって、この時期が人類の技術革新の時期に呼応している。

とりわけ、温暖化よりも寒冷化が技術革新に作用した。人類は逆境にあって初めて頭をしぼるようにできている。危機に出会って克己心がふつふつと頭をもちあげる。エデンの園であれば裸で遊び、果実をもぎ、昼寝をしていればいい。そうでいられなくなったから工夫をするのだ。

寒冷化が農耕技術を生み、都市を生み建築を展開し、軍事・生産・交通手段を発展させた。それぞれ紀元前9000年、紀元前3000年、紀元前1200年の頃をさしている。寒冷化の時期に、人類はおおいに移動をした。移動せざるをえなくなった。自然環境との適合の可能性を追い求めて。あるいは他の集団との抗争、競争、交換、共存を通して自らのサバイバルを追い求めて。移動を通して適合の技術を磨く。気候変動と移動、これが人類の歴史をいつも次のステージに導いてきた。

定住・技術

少し遡ってみよう。約1万年前に、少なくとも一握りの人類は、遊動を止め、定住をはじめた。定住可能な場を移動によって見つけ出した。農耕や牧畜や漁労の技術の進歩によってはじめて、定住は可能になる。とりわけ1万1000年前頃には氷河期が終わったあとの寒の戻りがやってきて、急激な寒冷化が人類を襲った。

農耕はその困難の中から生み出された技術だったろう。時間を乗り越える技術、すなわち圧縮・保存・輸送の技術をもてば、たとえ環境が変化しても、つまり「エデンの園」からはずれても、耐えてゆくことができる。人類は「エデンの園」から出る技術を身につけて、居住範囲を広げていった。

定住は人類に何をもたらしたのだろうか。はたして個体としての人間にとって、定住がベストな選択であったかどうかはわからない。

たとえば定住によって、人間の個としてのある種の能力が萎えていく。野生の生命力を失っていく。狩猟に代表される、ある種の動物的な勘とでもいったものを失っていく。自然との生き生きした関係を感じる能力を失っていく。

そして逆に、動いていれば逃れることのできたものに捕まる。たとえば、病気、死、排泄物、廃棄物。ひとつところにとどまることによって、逃れられなくなるものたちとの対決が必要になる。

しかしながら、動かぬことによるあらたな価値観が現れて、動物的勘とは異なる個体の能力を高めはじめたのも確かだ。つまり、動かぬものをため込んで、それに価値を見出しはじめること。これらから、人類は別の知的概念をえる。勘は鈍るが知恵はつく、のである。それが富だ。

富の蓄積によって、そしてその分配のシステムや権利を通して、やがて、富の偏在や権力、階級が生み出されてゆく。すなわち所有の概念が発達する。もっとも、正確に言えば、交換を待たねば所有の概念は生まれなかったろう。交換という行為があってはじめて、所有の主体は要求されるからだ。これは誰の？　ということが問題になるのはそれを処分する時の権利主体が利益をえるという事態が発生するからだ。

ものが交換の可能性を秘めることに気づくことから、所有の概念は生まれる。欲望が所有を強化する。欲望は、交換可能な物があることから生まれる。ただし、それが欠如しているところに生み出されることには注意を払っておこう。満足は欲望を生まない。欲望の対象は欠如であり、この欠如を、所有という概念が裏付けてくれるのである。もっていない、ということを、もっている権利があるという考え方が気づかせてくれるのである。そしてそれは未来の希望をかきたてる。所有とは未来の消費、あるいは消費の可能性を手にすることだからだ。

ある面での個体としての生体の能力のマイナ

ス要因を了解し、織りこみながらも、人類は定住という居住形態に踏み出した。そして所有の概念を肥大化させるままに、今日に至っている。所有の概念は人類の交換への想像力をたくましくした。我慢して努力して技術を磨いて、つまりは賭け金を積んで一攫千金を夢見るという、資本主義的人間を育てた。

ところで、個体としてはさておき、共同体の安定、とりわけ人口の繁殖という観点から見れば、定住はベターな選択であったといってもいいだろう。食料となる生物を自らの手で育て、ふやしてゆくのだから。そのためにも集団生活が必要とされた。個よりも集団の論理を上に置く社会が確立されたのだった。そして当然のことながら、個よりも集団の方が、強かったのである。

かくして物質文明社会は築かれ、現代もまた、この定住社会の延長線上にある。集団の、社会生活の延長線上にある。

生産と交通と居住の技術革新がなされ、定住は人類の有力な居住形態のひとつとなった。食料としての生物の育成、飼育をコントロールする道に踏み出した。ここに、自然の循環から分かれて「人間圏」が成立することになる。ほぼ1万年前のことだ。

保存：備蓄と容器

前6千年紀には、農耕、家畜、土器をもった定住集落が西南アジアに営まれ、エーゲ海からギリシア方面にも広がっていった。温暖な気候と雨にも恵まれて、人々はひとつところに住み、食料や容器の収集をはじめる。

容器、この場合土器だが、それは保存のための必需品であると同時に、富の象徴ともみなされたろう。それは現代における貨幣に近い。蓄積された容器は、目に見える形になった力であったはずだ。

機能の面からいえば、土器による煮炊きが食べ物の範囲を広げ、老人の寿命も延ばしただろう。長寿によって制作技術にも磨きがかかる。世代をまたいだ知識の伝達のチャンスも増したはずだ。

定住が土器という文化を生んだ。土器は定住の証だ。移動の民は土器をもたない。

遊動民は備蓄せず、定住民は備蓄する。備蓄が集落の人口を支えた。備蓄された穀物は、やがて略奪から防御すべき対象となり、交換する商品となり、土地にしがみつく住民を支配するための手段ともなっていっただろう。

1978年に、東京大学原研究室の西アフリカ地域集落調査に参加した際に、オートヴォルタ（現ブルキナファソ）のマリ国境近くで巨大な貯蔵倉庫の林立する集落に出会ったことがある。高さは10メートル近くもあっただろうか、平面形は矩形で、土の壁で囲まれ、木の貫（ぬき）のような物が飛び出すように壁に突き刺さっており、中間階の床をなしていた。それらが林立するさまは、それは圧倒的な迫力であった。

大きな貯蔵庫はこの地域に共通して見られる集落の重要な構成要素である。容器は巨大化して貯蔵庫となった。しかしそこで出会った林立する貯蔵倉庫の集落では、このエレメントが著しく際立っていた。高さにおいても、量においても、造形においても。集落の風景がほとんどこの貯蔵倉庫群で決定されていたといってもいいほどだ。

サハラ砂漠南周縁に広がるサヘル地域には、トゥアレグ族という駱駝（らくだ）にまたがる遊牧の民が交易を担い、ときに略奪を繰り返してきた歴史がある。今なお青い騎士とも呼ばれるかれらの精悍な姿を、オアシスや砂漠で見かけることができる。このように遊牧の民と農耕の民の交流がつねにおこなわれてきた地域であるということが頭にあるから、ついわれわれは農耕の民がその備蓄を隠すものだと思い込んでしまう。

ところがここでは、このようにいかにも富が蓄えられていることを、これ見よがしにプレゼンテーションしている。まるで襲ってくれといわんばかりの造形である。当時はその真意をはかりかねた。ただ原広司が「まるで都市のようだ」とつぶやいた、この言葉はくっきりと脳裏に刻み込まれた。

今思えばこれはいかにも暗示的な言葉であって、確かに都市の萌芽をここに読み取ることができるのである。

歴史をたどれば、都市は神殿にはじまった。神殿とは神の富を保存する倉庫だった。この富の分配装置が都市だ。とすれば、この林立する貯蔵倉庫群こそが、神殿の原型であったと考えていいのではないだろうか。貯蔵されているのは穀物である。食料である。しかしそれはまた同時に種でもある。種は生命の力が圧縮され、保存されているタイムカプセルだ。自然のもつ再生力、生命の力こそを、人々は神秘と見、崇めたはずだ。神はそこに宿っている。林立する貯蔵倉庫群は、神の住みかだ、少なくともその原型だ、と言っていいのではないか。

この風景に、集落から都市への変貌のきっかけが潜んでいる。

ある種の共同体の民は、ともに生きるために、その備蓄を目に見える形であらわし、祝福し、ともに管理する道を選んだのではないだろうか。そのために備蓄と再分配は集落全体の目の前でおこなわれなければならなかった。神の宿りを目に見える形にしなければならなかった。神、すなわち生命の力を、守り、祝福し、分け与える。このプロセスの具現化が、林立する貯蔵倉庫群なのではないだろうか。

そしてこれ見よがしに聳(そび)え立つもうひとつの理由は、それが交換に訪れる移動の民へのプレゼンテーションでもあったからではないだろうか。これ見よがしに聳える神殿に交換を司る移動の民が惹きつけられる。

略奪はむしろ非常事態であって、これにはしかるべく対処の方法を考えねばならなかっただろうが、交換にはそうしたリスクを超えた魅力があったろう。神殿＝倉庫に与えられた象徴的な表現は、交換の「種」に、高くそして普遍的な価値を付与しもしたことだろう。祝福されるもの、それは交換を待っている。

現代のアフリカから時空を遡って、再び都市発生の物語を辿ろう。かつてはじまりの都市が生み出された地域も、遊牧民と農耕民の出会う場所であった。そこではやはり、こうした風景が多く出現し、展開されていたのではないだろうか。この備蓄、交換の種がやがて巨大化した。さらに加速される、備蓄を祝福する定住の民と、交換をもたらす移動の民の交流。とどまるものと移動するものの関係こそが神殿の造形を磨いたはずだ。

備蓄機能の建築化、象徴化、プレゼンテーション、これらが集落から都市へと移行する居住システムの変貌の萌芽を孕んだ。移動の民、すなわち他者のまなざしが都市を生み出す手助けをした。

都市発生前夜の風景。しかしいまだ人類の居住地は集落と呼ばれる居住形態にとどまる。それは自然との関係を第一義としており、自給自足を原則としている。人間との関係にその軸足を置き、他給他足を原則とする都市ではない。いまだ圧倒的な支配、収奪を必要としない。物質の圧縮と観念の移動の度合いが低い。記号性と抽象性と分業性の度合いが弱い。そこまでの欲望の育たない、まだかろうじて、「分業が成立する以前の牧歌的な共同体」である。

交換：物流と欲望

この気候温暖期に、人類社会はものの備蓄のみならず、交易をも発展させて、徐々に大規模な集落が営まれるようになっていた。生産力は増し、火をあつかう技術の進歩は、土を焼くだけでなく、銅や鉛の利用も可能にした。

前7000年から前5500年に栄えた、アナトリア高原のチャタル・ヒュユクはそうした集落として知られている。屋上からの梯子(はしご)で出入りするという高密度で特異な建築形態、宗教的用途の部屋があること、交易網の広さ、など、都市と呼んでもいいほどの内容をもっている。しかし、まだ不十分だ。あとで述べるが、都市の必須条件であるプレゼンテーションの意図に欠けている。

時代が下がって紀元前4000年頃になると、メソポタミア周辺の集住地からは、およそ考えられないほどの距離を隔てた遠い地方からの製品が出土する。メソポタミアが交通空間として、遠い場所相互を結びつけはじめた。もはや人間が、楽園にとどまってしみじみと田畑を耕すことでは満たされない欲望と好奇心を抱く段階に入ってしまっていたことがわかる。

水路を利用した交通の発達。移動するものたち。その質と量と速度。物流のかきたてる想像力と欲望が人間を楽園にとどまらせなかった。

石英ガラスはアラビア高原からメソポタミア南部にもたらされた。黒曜石(こくようせき)はアルメニア産のものとアナトリア産のものとが流通圏域を競っていた。ユーフラテス河畔の瀝青(れきせい)はペルシャ湾を航海する船の防水に用いられた。エジプトの船はレバノン杉でつくられた。ラピスラズリはアフガニスタンからメソポタミアを通ってエジプトまで運ばれていた。ザグロス山脈の銅はメソポタミアの農耕と軍事に大きな影響を与えようとしていた。

この頃から、交換のための商品が出現して、あらたな欲望が生み出されてきた。交換の欲望は、魅力的なものたちによってかきたてられた。欲望は生産を刺激する。交易の刺激と圧力が、やがて都市という欲望の加速器を生み出してゆく。物流の渦を生み出してゆく。ものが都市という人為的な渦の中心の空白に流れこむ。都市はその発生のきっかけからして、物流の場だったし、今日もそうであり続けている。ものの移動に、人と情報はくっついてくる。

機能と美：金属

人類はただ食べて排泄して眠るだけでは満足しない。想像力による満足を求める。可能性をもつことによる満足を求める。そこで人々は、食物の増産ばかりでなく、道具の開発や、力を象徴する宝物の収集に血道を上げることになる。金属とそして宝石である。

機能と美をもつもののみが人間を欲情させる。機能と美とはいつの時代も仲良しなのである。資本と宗教が仲良しであるように。

機能と美によってかきたてられる人間の欲望が、いつの時代も人類の歴史の歯車をまわした。銅は人類が最初に知った金属だ。銅やラピスラズリが人類の欲望をかきたてた。そして前4千年紀の後期には青銅が生まれる。

青銅の出現と都市の出現は並行している。欲望の形成と権力の形成もまた並行している。

銅と錫を混ぜることからえられる青銅は、農具によし、武器によし、装身具によし、なんでも来いのオールマイティー商品であった。このテクノロジーを鍛えていった集団は、農耕牧畜とは違った位相から人類の歴史に貢献した、貴重な技術集団であった。

すなわち、食べるための技術ではない。単に食べることを超えた、想像力をはばたかせるための技術なのであった。

かれらは技術を開発し、青銅に機能と美とを見出す農耕と牧畜の民の欲望をかきたて、さらに技術開発に励んだ。交易というシステムを通して、かれらの技術から商品価値が生み出され、かれらのもとには豊かな農産物や畜産物がもたらされた。

食べるための技術から、食べることから切れた技術へ。食べるものをえるには土地にしがみつくしかなかったが、食べるものではない商品、しかもより高い価値を認められる商品の生産技術によって、生産は土地から切れた。土地の面積に比例する関係から切れた。都市は、こうした土地から切れた生産をるつぼに巻きこんで流動化する装置、交換の加速器、整流器として、そろそろと姿を現わしつつあった。

そして、その加速・整流器にぶちこむ商品生産力の飛躍的な伸びに結びつく事件が起きる。またもや気候変動である。そこで生み出されたのは、賭け金を一気にひきあげる技術であった。すなわち圧縮・保存・輸送の技術であった。都市はすでに形成されつつあったが、気候変動は都市形成の追い風になった。

流れの掌握：分配から分割へ

5000年前頃、地球は寒冷化を迎える。とりわけ北緯35度以南は乾燥化が進む。人々は水を求めて大きな河のほとりに集まる。もともと交通の要衝、流れの場であったメソポタミア低地に、可能性の大地が現れる。それは同時に争いと調停の大地をも意味していた。

人類は、ここにそれまでの天水（てんすい）に頼る農耕でなく、自然に人為を施したあらたな農耕技術を生み出していた。灌漑（かんがい）農耕である。農耕の故郷、肥沃な三日月地帯でおこなわれた牧歌的な、天候に左右される天水農耕にくらべて、それは安定した高い生産力をもたらすものであった。ただし、大規模な灌漑工事と治水工事が必要であって、そのためには強大な指導力、つまり非牧歌的な権力の合流を必要とした。

もともとペルシャ湾とエーゲ海を結ぶ水の道が発達し、陸の道がこれにからんだ交通の場であったメソポタミア。交通を司る人々は、ペルシャ湾の水位が上がって生活の場を移動する必要に迫られたのではなかったか。またこの地域の寒冷化、乾燥化によって、移動せざるをえぬ人々がさらにふえた。異なる生活文化、価値観、生産物を持った人々が集中し、交じり合っていったことだろう。交換は、あるいは略奪は、激しさを増していったに違いない。幾度もの抗争の果てに、あるいは協調の果てに、巨大な権力が生まれたのではなかったか。

都市の成立は、長い期間にわたる微少な権力の調整にかかっていた。農耕民の内部抗争に疲れた人々、倦（う）んだ人々は、移動の民の指導者、交通を司る技術をもった民、あるいは調停者の出現の前に、進んで「服従する主体」となったのではあるまいか。あくまでも拒んだ人々は、結果的に逃亡、それとも隷属を余儀なくされたにちがいない。

あるいは神への畏怖と恭順に、技術の優位に、軍の脅威に、統一の、さらには協調の夢を見た者もいるかもしれない。ただ決して力に屈服したばかりではないだろう。権力はおのずと束ねられ、太っていく。多くは主体的に服従し、協力したはずだ。でなければ都市を築く前に疲弊してしまう。気候変動による危機感がさらなる団結を促した。

交換が平和を裏書きする。戦争という非効率的交換に代えて、効率的な交換システムを確立しようとする権力相互の微調整が進む。牧歌的な分配に代えて、仮借なき分割の論理で、交換を争いの上に位置づけ、ブラウン運動に方向づけをおこなう者。これが指導者であり調停者であり、結果的に権力者だ。

分配する母から分割する父へ。大地の秩序から天空の秩序へ。物質の論理から精神の論理へ。より強力な支配の論理に人間は服従して自らの場所を求めてしまう。

生産地としての土地を流れの場として把握しうる治水の王。遠隔交易ルートの保護・支配者。劇的な生活の変化と共同体の未来を予見し、導く神を司る者。保存・圧縮・輸送の技術をもつ移動の民、商人を、そして職人を束ねる者。

戦う相手が、あるいは畏れる相手が、自分の存在を映す鏡となる。鏡は大きく立派な方がいい。牧歌的な母が失われた今、厳格な父のもとへ。そこではじめて安心も平和も保障される。情報と富と指導力を有する大きな鏡。人々はそんな鏡を求めたはずだ。都市のはじまりは、そうした非牧歌的な事件の繰り広げられた時期であったろう。

新しい農耕技術によって、これをコントロールするシステムによって、そしてそれを支える交換の欲望によって、生産力は飛躍的に増加する。交易はますます加速される。異なる人々が出会い、競争がさらに生産を刺激する。

この流れを掌握し、新しい秩序をもたらすもの。その権力の支配と居住の拠点が都市であった。都市は他者なる父が、仮借なき制度を通して実現した居住形態だ。母の胸に抱かれた集落の夢を破って現れた厳格な論理だ。移動の民のもたらした明快な分業と計画的配列の論理だ。公共的価値を優先し、契約関係を明確にし、集団をサバイバルさせる論理だ。

都市はよそ者がつくった。異質の他者がせめぎあい、共存する状態が都市の温床であった。そこに秩序をもたらす者。分割をもたらす者。それらはすべて共同体の外部からやってくる。あるいは外部に立つことのできる者。土着でなく移動の可能性を孕んだ者。外からやってきた指導者が強権を発動しない限り、都市は発生しなかったし、都市に変革ももたらさなかったことは、その後の人類の歴史が明らかにしている。

都市は花：プレゼンテーションの装置

そしてついにメソポタミアに都市が出現する。同時に、多発的に。

都市はつねに他者との関係の中にあった。生産する共同体と共同体の間にあった。異質の他者のせめぎあう場所にあった。とどまる人々と移動する人々の出会いの場にあった。

それは、交通の場の凝集点であり、異なる力の合流と整流の場であった。

いっせいに花開いた都市は、まさしく集落にない「花」をもっていた。他者への顔、こう言ってよければ仮面をもっていた。王冠もジグラートも仮面だ。装身具もファサードも仮面だ。宗教も神殿も仮面だ。仮面は花であった。

都市は「花」だ。蜜を分泌し、蜂を集め、花粉を運ばせ、受精もさせる。商品は集められ、遠方へと運ばれ、と同時に遠くからもたらされる。神殿が、そして神の代理人である王が、都市を代表する主体となる。

都市は、人類がはじめて生み出した、自給自足でなく他給他足を前提としたシステムだ。交の場を中心とし、移動する人々にメッセージを送る、つまり外部に向けてプレゼンテーションをおこなう居住形態だ。都市はプレゼンテーションの場である。

それがジグラートであった。神殿であった。城壁であった。塔であった。その他の記念碑的建造物であり、高台に築かれた高密な居住形態であった。そしてその高密を支えるインフラストラクチュアであった。

メソポタミアの場合、それはさながら灌漑農耕低地に浮かぶ花たちだったろう。花は、ここであなたがたは安心して交易ができるのですよと呼びかける。その内部には、守られ、調停もなされる取引の場が確保されている。新しい商品も収集し陳列されている。都市の守護神と王がこれを保障する役割を担った。

それは遠望されるという景観デザイン的視点を初めてもった集団の居住形態でもあった。眺望の場は人々を惹きつける。見晴るかすことが支配の感覚を強化する。見られることと見ることを同時に可能とする場。

現在知られている限りのはじまりの都市を築いた人々、これを文字による記録に残した人々、それがシュメール人と呼ばれる人々である。

移動者が都市を計画する

都市を生み出した人々は、よそからやってきた。シュメール人も外からやってきた。移動の民が新しい居住形態を構想し、実現する。都市は動く人間のため。集落は動かない人間のため。

地元からの連続的な変化からは、決して都市は生まれなかったろう。冷徹な分割が内部からはおこなわれえないことは論理的に明らかだ。歴史を振り返ってみても、住民が自ら都市の改革を成し遂げえないのは、支配者が革命を起こしえないのと同じ理由によっている。土着住民は保守的である。談合癒着に励み、利権確保に汲々とする。現在でも残念ながら事態はいっこうに変わらない。

都市は外科手術によってはじめて生まれ変わる。はじまりの都市もまた、外部からの勢力によって築かれた。いわば不連続な変化である。冷徹な分割によるあらたな秩序の形成である。そこにはまったく新しい居住形態が生み出された。公的施設があり、ヒエラルキーがあり、密度があった。制度があり、分業があり、異物の出会いがあり、交換の速度があった。直接生産にかかわらぬ人々が、圧縮・保存・輸送の技術者、計画者、テクノクラートとして居住していた。これをわれわれは都市と呼んでいる。

移動の民は不動の民に流れをもたらし、動きをもたらす。決断と変化をもたらす。不動の民と融合した場合、移動してきたあらたな支配者は、不動の民の文化を受け継ぐ。ひとつには、移動の民は技術をもつが、不動の民ほどの文化的蓄積をもたないことが多いからだ。今ひとつには、移動の民の父性は、政治に向いており、不動の民の母性が潜在的な文化を引き継いでいく傾向をもつからだ。

父は動き、母はとどまる。支配は父から子へ、文化は母から子へ、引き継がれてゆく。

あえて言っておこう。人類の都市はすべからく計画された植民都市である。計画者は外からやってきた。都市は計画されてできる。計画されていない都市はない。自然発生的な都市など人類の歴史上ひとつもない。非計画部分は包摂される。計画は移動者によってなされる。都市設計図というヴィジョンをもった計画者によってなされる。移動してやってきた支配者によってなされる。移動の民をコントロールしえた支配者によってなされる。多くの服従者を集めた権力によってなされる。強権発動によってなされる。隷属者も出現する。あらたな主体的服従者は都市をめざす。都市は流れを引き起こし、流れを保存する。都市は権力の棲家だ。境界を聖別し、確定し、分割する。場所に根ざした生産地でなく、場所を超えた交流地だ。遠く、近く、分業を統合するシステムだ。複雑な流れの加速・整流装置だ。

都市があれば、それは強大な権力が生みだされた証拠だと見ていい。そして権力は、花を愛するのである。ただし花は移ろいを孕んでいる。

それはこういうことだ。いずれ権力は固定化に向かう。花の姿をとどめようとする。流れを失ったとき、都市は滅ぶ。都市の孕むこの本来的な矛盾によって、都市はつねに栄枯盛衰を繰り返してきた。都市はだからつねに新しい血を求めている。動きを止めたとき死が訪れるのは都市も生命体も同じだ。

花にはいつか散るときが来る。

とどまるものに動くものをこめる：文字が都市を生んだ

チグリス、ユーフラテス河のほとりに展開された古代文明のあけぼのは、かなり血なまぐさい物語であったろう。寒冷化し、乾燥化する気候変動に追い立てられるようにして、さまざまな部族が河のほとりに集まった。移動の民たちが自身の場所を求める思いはとりわけ強かったに違いない。

時代は異なるが、モーゼがヨルダン川に沿ったカナンの地へとヘブライ人たちを導き、乳と蜜の流れる「約束の地」として神から与えられたという旧約聖書の物語が、その思いの強さの幾ばくかを反映していよう。困難な時代には、遊動している人々も立ち止まる。自身の場所を求めたくなる。ちなみにかれらの移動は、古代文明発祥期の次なる気候寒冷期、紀元前1200年頃のことであろうと考えられている。

人口移動の季節、農耕民たちは備蓄に手をつけず、領土を守り通そうとする。移動の民たちは備蓄の開放を求めて、輸送の技術を提出する。占有かなわぬ他者の領土を横断する。決断の遅い農耕の民は、いざというときに後れをとる。

旧約聖書のカインとアベルの物語。どうして神は羊を喜んだのか、遊牧の民を選んだのか。農民カインは牧人アベルを殺す。神はカインに罰を下す。カインは地上の放浪者となった。

ユダヤの神はおそらく動くものを好んだ。流動する資本を好んだ。役に立つ美を好んだ。羊である。羊は流動する資本そのものだ。しかしながら羊そのものは決して都市を生み出さない。羊は動かぬ居住を否定するからだ。

移動の民がとどまるとき、ここに移動するものをとどめる技術が要請され、農耕に交通が重ね合わされる。とどまるものに移動するものが刻印される。移動するものをその可能性として、持ち運び可能な価値に変えて、ひとつの場所にとどめる技術が求められる。圧縮・保存・輸送の技術。流れをコンパクトにしてストックする。文字、そして貨幣、あるいは貨幣に代わるもの。記録と約束手形。動きの痕跡と記憶。都市は文字に物流を圧縮した。都市は、文字という情報処理技術をもつ交換の場を通して、動かぬものに動くものをこめる居住形態として出発した。

とどまるものに動くものをこめる。この技術の革新が都市の歴史を進めた。集落が移動せぬ人々、とどまる人々のための居住形態だとするなら、都市は移動する人々を制御しつつ受け入れるための居住形態だ。動くもの、そして交換の可能性、そしてこれを祝福すること。これが都市という居住形態の発明である。人類はこの居住形態に、自身の欲望を満たしてくれる可能性を見た。

農耕と移動の接点に、都市は出現した。もの、人、情報の交通の結節点。土地から切れた土地。生産から切れた人々。純粋な交換の場。交換を司る権力の場。軍、神官、官僚、職人、商人。移動の技術が都市を鍛えた。交通を内蔵する場所。ものが移動の可能性を孕んだままに居住する形態。それが都市であった。

文字がこうした都市の方向性を決定したのだった。文字が都市を生んだ。都市が文字の可能性を開いた。文字が流れを定着する。移動は粘土板に痕跡として残されることになった。商品の移動の記録が残された。思想や物語のような流れ去るものまで記録することが可能になった。文字は人類が生み出した画期的な圧縮・保存・輸送の技術だ。

ところでユダヤ・キリスト教的思考空間にとって、善は基本的に砂漠、荒野、牧草地、庭園の側にある。流れを妨げぬ空間にある。大地は境界づけられてはならず、仕切られてもならない。動きを止めてはならない。カインの農耕は、したがって否定的に捉えられる。定住は神にとって善ではなかった。ましてや都市は。

「かくて都市は神に呪われ堕罪して放浪する人間が、自分を守るための安穏(あんのん)な棲家を求め、さらに発展してすべての非造物を支配する権力意志の所産であり、文明の開始を意味した。ここに図らずも発現した「すべての非造物を支配する権力意志」は、このあとの人類の歴史のすべてを牽引していく。

ユダヤの民は、だからつねに文字と資本とともに移動する。コンパクトに圧縮された、持ち運び自由な思想と価値。

都市は移動の民の存在をその本質とする。しかしながら定住という居住形態は制度的にかれらを圧迫もする。とどまるものに動くものをこめること。流れを止めずにとどまり続けること。これが都市の抱え込んだ矛盾であった。

都市は、流れの圧縮・保存・輸送体としての文字と資本を生み育て、移動の民の感性、自由な異邦人の孤独と感応し続けている。

シュメール人

シュメール人は移動してきた。山からか、海からか。かれらは交易の技術をもち、支配の技術をもっていた。輸送・交通の技術をもっていた。文字をもち、青銅器をもっていた。遠方の情報をもち、強い指揮系統と神をもっていた。やがて高度な建築術、すなわち高密度居住の技術を鍛え上げた。具体的に言えば、神殿という物的、知的財産管理の中枢をもって、これを中心にすべてが組織化された都市というシステムを築いた。

植民は計画者が指示し、おこなう。移動の民は野営地をいつも計画する。指揮系統もしっかりしている。決断も早く、容赦がない。かれらは本来的な計画者であった。

たとえば遊牧民にとって、危機に瀕した場合の人口調整は、一定数の定住化だ。定住化によって人口を除去することができる。とするなら、かれらは国家形成に向かう可能性と、非国家性の心性をあわせもっていたといっていいだろう。計画者と移動者の両面をもっていた。かれらはいつも動きの中にいたからこそ、流れを計画することができたのではなかったか。

移動の民は父系である。強いリーダーシップの持ち主がつねに必要とされる。父性は、世界に明快な秩序を求める。領域を支配しようとする。世界を分割して統治しようというのが父の支配だ。包括するのでなく、選別する。母はすべてを抱き止め、配慮し、分配する。父は移動し、母は土着する。父は計画し、母は産み育てる。支配者が厳格な父の原理をもたずして、都市の成立はなかったろう。父の原理をもっていたのは移動の民である。

シュメールの都市は高台の一望監視装置、パノプティコンだ。眺望の場から支配の領域を見通している。ここから、父の原理を読み取ってもいい。父はまなざしでしか、つまり見張ることによってしか、領土を確認することができない。父の領土に対する支配は物質的というより精神的なものだからだ。だからなおさら父の原理は、領土を確保するのだという強い意志を表明するし表現もする。母の原理からすれば、居場所がそのまま境界の曖昧な領土、言葉を変えれば物質的広がりそのものになるから、領土画定の意志を必要としない。黙って座ればわたしの場所だ。父は場所を他から切り取らねばならないが、母は母そのものが場所だ。父は生命を囲い込まなければならない。母は自らが生命の場所だ。絆を生むのは観念的な血と肉体的な血。それは、わが子と精神的につながるしかないか、物質的につながっているかの差だ。

母は一体化し、分配する。父は分割し、統治する。集落から都市への道程は、母から父への移行でもある。母は愛で近い距離を満たす。父の技術は、遠い距離を縮める技術である。母は果実をもぎ、父は矢を射る。

メソポタミア低地は、洪水が起これば、周囲は海のごとく、多島海（たとうかい）のさまを呈しただろう。こうした場所に居を営むには、時間をコントロールする技術が必要とされた。かれらは、気象のある程度の予測にも、星の運行による時間の把握にも、長けていた民であったはずだ。都市の運営にもまた、緻密な時間の計画性が求められる。

シュメール都市の管理文書によれば、シュメールの行政上のヒエラルキーの上位は、牧人によって占められていたという。シュメール人とともにかれらを支えもしたアッカド人が、おそらくは砂漠からやってきた遊牧民であることもあるのだろうが、ここからも支配者層の移動民・遊牧民起源と厳格な計画者の視点がうかがわれる。都市経営は強い命令系統と高度の計画性なくしてありえない。

文字をもつことからは、商業民とのつながりもうかがわれる。すでに触れたように、文字の用途はなによりも、商業の記録、具体的に言うなら、神殿の財産目録であったからだ。商業民は交通路を押さえる。かれらは水運を利用した航海術にも長けていただろう。車輪を利用していたことから、高度な輸送技術をもつ民でもあったはずだ。

シュメール都市の産物は穀物、家畜のみでなく、魚類にも満ちていたから、海との関わりの深い民であった可能性も強い。海の民はもちろん、軍事・輸送技術にも長けている。もっともこれは移動の民の一般的な性格である。シュメール人はむしろ圧縮・保存・輸送の技術をもった、水の交通を支配する民であったのかもしれない。

すべての都市は植民都市である。外部の力によって形成される。植民は大なり小なり組織的な、そして効率的な、収奪装置の形成に向かう。権力の源泉の分割と再分配に向かう。地域のミクロな権力の内部抗争を組織し、流れを整えて、公的な所有という概念を確立・分離・聖別し、大規模集住とコントロールを可能とし、またそのメリットを生かすべく、生産地としての土地から切れた権力を形成する。

はじまりの都市、シュメールの都市もまた、計画性にすぐれた移動民による植民都市であったと考えていいのではないか。

ギルガメシュの物語：森の母を殺し、都市の女たちのもとへ

さあ、エンキドゥよ、周壁をもつウルクへ行きましょう
人々が祭服を着ているあのところへ
日ごとにあそこではお祭りが祝われる
——ギルガメシュ叙事詩

シュメール人の残したギルガメシュの物語は、都市発生の背景を暗示している。ギルガメシュの物語のテーマのひとつは、母親の克服である。母の原理から父の原理へ。それはそのまま自然の克服と都市の建設を意味している。かれは都市ウルクの城壁造りにとりつかれており、境界の形成は、すでに見たように、父の原理に導かれる行為だ。母は境界を必要としない。

ギルガメシュのライバルとして、神はエンキドゥを創造する。ギルガメシュとエンキドゥは都市と森、つまり意識と自然という正反対の出自をもつ対立者だ。

都市の女、ヒエロデュール＝女司祭＝神の娼婦が野生児エンキドゥを誘惑する。エンキドゥはヒエロデュールに導かれ、母なる領域、森を

出て、都市の城壁のうちに入るのである。動物的存在から人間的存在へ。境界のない世界から明快な境界をもつ世界へ。楽園のような無意識から人間世界へと移行する。

ところで、ギルガメシュの物語では、このプロセスは上昇であり喜びだ。聖書では逆に堕落であり原罪だ。ギルガメシュの物語は都市の女=娼婦を、人類の蒙（もう）を啓（ひら）く存在として、文化的な欲望を教えるものとして、描いている。それに対して、聖書は女を邪悪とみなす。その底を流れる基調低音は都市の女=娼婦の否定だ。

都市は女を娼婦にする。母を娼婦に変える。だからユダヤ・キリスト教の思考空間は都市を堕落の象徴とみなしたのだった。聖書の物語は幾度も都市を破壊する。ユダヤ・キリスト教はむろん父の宗教だが、天上の父であるから、都市には否定的だ。都市は地上の権力のプレゼンテーションであり、地上の父の原理の体現だからだ。

かれらは女を、とりわけ都市の女を拒絶する。しかしながら、キリスト教世界においては、やがて聖なる母という概念の再発見とともに、母が特権的な地位にのぼってゆくことになる。動的な原理、つまり移動による都市発生の原理を体現した都市の女たちは、静的な原理、制度維持の原理によってとどめを刺されるのである。キリストに愛されたマグダラのマリアは、聖母マリアのネガとなってしまう。

このエピソードは、都市に潜む伏流水を垣間見せてくれる。つまり都市は女たちの可能性を開く場なのだ。都市は女たちの存在形態を幾重にも屈折させ転換させる。都市は女たちにさまざまなライフスタイルを許す。女たちが多様化すれば男たちも多様化する。都市は生を多様化する。都市という場は、生の多様な選択肢に向けて開かれている。

実は、都市は女たちの誘惑から生まれたのではないか。都市の発生と女たちの多様化は同時だろう。メソポタミアには神殿売春と呼ばれる制度が存在もした。神殿が都市発生の起点だとするなら、女たちの多様化も都市発生と結ばれている。少なくとも女たちの多様な存在形態が、都市の魅力の中心を担っていただろう。都市は制度によってつくられる。しかし社会は制度を逃れる傾向をもっている。逸脱の流れが社会を活気づける。都市社会は自由な女たちによって担われてきたのだろう。女の多様な存在形態が媒介者となって、男たちを知恵と文明と、そして言いようのない孤独へと導いてきたのではなかったか。

ギルガメシュとエンキドゥはついに都市の取引の場の門で出会う。そこでは物と知と女が交換されている。ここでエンキドゥがギルガメシュの道をふさぎ、邪魔をするのである。都市の女を求める者に、女に森の母を重ね合わせる者が争いを挑む。

争いは結局ギルガメシュの勝利に終わる。これが都市の勝利の予言になる。かれらは和解し、仲間となり、ともに森の巨人フンババ（フワワ）の守る杉を切り倒しにいく。杉は、都市の建設に必要だが、メソポタミアが資源としてもたないものの象徴だ。しかも、森は、エンキドゥがかつて属し、いまや引き離された、母の領域の象徴でもある。

さて、文化の世界にとりこまれたエンキドゥはギルガメシュのもとで斧（おの）になり、ギルガメシュの象徴的な母殺しを助ける。ギルガメシュはこの斧で森を切り開くのである。斧で開けの場を生むという空間加工のイメージが採用されている。神話空間の中で、いかに力強く、空間加工のイメージが作用しているかの好例が見られる。空間加工のイメージのみが、都市の、そして建築の構想を推し進めていく。

森は大地の神々の領域であり、冥界であり、母、つまり子宮と無意識を象徴している。斧は無意識の領域に開かれた場をもたらす。闇に光が差し込んでくる。このとき、光は都市を、文明を、表象している。

森は無意識と闇を表しており、いわば現実界であり、大地の見えない底であり、現実の身体的な収縮と内在の原理だ。つまり母性原理といっていい。

それに対して、斧は意識と光を表している。それは象徴界、いわば観念の世界であり、天空からやってくる光であり、理念的で精神的な拡大と超越の原理だ。つまり父性原理である。

ギルガメシュはついに森のフンババを倒し、凱旋(がいせん)する。この行為の意味するところは、母の殺戮と超克であり、大地からの離脱であり、自然や土地から切れて、技術と交易によって立つことの自覚だ。いわば都市的な自覚である。

戻ってきたギルガメシュに、ウルクの守護神イシュタルが誘惑の手を差し伸べる。イシュタルの愛人たちが皆冥界に去ったことをギルガメシュは知っている。ギルガメシュは誘惑をきっぱりと断る。ここで何が起こっているのか。

イシュタルは性愛と戦いの女神だ。妻でも母でもなく、自由恋愛と不和を司る女神である。イシュタルの否定は都市の女への三行半(みくだりはん)でもあった。ここでギルガメシュはいったん都市に背を向ける。

イシュタルの怒りと神々の不興を買って、森の制圧と都市への帰還ののちに、ギルガメシュといまや分かち難い関係で結ばれたエンキドゥは死ぬ。ギルガメシュは都市にも、すなわちこの世の繁栄にも幻滅を覚えてしまった。現世享楽の場である都市から、ついにギルガメシュは永遠の命、不死を求めて旅に出る。

母から都市の女たちのもとへ。危険な、しかし新しい関係へ。人類にとってそれは大きな賭けであった。身の丈を越えた所有の肥大と同時に、自身が死すべき人間、有限の存在であることを自覚するに至る、思想的孤独へ向かう旅でもあった。これが都市の宣言である。

ギルガメシュによる森の殺戮は、自然の循環的な時間からの離脱を示唆している。自覚的な歴史の時間への参入を意味している。森を切って都市を建てる。人間は、自力で、技術をもって、母なる自然の時間、循環の時間に対峙していく宿命を選んだのである。

そしてギルガメシュは歴史の時間にも幻滅してしまった。いまや、現世の宿命を超えていく方向を選んだのである。死すべき身体、母から与えられた時間を超えてゆく方向を。

それは宿命的な矛盾を孕んでいたというべきだろう。動物の領域から人間の領域へと至り、都市は築かれた。しかしついに、神の領域への移行という観念が抱かれたのだった。死すべき有限の存在が、いわば死を超越した身体を求める。

いいかえれば「流れ」を大地に登記された身体に結びつけること。身体に刻印し、外の力を呼び寄せて流れをとどめること。潜在的な力を保存すること。個体のエロスを共同体のタナトスに転換すること。王はつねに死の儀礼に結びついている。神と王と外部は死に近い場所にいる。

死を内蔵すること。王は死と手を結ばねばならない。個体を超えた共同体の生命を具現しなければならない。これが都市の出発だ。

ギルガメシュが到達したのはそんな旅であった。

ギルガメシュはついに不死の身体をえることはかなわなかった。ウルクに戻ったギルガメシュは不死への欲望を都市の建造物の永遠性に託すよりほかに慰めはなかった。都市は死にゆく人間の果たせぬ欲望の住む場所となった。

起源の物語はいつも捏造(ねつぞう)される。だが発生の過程を寓意してもいる。

文献：
『ギルガメシュ叙事詩』月本昭男訳、岩波書店、1996
（『traverse　新建築学研究』第2号所収　2001年）

＊＊＊

1992年から1995年にかけておこなった古代都市をめぐる旅、そしてそれに並行した都市プロジェクトを通して、都市という人類の居住形態に対する認識は、私のなかで大きく広がりと深さを増していったと思う。

そうした経験を下敷きにして、2000年に刊行のはじまった京大建築の機関誌『traverse　新建築学研究』の第1号には都市に対する私的で詩的なイメージをまとめた「不連続都市2000」を寄稿し、2001年の第2号にはこの「都市発生論」を書き下ろした。

古代都市をめぐっては、学生たちとさんざんディスカッションを繰り返してきたし、自分でも思考を重ねた。そして、次章冒頭の文章でも触れている「フォーラム人間圏」で出会ったさまざまな人々や知識にも刺激を受けて、人類の居住形態を史的に展望してみようという大きな構想を抱くようにもなった。だからこれは、そのような志をもって名づけた「居住形態論」の、その一部としての「都市発生論」である。大学院時代に原研で出会った集落論と、その後の実務や大学で教えるようになって考えてきた都市論を、統一的な視点で捉えたいという気持ちもあった。

京大建築には「景観デザイン論」という講義がある。90年代半ばに新たに開講され、それを私が受け持つことになった。これまた本文でも触れているが、そこで私は主としてこの居住形態論を論じていったのだった。景観デザインも、社会や自然、地形や環境、経済や交通、生産手段や気候変動、などを抜きに考えていくことはできない。

この授業の最後に毎回ショートレポートを課すのだが、最初のテーマは決まって「都市とはなにか」であった。学生たちの当惑と素朴な見解は毎回楽しみだったが、稀に（とりわけ文系の学生に）鋭い洞察を示す学生がいて、感心もした。この講義は京大を去る最後の年まで、私が担当した。

2 世界とつながる場所

｜第２世代｜

1997-2003

2nd generation / The place connecting to the world

私には留学経験がない。だから、というわけではないが、海外を志向する学生には、ぜひ日本を飛び出すように励ました。だから竹山研からは多くの学生が海外に雄飛している。そのまま向こうで活躍している人材もいる。海外からの留学生も多く受け入れて、研究室は国際的な雰囲気を醸していった。都市も建築も出会いの場をつくることだと述べたけれども、大学もまた出会いの場だ。そこにできるだけ広がりを持たせること。それが竹山研という庭で、庭師が心がけていたことでもある。

1997年には京都の未来を描き出す国際コンペに海外から建築家を招いて京都でワークショップをする機会をつくった。これは「21世紀・京都の未来」という京都市が主催したアイディアコンペに応じたもので、京都にある建築系学科を持つ大学のうち、京都精華大学、京都市立芸術大学、京都造形芸術大学、京都府立大学、京都工芸繊維大学、そして京都大学の6大学で教える建築家のネットワークをつくって、モルフォシスのトム・メイン（USA）とコープ・ヒンメルブラウのヴォルフ・プリックス（オーストリア）を招き、学生たちとワークショップをおこなう、という企画だった。二人とも国際的に最も注目を集める建築家で、今日に至るまで世界の第一線で活躍している。彼らがやってきてくれることによって、京都の建築系大学の学生たちには、ほんとうに大きな刺激になったと思う。

1999年には日本文化デザイン会議鹿児島の議長を務めた。副議長に島田雅彦、鴻上尚史（こうかみしょうじ）、秋元康、実行委員に河口洋一郎、團紀彦（だんのりひこ）、野村万之丞（まんのじょう）、日比野克彦、西川りゅうじん、マリ・クリスティーヌに入ってもらった。幾多のイベントのなかでも、フランシスコ・ザビエルをめぐる演劇は記憶に深く刻まれていて、島田雅彦／脚本&ザビエル役、奥田瑛二／演出&イグナチウス・ロヨラ役、舞台装置を私が手がけ、鹿児島港の桜島を望む場所で一日限りのテント芝居、最後は舞台後方の幕が開いて桜島に向かって船が去っていく、という趣向であった。日本文化デザイン会議には１９９０年代を通して熱心に関わり、異なる領域の人たちと一緒にさまざまなプログラムをつくって進めていくのはとても面白い経験だとつくづく感じたものだ。

少し遡るけれども、この時期、もうひとつ意識を変えた一連の出来事があって、人的な広がりだけでなく、地球環境に対するまなざしをもたらしてくれた。１９９７年6月に日本が開催を勝ち取った愛知万博の初期構想案策定に、１９９６年のはじめから携わったのである。これはその誘致のため通商産業省（現・経済産業省）から声がかかったプロジェクトで、中沢新一、團紀彦、隈研吾、そして私、というメンバーによって練り上げられた。中沢新一によって提案されたテーマは「自然の叡智」。一種の国際コンペである。１９９６年11月18日の、ＢＩＥ（博覧会国際事務局）による会場予定地、瀬戸市の海上(かいしょ)の森の現地審査を経て、カルガリーなど有力対抗候補を退け、日本が開催の権利を勝ち取ったのだった。のちにオオタカの営巣が確認されたりもして、結局計画敷地が海上の森から長久手(ながくて)へと変更され、コンパクトなエコシティーをめざした当初の計画は立ち消えとなった。

ただその縁で、その後瀬戸市には足繁く通うこととなり、地元の陶芸家の人たちとも出会い、世界陶芸村の構想などを学生たちと計画し、里山のたいせつさや、ゼロエミッションをめざす環境調和型居住地構想など、さまざまな学びを得る経験になった。環境、というのはすでに広告代理店も注目するような流行り言葉になりつつあった90年代だが、こういう問題をただの流行だとか商売の道具的な関心からアプローチすることに強い違和感を覚えた。むしろ地に足のついた環境の理解と把握を心がけねば、と京大や建築学会の図書館に通って勉強をしたりもした。

集英社インターナショナルの島地勝彦社長（当時）や三枝成彰（さえぐさしげあき）に誘われて、惑星物理学者の松井孝典（たかふみ）を座長とする勉強会「フォーラム人間圏」に参加したことも、そうした問題に対する視野を広げる大きな刺激になった。環境のこと、人類の歴史や考古学、定住を開始して以来の人間圏の問題など。宇宙や惑星や地球というスケールの時間や空間から世界を見れば、そこらにあふれるせせこましくも近視眼的なものでない、もっと広く大きな視野からの眺望が開ける。建築や都市や環境の問題にも、巷（ちまた）に流布するような政治的な言説でなく、異なる視点からのものの考え方ができる。学生たちともよくそうした話をしながら、居住形態論という、人類の定住以来の歴史を振り返って居住のあり方を論じる立場と方法を模索した。「景観デザイン論」という講義のなかでも、そんな観点から景観を語りはじめた。景観は生産手段や交換の様式のみならず、生命エネルギーから化石エネルギーへの転換や、その他のエネルギー技術の発展とも強く結びついているからだ。

居住形態論は、建築空間論とともに、竹山研究室のメインテーマとなった。もうひとつは、古代都市調査から展開した都市発生論である。建築空間論、都市発生論、居住形態論、この三本柱が、京大での私の研究室を紹介する資料にそれからずっと掲載されることになった。

土器は文明の指標だ。日本列島からは地球上最も古い時期の土器が出る。火と道具と住まいが人類の文化を生み出した。こうした技術を通して人類はさらに世界を改変する思考を鍛えていったことだろう。火と道具と住まいが人類の文明の起源であると論じたのはフロイトである。そう、火と道具と住まいは世界を改変する。エネルギーと技術と建築が世界を改変する思考、これが建築という思考であり、そこで躍動するのが「空間加工のイメージ」だ。より良い、より面白い、より驚きに満ちた、より喜びに満ちた世界を私たちは夢見ている。陶芸もまた、物質を、そして世界を改変する技術だ。土から火を通してつくりだされる焼き物の世界に触れたことは、その後の思考にも大きな糧を与えてくれた。やがて映画『KAMATAKI（窯焚）』でふたたび火と焼き物と出会うことになる。

こうして知り合った人々や、得た知識などを、学生たちとできるだけ共有する機会を持つように努めた。大学に呼んだり、出かけていったり。できるだけ異なる領域を横断し、閉じこもった専門バカにならず、視野を他の分野にも世界にも広げること。チャンスがあればそれをつかむこと。やらないで後悔するよりやって後悔するほうがはるかにいい。経験という果実を得ることができるからだ。そうした果実は、ことによると苦かったりすっぱかったりすることもあるかもしれない。でもいずれ必ず、甘い豊かな味わいとなってかえってくる。そんなふうに、庭師は思っている。

パリ／フランス

パリのラ・ヴィレット建築大学と京大の交流の歴史は長く、1960年代にまで遡る。70年ごろからは毎年交換留学生たちが往還していて、その90年代の留学生にヤーン・ヌソムがいる。着任早々の私のところにも、新進気鋭のプロフェッサーアーキテクト（彼の弁である）に興味津々といった面持ちでインタビューにやってきた。その彼がパリに戻ってラ・ヴィレット建築大学で教えはじめていたのだが、パリに滞在してワークショップをやらないかと誘ってくれた。ちょうど研究室にいた高塚章夫（のちに伊東豊雄の事務所に入ってパリのプロジェクトを担当し、いまは独立して設計活動を展開している）が留学していたこともあり、せっかくだしみんなで参加してみるか、となった。

ワークショップは１９９９年の11月のひと月間、パリではマレー地区のロフトのあるアパートを用意してくれたが、滞在中にナント大学で講演をしたり、ブルターニュを旅したり、ル・コルビュジエ設計のラ・トゥーレット修道院に泊まりに行ったりして、ともかくフランスに浸る日々を過ごした。いまでも、朝、パン屋から漂う、パンの焼ける匂いが懐かしい。

学生たちはパリの13区に紹介された部屋に滞在した。そのあたりは高層の集合住宅ばかりでパリの風情に欠けはする。しかしみな、思い思いにパリ生活を楽しんでいた。ワークショップでも、言葉の通じにくいところを図面や模型やスケッチなどで補い、共同で作業をする。いかにも建築はインターナショナル・ランゲージだ、ということがわかる。学生たちもそれを痛感したことだろう。ただ、やはりスケッチばかりでは通じないところもある。とりわけパリでは、やはり言葉と論理がモノを言う。よく語り、議論するパリの学生たちとの討議を通して、自身の構想する建築の意味を、そして価値を、しっかりと伝えることの重要さを感じとってくれたのではないか。

２０００年3月には京大とラ・ヴィレット建築大学の交流30周年を祝うパリ日本文化会館でのイベントに、のちにフランス政府からオフィシエ勲章を授与される、当時京大を退官したばかりの加藤邦男と一緒に呼ばれ、私は作曲家ピエール・マリエタンとともに登壇して講演をおこなった。マリエタンはラ・ヴィレット建築大学の都市音響音楽研究所LAMU（Laboratoire Acoustique et Musique Urbaine）の所長で、1999年のワークショップでも一緒に学生を指導した間柄である。

その後2000年代に入って、彼の主催するスイスでの「建築音楽環境会議RAME（Rencontres Architecture-Musique Écologie）」に毎年のように呼ばれて出かけていくことになる。建築と音楽をめぐってのプレゼンテーション、討議、そしてなによりワインと食事と語らい。場所はヴァレー地区という、レマン湖から奥に入ったあたりのローヌ川を挟む谷、会場となる街は年によって変わる。フランス語圏だから、料理とワインはとびきり美味しい。夜はコンサートがあったり、パフォーマンスのイベントがあったり。ついつい興がのって宿に戻ってもギターを弾いて夜通しミシェル・ポルナレフなどを一緒に歌ったり、それで近所の住民に文句を言われたのもいい思い出だ。アルプスの山並みと澄んだ空気の記憶とともに。そこでのちに私がETH（スイス連邦工科大学チューリッヒ校）でPh．Dの審査にも加わることとなるナディヌ・シューツにも出会う。彼女はいまやサウンドアーティストとしてパリを拠点に国際的に活躍している。詩仙堂の庭が彼女の研究フィールドのひとつだから京都にも頻繁に通ってきていて、研究室のスタジオの講評会にも参加してくれている。

そうそう、竹山スタジオは毎年正規の講評会以外に独自の講評会もおこなっていて、それは英語でプレゼンテーションをしディスカッションもする、ということになっている。ゲストジュリー（講評者）も海外からの客人を呼ぶから、みな英語。日本人のジュリーであっても英語で講評をおこなっていただく。学生たちも戸惑いや苦労があっただろう。しかし蓋を開けてみれば、英語での説明や質疑応答のほうがはるかに簡潔明快になることが多い。日本語は使いこなせるだけに冗長や散漫な表現になりやすく、ごまかしも利くからだ。やってみればなんとかなる。これが竹山研の行き方だ。

ピエール・マリエタンとは１９９９年のパリでのワークショップ以来、大阪中之島コンペのプロジェクトで協働したり、２０１４年竣工の新宿瑠璃光院白蓮華堂（るりこういんびゃくれんげどう）「空ノ間（くうのま）」のための音楽「Entre Ciel et Terre（天と地の間に）」を作曲してもらったり、いつもパリに行くと自宅に泊めてもらったり、モンペリエのそばのモンバザンに彼が持っている別荘に呼んでもらったり、といった長いつきあいが続いている。

フランスとの強い絆をつくってくれたヤーン・ヌソムとも家族ぐるみのつきあいで、その後もラ・ヴィレット建築大学でのシンポジウムに呼ばれたり、日本での共同研究をおこなったり、またルーアンやマルセイユでの講演を頼まれたりしている。ヤーンの友人である哲学者のフィリップ・ニスに招待されてパリ第８大学で建築の分野を超えた文化的な広がりに満ちたシンポジウムに呼ばれたのは２０１１年３月、東日本大震災の直後だった。２０１２年にはヤーンの企画したイランへの講演旅行に誘われ、建築家でランドスケープの専門家であるジャン＝ジャック・テランに出会って、その後彼の企画したマルセイユでの展覧会に招かれて作品を展示したり、一緒にブルゴーニュを旅したり。ここ数年はナディヌ・シューツの夫のランドスケープアーキテクト、クレマン・ウィルマンの事務所ＢＡＳＥのゲストルームに滞在させてもらったりもしている。

私にとってそんなフレンチコネクションは大きな財産だ。竹山研の教え子たちも数多い。最初に受け入れたフランスからの留学生ブノワ・ジャケはそのまま日本にとどまり、京都にあるフランス国立極東学院（École française d' Extrême-Orient）所長も務め、今も日本に住んで活躍している。彼らとの交流は、京大在学中に関西日仏学館（現アンスティチュ・フランセ関西）でフランス語を学んで、当時は一応上級まで行ったのだけれど今はすっかり錆びついてしまったフランス語をときどき思い出す機会にもなっている。

交流の輪が広がり、世界に友人ができる。素晴らしいことだ。建築は、インターナショナル・ランゲージである。このことは繰り返して言っておきたい。音楽やアートと同じだ。言葉はたいせつだ、もちろん。でも、言葉を超える思考がある。言葉にならない思考もある。人類は多彩な思考様式を内に秘めた存在なのだ。学生たちも、そうした交友に触れて、異なる文化に触れることを楽しみながら、世界をとても身近に感じるようになったと思う。

バレンシア／スペイン

バレンシア工科大学との交流も、国際交流を担当していたフェルナンド・ベガスが京大にやってきて交流を提案してくれたのがきっかけだ。私もそのころ国際交流委員をしており、おかげでちょうど世紀をまたぐ時期あたりは、京大建築の国際交流は私が一手に引き受けていた感があって、さまざまな縁に恵まれた。

１９９８年10月に招聘されたバレンシア工科大学でのワークショップでは、海沿いの街カバニアルを再生するというプロジェクトをフェルナンドと一緒に指導した。そこでまた気づいたことがある。スペインの学生たちのつくる模型はとても色鮮やかで、造形も、表現の省略の仕方も、コントラストのつけ方も、日本的な感性とはかけ離れている、ということだ。日本の学生たちなら丁寧に陰影をつけるところを、大胆にも色画用紙を切って貼りつけてコラージュをして、それで空間のバランスやスケールを決めていってしまう。日本ではすぐ詳細なところに目がいくところを、ディテールには目もくれず、ごくごく大摑みに世界を把握して切り取り加工し変形して、そしてまたそれを組み立てていく。いかに空間認識が、文化によって異なっていることか。

ただ世界共通なのは、やはり若い学生たちは騒ぐのが大好きだということ。ワークショップの作業が一段落すると、深夜まで大学に居残って、学生たちとピザをとり、サングリアやビールを飲む。フェルナンドもギターの名手で、よくギターの競演をした。ときには朝まで。製図室はみなで制作をし、議論をする場であるが、と同時に、祭りの場でもある。そんな時間と空間を共有することによって、学生たちは建築が、生きる喜びを経験するための、生き生きとした人生の場面を展開するための、ステージを生み出していくことだ、ということに気づくのである。

さて、そのときのワークショップのテーマが「無為の時間」であって、実はこのテーマがその後、1999年のパリでも、2003年のチェンマイ大学でも、引き継がれてさまざまなバージョンを生み出していくことになる。世界のさまざまな場所でこのテーマを投げかけていったのだが、ずっとあとになって2016年の秋に香港大学で客員教授を務めたときにも、荘子の「無何有の郷（むかゆうのきょう）」を読みながら「無為の時間」について議論し、建築を構想し空間化する試みをおこなった。中国文化圏で荘子の言葉をめぐってやりとりをするのはやや緊張したが、そもそもこの課題は荘子の解釈ではなく、近代建築が見過ごしたことに目を向けることが趣旨なのだ。すなわち、すべての空間に目的を見る(いや見ざるをえなくしてしまうところの)「機能主義」に染まった近代建築を再考するもくろみである。

機能や目的からしか空間の意義を捉えない目を、洗いなおすこと。目的をもたない空間を構想すること。無為、とは、なにもしないこと、ということと同時に、なんの目的ももたないこと、つまりなんの為でもない、ということを意味する。だから、「無為の時間の空間化」とは、なにもしない、あるいはなんの為でもない時間、そんな時間を受け入れ受け止める容器としての空間を考えることだ。さらに進んで、ではいったいそうした空間があったときに、それでも人はなにをすることになるのか、なにもしないことのなかで、なにを思い、あるいはなにかをしはじめることになるのか。空間が行為を触発するのではないか。思いをかきたてるのではないか。そんな空間を想像し創造することが新しい建築へ向かうアプローチとなるのではないか。近代建築のテーゼのように機能が空間を決めるのではなくて、むしろ空間が機能を触発する。そのような建築を考えていこうではないか。と、まあ、思考のプロセスとしてはそうした手順を踏むことになる。そんなワークショップなのである。

バレンシアでのワークショップはとても評判が良かったようで、翌1999年9月にはバレンシア工科大学の学生たちを連れてフェルナンド・ベガスが京大にやってきて一緒にワークショップをおこなった。そして2000年3月には、今度は京大の学生たちを連れてバレンシアに出かけていきワークショップをおこなうことになる。

そんなバレンシアとの縁もあり、スペインからの留学生は幾人もきてくれたし、京大からもバレンシアに留学する学生が出てきた。食べ物は美味しいし人々も明るい。スペインの建築教育はとても綿密で優れていて、社会のなかにあって建築がとても尊重されているのを感じる。大学教育が充実しているから、大学を卒業すれば建築家資格が取れてしまう。建築家の地位も高い。そしてその街並みから学ぶべきことも多い。かつて世界の富を集めた文化の高みが、街や建築に刻みこまれている。建築は文化の記憶装置でもあることが、スペインにいるとよくわかる。

　スペインにはもともと團紀彦から紹介された建築家のビセンテ・ディアスがいて、１９９０年にニューヨークのコロンビア大学で開催された「Emerging Japanese Architects of the 1990s」展のヨーロッパ巡回展を組織してくれた縁で、長い交友が続いている。１９９７年には京都大学で連続セミナーをおこなってくれた。バレンシアで教えはじめてからはアストゥリアスのヒホンにいるビセンテともよく会うようになり、同じくアストゥリアスのオビエド大学で美術史を教えている中学の同級生の川村やよいとも再会して、スペインとの縁がさらに深まった。１９９５年のスペイン地中海岸での古代都市調査の際は学生たちとの旅のあと、サンティアゴ・デ・コンポステーラに飛んで講演会をおこない、そこからミラノに飛んで翌年に迫ったミラノトリエンナーレの打ち合わせをしたものだ。２００２年にはオビエド大学で、そしてもっとあとになるが、２０１１年にもバヤドリード大学で１週間のワークショップを團紀彦と一緒に指導した。スペインは気持ちの上で、とても近しい。

KASNET

大阪のドイツ総領事館にいたベルンハルト・ブラウマンが世界の建築家を呼んで京都の大学でワークショップをおこない、京都グランドビジョンコンペに参加しよう、という話を持ちかけてきた。1997年の春のことだった。「21世紀・京都の未来」と題された京都グランドビジョンを求める国際コンペがあって、世界の名だたる建築家を呼んで、京都の大学でワークショップを行い、それに応募しようではないか、というのだ。自分も人脈はそれなりにあるから協力する、と。

ドイツ領事館は大阪にあるが、彼はなぜか大阪を嫌って神戸に住んでいた。しかしなにはともあれ、京都は世界の至宝である、この都市を誇りとせずに日本になにがある、とまでいう勢いで、彼はその提案を持ってきた。私は大阪生まれ大阪育ちだし、そのころも、それからのちいまに至るまで大阪に住んでいるから、なにやら複雑な心境だったが、京都が素晴らしい、というのに異論はない。一肌脱ぐか、ということになった。そこで立ち上げたのが、KASNET(キャスネット)である。

KASNETとはKyoto Architecture School Network の略だ。それまであまりお互いに交流のなかった京都の大学の建築学科を結んでさまざまなプロジェクトをおこなおうという緩やかなネットワークだが、本格的に立ち上がったのがこの国際コンペのときだ。ちなみに、東京の大学相互には、正式ではないものの、なにかしらの連携や連帯や競争がある。お互いに意識している、とでも言ったらいいだろうか。私も大学院生時代には、東京工業大学の篠原一男のゼミにこっそり潜りこんだり、学生同士が交流したりもしたものだ。ところが関西にはそうした交流がほとんどなかった。お互い我関知せず。連携や連帯どころか、競争もなかった。だからこの京都学生ネットワークは画期的な試みだったといっていいだろう。このあとで触れるが、いまは建築新人戦の学生実行委員会などをはじめ、さまざまな交流が生まれているのだけれども。

さて、京都グランドビジョンコンペである。私は5人ほどの建築家を候補に挙げてみた。そしてベルンハルト・ブラウマンに相談し、手分けして打診をした。当初予定した7月ごろの日程であればドイツのダニエル・リベスキンもスペインのアルベルト・カンポ・バエザもOKだったのが、日程が9月にずれこみ、調整は難航した。それでも最終的に、アメリカのモルフォシスのトム・メインと、オーストリアのコープ・ヒンメルブラウのヴォルフ・プリックスが来てくれることになった。

モルフォシスは1983年8月にロサンジェルスのオフィスを訪れていたし、その後日本でも京都や奈良を案内したことがあった。私の事務所の名前がアモルフだから、モルフ(形)という語幹が共通していて親近感を持ってくれていて、バブルたけなわのころ彼らが日本で受けたプロジェクトのローカルアーキテクトにならないか、と打診されたこともあった。コープ・ヒンメルブラウは1990年11月に私が2週間ほどウィーンで過ごしたことがあって(実はウィーンに出発する直前の11月8日に、先にも書いた高松伸の同級生でのちに京都大学教授となる、当時川崎清の研究室の講師だった小林正美に呼ばれて京都の八坂の石段下の瀟洒(しょうしゃ)なバーで京大への誘いを受けた。ウィーンでの2週間は、そのことを考える時間にもなっていた)、そのときに事務所を訪れたところ(最初は秘書の女性たちに怪訝な顔をされて追い返されたのだが、作品のポートフォリオを残してくると、わざわざホテルまで電話をくれて、ヴォルフがあなたをお待ちしています、と招いてくれたのだった。D-Hot e1 OSAKAやOXY乃木坂がヨーロッパの雑誌にも紹介されはじめたときだったからだと思う）、隅々まで事務所を見せてくれ、床に置かれたアンゼルム・キーファのための美術館の巨大な模型を前にして、私が「ウィークフォームとストロングフォームがぶつかり合って、ウィークフォームが勝つのだね」と感想をつぶやくと、「君はたった1時間でコープ・ヒンメルブラウの秘密を見抜いてしまったね」とウィンクされた。訪問は11月15日のこと。それ以来、なにかと連絡をくれていたのである。そんな二人が遠い日本までやってきてくれる。それも学生のコンペのワークショップのために。ほんとうにありがたいことだ。

京都6大学から集まった学生たちは、トム・メインとヴォルフ・プリックスのチームに分かれ、京都の未来像を構想した。どちらもとてもフレンドリーでユーモアのセンスが抜群で、とりわけヴォルフ・プリックスは辛辣な皮肉も交えてジョークを言うので、北ドイツ（確かハンブルクだ）出身のブラウマンは、「どうもオーストリアの人間は、不真面目で困る」と苦虫を嚙み潰したような顔をしていたのをよく覚えている。東京人が大阪人に感じる違和感と同じかもしれないな、と思ったりもした。ともあれ、学生たちには幸いにもヴォルフ・プリックスの辛辣なジョークもあまり効かず、ワークショップも和気藹々と進んだ。

このKASNETがやがて2009年の建築新人戦立ち上げの際に、装いも新たにKansai Architecture School Networkとなった。同じキャスネットでも、最初の「京都」が「関西」に変わったのだ。大学の輪も人の輪も広がった。それが今日の一般社団法人日本建築設計学会の母体である。日本建築設計学会の立ち上げは2014年のことで、会長（理事長）を私が、幹事長を遠藤秀平が務めることになった。日本建築設計学会は、大学で教える建築家が中心となって結成された学会ではあるが、建築家ばかりでなく、気鋭の批評家や歴史家が多く参加してくれているし、構造設計者も多い。また、建築の分野に限らず、小説家や音楽家など、建築を文化として愛するさまざまなジャンルの人たちが会員になってくれている。京都建築大学ネットワーク（ＫＡＳＮＥＴ）を立ち上げた１９９７年には、このささやかなネットワークがそのような展開を遂げるとは、夢にも思わなかった。

いまやネットワークは世界にも広がっている。国際交流を通して若い世代に刺激を与えることは京都建築大学ネットワークのころからの私のテーマで、日本建築設計学会も若い世代、これからの世代を応援するプロジェクトを多く主催している。アジアの学生たちを日本に呼んで国際ワークショップを開いているのもそうした試みのひとつだ。言葉はなかなか通じないながらも、そして食べ物や入浴の仕方などさまざまな生活のディテールに文化の違いを感じ取りながらも、日本の学生たちとなんとか一緒に作品をつくりあげていく姿に、そしてそれを懸命にプレゼンテーションしていく姿に、楽天的すぎるかもしれないけれども明るい建築の未来を感じるのは私だけではないだろう。建築というのは基本的に明るく楽天的なものだ。でなければ、こんなたいへんで面倒臭いことを嬉々として熱中してやり続けられるはずがない。大学の殻を破る、日本の殻を破る、というのが、京大着任当初からの私の思いであり狙いであり志でもあったから、若い世代が海外の友人をつくり、そして世界に雄飛していってくれる姿をとても心強く思っている。

外国語にまみれて

「研究室には何人も外国人がいて、ゼミのときになるとさらに増える。この人は誰？　みたいな人が集まってきて、みんな英語で議論してましたね」という勝矢武之の発言が世代別トークイベントでもあった。まったくそのとおりで、研究室は留学生たちの交流の場であり、研究室のメンバーの半分以上を留学生が占めていた時期がしばらく続いた。

研究室には基本的に国費留学生しか受け入れていなかったから、各国から選ばれ、あるいは大使館から推薦されてくる選りすぐりの学生たちばかりが集まった。フランスはラ・ヴィレットとの交換学生、そしてスペインのバレンシア、さらにギリシア、ニュージーランド、ドミニカ、ブラジル、英国、オーストリア、キプロス、ポルトガル、ポーランド、ルーマニア、ドイツ、アイルランドなど多彩な顔ぶれで、アジア以外の国々が多かった。

彼らのなかには日本語に堪能な者もいたが、多くはまだ日本語に習熟しておらず、基本的に用いられる言語は英語であった。ただ、たとえばポルトガルとスペインの学生同士は、お互いのとても近しい言葉でなく、わざわざイタリア語を用いたり、フランス人学生が多かったのでフランス語が幅をきかせたりもしていた。そして英語に関してはネイティブでないから、さまざまな訛りのある英語が飛び交っていたのだった。日本人学生にとっては、そして私にとっても、実はそのほうが聞き取りやすかったりもした。

概してラテン系の言語の留学生たちのほうが日本語の発音もなめらかで、逆もまた真であるように思えた。フランスやスペインに留学した学生はかなり本物に近いフランス語やスペイン語を話す。発音が近いせいだろう。英語の発音は、なかなかネイティブのようには、いかない。とはいえ、そんな環境に投げ出されていると、日本人学生もおのずと英語やその他の外国語にもなじみ、コミュニケーションにおじけづかなくなる。だから海外のワークショップにも喜んで参加する気概が培われていったのだと思う。

いまもそのとき友人になった留学生と交流を続けている学生も多い。私たちの世代に比べれば、世界はごく身近だ。日本にやってきて文化に親しんだ留学生たちも、そのときに出会った日本文化を彼らなりに咀嚼し、各々の国に戻っても、あるいはそのまま日本に住んでいても、また母国とは異なる国に住むことになっても、みな日本の良き理解者になってくれている。

読書会／建築に言葉は必要か

建築に言葉は必要か、という議論が研究室草創期からあって、「必要だ」という学生には、どこが、どうして、と問いただし、「必要ない」という学生には、そうかね、とツッコんできた。建築と言葉はもちろん違うわけだが、建築も言葉も思考を進める媒体であって、つまり言葉には言葉なりの、建築には建築なりの、思考がある。

建築的思考というのは言葉によるものとは異なる、より身体に即した空間的な広がりのある思考だ。かたちそのものに意味があらわれる。ものたちが会話をはじめる。あるいは建築空間に身体が共振する。私たちはそれに反応する。意識が身体を離れて宇宙を駆けめぐる。建築にはまってしまうとこれが面白いわけだ。そこであらためて問われることになる。では建築に言葉は必要か、と。

これは答えがある議論でなく、むしろ考えることに意義がある。考えるということはどういうことか、そんなことを考える。考えるためには本を読まねばならない。議論しなければならない。と、そんな空気が醸成されて、私が中心になって組織した読書会もあれば、学生たちが主体になって組織された読書会もあってサブゼミとも呼ばれていた。そんなこんなで、結局はますます言葉と格闘することになる。

難解なテクストを選んでチャレンジするこの読書会は、当時「空間論ゼミ」と呼ばれていた。空間を問う、という一点で、ミシェル・フーコーやジル・ドゥルーズ、ジャック・デリダ、ミシェル・セール、ポール・ヴィリリオなどの思想や哲学にも、問題意識が結びついていく。彼らはみな、思考を空間的な布置、あるいは広がりとして捉えていて、建築にも関心が深い。フーコーのユートピアやヘテロトピアに関する議論も刺激的であるし、デリダなどは、イタリアの建築雑誌『ドムス』のインタビューに応えて、建築とは道を拓いていく思考だと語っている。ともすれば超越的な視点から捉えられる建築を、むしろ内側から、人間の行為と思考の運動として捉える、内在的視点の重視である。

そうした文献（海外の建築雑誌や、あるいは『Rethinking Architecture: A Reader in Cultural Theory』edited by Neil Leach, Routledgeや『Theorizing a New Agenda for Architecture: An Anthology of Architectural Theory 1965-1995』edited by Kate Nesbitt, Princeton Architectural

Press など）を見つけては学生たちに紹介する。彼らは餌に飢えた池の鯉のように、それらを貪り読んで、さらに議論を広げたり深めたりしていく。

建築設計に直接役に立つかどうか、などといった近視眼的な観点からでなく、自分でものを考えるときの刺激やインスピレーションがやってくるきっかけとして、本を読んで議論をしていくのである。

引きつけて読む

「あるときはプラトン、あるときはフーコー、あるときはフロイト、そこに独自の解釈があって、それぞれの思想家を自分に引きつけて読んでいた」と回想してくれた学生がいる。いまは日建設計でリーダーとして数々のユニークな建築作品を設計し、海外のコンペでもビッグプロジェクトを勝ち取っている勝矢武之だ。クリエーターの論理と研究者の論理は違っていていい、そのように彼は受け取ってくれていてうれしく思った。

そのとおり、建築設計を学ぶ研究室は、いわゆるアカデミックな研究の場でなくクリエイションの場だ。クリエイターの論理を鍛えなければならない。重箱の隅をつつくような偉人の研究や注釈ではなくて、その豊かな泉に湛えられた滋養に満ちた水を、どのように自身のクリエイティビティーの糧としていくかが問われている。ましてやここは哲学の研究室でもなければ精神分析の研究室でもない。建築学科は、とりわけ設計の分野は、学術的な研究というよりクリエイションの実験が重ねられる。みな新しい価値を創造する現場に立ち合いたいから竹山研究室を選んでくる。都市も建築も思想も、自らの思考を触発する契機となるがゆえに学ばれる。

私たちの研究室は、建築設計を通して世界を知的にそして美的に豊かにし（経済的に、でないことに注意）、自身も個人として充実感を覚えていく、そんな人材を育てる場でありたい、と願ってきた。プロジェクトも読書会も、そのような方向で素材が選ばれ、テーマが設定されて、自身の成長の糧となるような形で議論が交わされる。この読みがどう正しいか、ということよりも、どう創造的であるか、発見的であるかが問われていく。書物は触媒である。めざすべきは自身の思想形成なのだから。

空間論ゼミ

１９９７年前期の空間論ゼミのサブゼミのテキストはフーコーの『言葉と物』であった。その記録が残っている。先にも触れたように、これは学生たちが主体となって組織される読書会だ。だからサブゼミとも呼ばれていた。このゼミの世話人である鈴木健一郎（トム・メインとヴォルフ・プリックスを招いた京都グランドビジョンコンペで中心的な役割を担ってくれて、そのときコープ・ヒンメルブラウにもモルフォシスにも誘われながらこれを蹴って大成建設に就職、しかしやがて退職してハーバード大学に留学し、長くアメリカ最大の設計事務所ＳＯＭサンフランシスコで働いたあと、最近帰国した）はこんなメッセージからはじめている。

「みなさんを苦しめ続けてきた『言葉と物』。一週間に二章ずつという、ややハードなペースにもかかわらず、わりと内容をしっかりフォローした上で終盤を迎えることができたように思います。４回生にとってはもしかしたらしんどい本であったかもしれませんが、竹山研の知の共通基盤を構築できたという点で意義のある自主ゼミとなったと思います。ごくろうさまでした」

そしてこのように続く。

「さて、総まとめとして今週の金曜日には竹山先生にも参加していただくことになりました。いろいろと疑問に思っている点が各自あると思います。できるだけ包括的な質問、問題提起等を持ち寄りたいと思っていますので、この用紙の下欄に名前とともに記入の上、木曜日の昼までに鈴木のところまで提出してください」

これが１９９７年６月27日の日付である。

そう、このときのゼミは学生主体だから、最後に私が参加する、という形をとったのだった。そもそも『言葉と物』はこれより前に学生たちと何度も読み、議論し、いわば「竹山研の知の共通基盤」であった。だからこの年の学生たちも先代の遺産をわがものとせんとの心意気でこの書物に取り組んだのである。助手の平尾和洋（かずひろ）（もともと川崎清の教え子で、私の着任以来助手を務めてヨルダン・シリアの古代都市調査にも参加、竹山研究室初期の研究の柱となってくれていた。いまは立命館大学で教授をしている）がアドバイザー役として見守ってくれ、的確なコメントと総括もおこなってくれている。

このころの日本語版にはない、「英語版のための序文」を訳出してあるのに価値がある。序文の最後に、下記のように自身の構造主義との距離をわざわざ書きつけてあるからだ。

「これは英語で語り、読む読者へのお願いだ。フランスでは中途半端に賢い〈commentators〉が私に〈構造主義者〉というレッテルを貼ることに執心している。私には彼らの小さい脳味噌に、私がこれまで構造主義的分析を特徴づけるようないかなる方法も、概念も、鍵語(キーワード)も使ったことがないということを、理解させることができなかった」

『言葉と物』は古典主義時代とフーコーが名づける17世紀中葉から19世紀初頭までのエピステーメーの転換期に、生きる、働く、語る（生命・労働・言語）という三つの側面から照明をあて、人文科学が誕生し、「人間」が誕生し、そして、いまやその「人間」という概念が終焉(しゅうえん)を迎えつつあるという、歴史の空間的な布置と展望（これをフーコーは考古学ともいったりする）を語った書物なのだが、この転換期に建築もまた、多くの転機を迎えつつあった。社会が変容し、建築のプログラムにもフォームにも、そして大衆の誕生や、大規模構造物の要求、とりわけこれを可能とする鉄の普及とも相まって。このあたりに対する考察が当時の竹山研究室の修士論文のテーマに結びついていった。

ところで、フーコーによれば古典主義時代を特徴づけるのが「表象representation」なのであるが、これを超える試みとして、精神分析と文化人類学を挙げている。個人のなかの無意識と社会のなかの無意識。「思考の中心でつねに〈思考されぬ〉ままとどまっている」欲望。こうした思考のレッスンの先に、新しい建築的想像力や、あるいは建築を根源的に駆動する欲望などについても問いかけがはじまり、思考が紡(つむ)がれ、議論が展開していく。この欲望をめぐる思考は、やがて私自身の学位論文「建築という思考：建築的欲望をめぐる臨床建築学的考察」（このときからもずいぶん遅ればせの

2006年にようやく東京大学に提出した）に結びついていくのだが、そうした萌芽を、やはり私はこうした読書会から得ていたのだ。

ところでこの1997年前期のメインゼミでは、雑誌『ドムス』に掲載されたデリダのインタビュー「建築、欲望の住む場所」を読みながら「思考の可能性としての建築」について議論がなされた。これは私がとても感銘と刺激を受けて選んだテキストである。道を穿つ、内在的建築、運動としての建築、行為としての建築という観点から建築的思考の可能性を語ったものだ。超越的視点からのスタティックな建築論でなく、まさに動いていく、進んでいく、拓いていく、ダイナミックな建築論。さらに続いてジル・ドゥルーズ「コントロールの社会への追記」、ゲオルク・ジンメル「ブリッジとドア」、ミシェル・フーコー「他の場所について：ユートピアとヘテロトピア」、アンソニー・ヴィドラー「第3のタイポロジー」などを読み進めた。

ここでもくろまれたのは、頭脳の運動神経を鍛える。ただその一点。答えなどないのだ。そしてノウハウでもなければ即効薬でもない。こうした読書会に意味があるとすれば、それは思考の可能性を深め広げることしかない。問い続けることしかない。クリエーションは思いがけないところからやってくる。しかも直接に、でなく、忘れているような、置き去りにされたような、そんな場所から、ある日突然、急に、静かに、ときにけたたましく、訪れるのである。

問いかけを引き継ぐこと。これも竹山研の精神である。

ゼロの空間

研究室やスタジオではゼロがつねにテーマとなった。トラヴァース／ストライプ／ゼロ、であるとか、フローティングゼロ、であるとか。ゼロは特別な数だ。

四角いパネルに数字の書かれたコマが入っていて、1ヶ所空きがあり、その空きにコマを移動させて順序を揃えていくパズルがあるのを知っていると思う。数字ジグソーパズル、というのだろうか。コマの運動のためには空いている場所があることが重要だ。空いている場所にはなんでも入る。空きがなければ、運動の余地がない。有ること、無いこと、動くこと。物体の在りようをデザインするというのは、その三つの様態を同時に考えていくことだ。だからゼロを考える。

「空」という言葉がある。空っぽのことだが、空っぽなだけにそこになんでも入る。だから物事に関係をもたらすことができる。いわば可能性の場所だ。自我を捨て、自らを無にしてすべてを受け入れる、という意味で、仏教では慈悲を表す言葉でもある。関係を志向する概念といってもいいだろう。

私は近代建築のメインストリームである機能主義のことをいつも考えてきた。ポジティブにもネガティブにも。機能主義には、すでに想定された実体とその関係しかなくて、やがて訪れる可能性への目配りがない。空っぽであることの価値を認めるまなざしがない。だから機能主義へのアンチテーゼとして、機能を持たない空間や領域を想定し、それにゼロと名づけた。

これまで折に触れては語ってきた「どこにも属さない場所」とも「無為の空間」とも通じるし、そもそもサンスクリットのスーニャ（ゼロ）の鳩摩羅什（くまらじゅう）による漢訳が「空」だ。色即是空、空即是色の

「空」である。

私が1989年のギャラリー・間での展覧会のときに提唱した「超領域」も、機能を脱する空間だ。固定した機能でなく、つまり決まった目的を持つ領域ではなく、むしろそれらを横断するサーキュレーション、移動を司る空間だ。展覧会の直前、1989年8月28日のスケッチブック（いつも持ち歩いている小さなやつだ）には、「超領域」についてのこんなメモが残されている。

・長い距離をとること
・自然に敏感であること
・水が流れていること
・さまざまな場所に面すること（不連続・未完結・反復の美学）
・透けた気配があること（沈黙・静寂の気配）

当時設計していた、強羅花壇をはじめとするホテルや旅館の空間構成において、パブリックな場所がどのような価値を、そして未来の記憶を生み出していくか、ということにとても関心があって、それを「超領域」と名づけたのだ。具体的な風景のイメージとも、したがって、それは結びついていた。ゼロの風景、とでもいえるだろうか。

そう、「超領域」は目的や機能を脱していく。脱していく先は、ある種の詩的な風景。やはり言葉が介在してくる。そしてまた言葉を捨ててもいく。パブリックな場所という言葉も、決してしっくりくるわけではないのだが、ともかく人間の情感をも刺激する、機能主義を超える可能性の空間、という期待がこめられていた。

「どこにも属さない」「無為の時間」「空」といった私自身が問いかけ続けている概念は、みなゼロに結びついている。ゼロの空間は、それ自体が機能を持たず自立している。たとえば神戸三宮計画ではゼロスペースと名づけて「浮遊」のイメージを持たせた。宙に浮いたゼロの空間だ。それは出来事を誘発する可能性の空間である。また、琵琶湖のフローティング・シティコアのプロジェクトでは、浮遊するパブリックな場所たちが、自由に遊動し連携して、湖岸の各都市にたどり着き係留される、そうしたアイディアであるから、これはもう琵琶湖全体がパブリックな場所を支える舞台となってしまう。まさに琵琶湖そのものが可能性に満ちたゼロ空間となることにほかならない。

1997年のスタジオのテーマは、「ゼロの建築」であった。ゼロという言葉に導かれて、建築的想像力がさまざまに展開していく。1997年前期は（そこに限ったことではなくいつものことだが、それでもとりわけこの年は）、メインゼミもサブゼミも、そしてスタジオも、議論と考察の熾烈(しれつ)な舞台であって、まさしく頭脳の運動神経がバチバチと火花を散らせていた。

愛知／瀬戸万博

1997年6月のBIE総会で日本開催が正式に決定された愛知万博は、瀬戸万博とも呼ばれていた。なぜなら、当初は瀬戸市南東部の海上（かいしょ）の森という自然に満ちた里山が計画敷地に想定されていたからだ。通産省によってまとめられた当時の冊子には、全体テーマが「新しい地球創造／自然の叡智」で、サブテーマのひとつめが「エコ・コミュニティ／自然と生命への繊細な知恵に満ちたエコ・コミュニティの実験」、そしてふたつめが「アート・オブ・ライフ／自然と生命の輝きを引き出す『暮らしのわざ』」となっている。どのテーマにも自然という言葉が使われていて、まさしく発展する人間社会と自然との関係が、つまり人間社会の自然への態度こそがテーマだったことがわかる。

ところで、この誘致のパンフレットによれば、全体テーマを示す英語は「Beyond Development: Rediscovering Nature's Wisdom」。ところが、日本語では「新しい地球創造／自然の叡智」。ずいぶん違うような気もするが、たぶん苦心の訳なのだろう。Developmentを超えた（beyond）、というと、開発はもうおしまい、という響きもあるから、これからDevelopmentに向かう国が異議申し立てをするんじゃないか、という気配りもあったのではないかと推察される。自然と共存するため、環境と調和した居住形態をめざすため、発展には、さらにいうなら開発には、ある種の倫理が求められていく。少なくともそうした気概がこめられていたことは確かだ。

このなかの、「アート・オブ・ライフ」というサブテーマをめぐるプロジェクトに、主として私は取り組み、地元の瀬戸市、とりわけ陶芸に関わる人々と交流を重ねた。それは世界陶芸村と呼ばれていて、学生たちと一緒にさまざまな空間的なアイディアを練った。たとえば折れた屋根が谷から尾根を登っていく登り窯都市構想が描かれ、粘土を掘り出したあとの巨大な窪地に計画された新しいパブリックな場所の構想や、登り窯の内部空間を引き伸ばしたような美術館構想を描いた私の鉛筆書きのドローイングが、この通産省の作成した冊子にも掲載されている。

通産省で配られた資料に書きこんだメモを通して日本で開催された万博を振り返るなら、70年大阪万博の入場者数が６４００万人、これは万博史上最高。75年の沖縄が４００万人、85年のつくばと90年の大阪花博が２０００万人。それに続く愛知万博は当初２５００万人が想定されていた。新しいライフスタイルの提案や電気自動車、新しい交通システム、マン・マシン・インターフェイス、電子マネーや少子高齢化などの検討テーマも含まれていた。新しいライフスタイルというのは「自然と生命への共感に満ちた叡智のふるまい」であり、そこに展開されるのは「技術と芸術と精神文化の可能性のすべてを結集して、自然と生命への叡智の限りをつくした来たるべき時代の地球文明のひな形」となるはずであった。トヨタのお膝元であるから、未来の都市空間、そして交通空間への実験的な試みが、会場にあふれるはずだった。

ただ、すべてはオオタカの営巣（えいそう）でひっくり返った。会場予定地の海上の森にオオタカの営巣が発見されたのである。会場は瀬戸市から、長久手の公園に移され、パビリオンもコンテナを並べる簡易なものとなった。その時点で当初の計画に関わったメンバーはみな計画から降りて、瀬戸の人々の熱気も冷めてしまった。

しかし、私にしても、学生たちにしても、環境と調和した居住形態とはどのようなものかを学ぶ、良い機会となったことは確かだ。里山の意義と現実と課題も知った。そして理念というものの崇高さと脆（もろ）さをともに味わう経験ともなった。

「独身者の住まい」展覧会

2000年ごろ、いくつか独身者の住まいの設計依頼が続き、調べてみると日本の大都市は35％以上、パリは50％、ニューヨークは60％が単身居住だった。東京は日本でトップの40％。時代を読む試みでもあるな、と、これをスタジオのテーマとし、2年続けた。サブタイトルは「日本の住まいを考えなおそう」だ。

スタジオコースについてはすでに触れたように、もともと4回生前期の課題として1995年に立ち上げたものだ。しかし、竹山スタジオではこの「独身者の住まい」をテーマとした2001年から、4回生ばかりでなく、大学院生も一緒に研究室総出でスタジオに取り組むことになって、研究室の士気が大いに高まる結果となった。

その勢いで2002年にも同じテーマのスタジオをおこない、2002年夏には東京のアートプランニングルーム・青山とスピカミュージアムで展覧会が開催された。京大竹山スタジオの東京へのお披露目である。

アートプランニングルーム・青山では、2001年のスタジオの、京都を敷地に選んだ13人（留学生3人を含む）の学生の作品が「京都コレクション」と題して展示され、スピカミュージアムでは「東京コレクション」と称して、14人の学生（留学生3人を含む）が青山に敷地を求めて独身者の住まいを設計し、展示した。学生たちが展示やイベント企画、広報などの役割を分担し、東京の学生たちも巻きこんだディスカッションイベントも開かれて、学生たちのパワーをつくづく感じるとともに、多くの人が訪れてくれて、京大建築の存在をアピールする結果となった。

このとき交流した学生たちの間のネットワークはいまなお健在であるようで、各々が建築家として活躍するようになってますます、若いときの出会いに味わいが加わってくる。この話は、京大大学院を出てロンドン大学バートレット校に留学し、そのままロンドンを拠点に活動している井関武彦から聞かされたのだが、当時意気ごんで東京に乗りこみ、建築の議論をふっかけたのだが、東京の学生たちの精緻な論理にやりこめられてしまって、これはいけない、と海外留学を企てたのだ、と。もちろんそれだけではないだろう。しかし、こうした機会が学生たちにあらたなモチベーションを与えたことも確かだ。そのときの東京側の論客には、今は東京藝術大学で教鞭をとる藤村龍至（りゅうじ）もいた。

井関武彦自身は、香港上海銀行やアップル本社の設計で有名なノーマン・フォスターの事務所で腕を磨いたのちに、ザハ・ハディドの事務所に移って（ザハ・ハディドは国際コンペで日本の国立競技場の設計者に選定されたものの、途中で設計者変更の憂き目にあって、そのあと急逝してしまったが、あとを引き継ぐパトリック・シューマッハらがいまも世界各地で斬新なプロジェクトを展開している）その中心メンバーとして活躍している。同級生の原祥子はデルフト工科大学（オランダ）に留学し、シーラカンス勤務を経て、いまは故郷の名古屋を拠点に活躍している。同じく同級生の山本基揮（もとき）は山本理顕の事務所に勤めたのちにウィーンでさらに修業を重ね、日本に戻って山本基揮建築設計を設立して活発な建築活動をおこなっている。このころの学生にはとりわけ国際派が多く、彼らの上の学年にも山雄和真（やまおかずま）がいて、大学院は東大に進み、シーラカンスで働いたあと、ドバイにも拠点を持つ国際的な建築設計事務所 waiwai を設立してその東京事務所代表を務めている。留学生も多く在籍していて、日本と世界とのあいだがとても風通しの良い状況だったこともあるだろう。野心（この言葉、いい意味で使うのだが）に満ちた学生たちがとても多かったように思う。

「独身者の住まい」東京展の会場には建築以外の各界で活躍する人たちも多く訪れてくれた。建築が、建築だけの世界に閉じこもった議論に終始せず、より開かれた、文化の一ジャンルとして、音楽や文学や美術と同じように、広く人々に愛される存在になってほしいとずっと心から思い続けているから、こうした機会にさまざまな分野の人たちと意見を交わすことができるのはこの上ない喜びだ。

この「独身者の住まい」スタジオ、２００１年の作品は私の著書『独身者の住まい』（廣済堂出版、２００２年）にも収められている。この本には独身者の住まいをめぐる文化的な考察もまとめられているので、読んでいただけるとうれしい。装幀は浅葉克己、帯コピー「建築家は、楽しいウンチク家である。」は眞木準である。

『traverse』の創刊

私が学生だったころ、イェール大学の『Perspecta』という、年に1回発刊される機関誌が学生中心の企画編集で出されているという話を聞いた。だから京大で教えることになってから、いつか京都大学でもそんな機関誌ができればいい、と考えていた。１９８３年には私もその『Perspecta』に寄稿する栄を得たのだったが、先方の編集者からは、『Perspecta』は斯界（しかい）の最高峰に位置づけられる建築誌である、という旨のメッセージも届いたものだ。猛烈な自負である。そしてそれだけの誌面と内容であった。そんな思いが実って、ようやく産声をあげたのが『traverse』だ。共感してくれる若手の先生たちが幾人か集まった。20世紀もどん詰まりのちょうど2000年のこと。だからさながら20世紀を21世紀へと掛け渡すといった格好である。というより紀元二千年紀最後の年に産声をあげ、紀元三千年紀にバトンをつなぐ、といえる。大げさだけれども。

イェール大学をはじめ、アメリカ東海岸の大学の建築学部では、歴史とデザインが中心である。掲載される論文はしたがって、人文科学的な体裁をとる。工学的ではない。しかし日本ではそこに構造や環境が加わる。京都大学の場合もそうだ。建築学と建築工学が足し合わされ、掛け合わされている。京大建築学科の英語名も、Department of Architecture and Architectural Engineeringだ。芸術であり技術であり、総合的な構築の知の技能だ。だから、そういったニュアンスも含めて「すべてが建築である」がモットーになった。

そもそも建築、すなわちarchitectureというのは、およそ知的な構成、美的な構成とでもいうべきもので、言ってみれば、およそ人間が知恵を絞ってつくりあげたものはなんでも、建築なのである。異なる分野を横断する、traverseという命名には、そうした意識が反映されている。

初代の編集委員には、布野修司、古阪秀三、山岸常人、竹山聖、大崎純、伊勢史郎、石田泰一郎（年齢順）の7人が名を連ね、京大に新しい風をもたらす、さながら七人の侍、といった顔ぶれである。実際この風はまた抵抗も多く受けたものだ。このことを語りだすときりがない。改革には、時間と辛抱が必要なのだ。

とはいえ、この京大建築の機関誌の発刊という試みは、まったく新しい試みではなかった。むしろ伝統の継承でもあって、このことを自覚もしていた。つまり、かつて京大に存在した『建築学研究』という機関誌の精神を引き継ぐ、という方針があったのである。それは戦前に京都大学の教官有志によって出されていたものだ。昭和2年の創刊と聞いた。あらためてひもとけば錚々たるメンバーによる歴史的な厚みと重みを持つ機関誌だ。その『建築学研究』にちなんで『新建築学研究』という名前を付し、『traverse 新建築学研究』という名称が選ばれたのだった。

先にも少し触れたが、『traverse』の発刊には、そしてその継続には、なかなか紆余曲折があって、なかなか学科全体として認知してもらえなかった時期もあったのだが、やがてその活動も認知され、外部からも評価されて、いまやすっかり軌道に乗っているといっていい。

初期の教員主体の時代からデザインやレイアウトはもともと竹山研が中心となってやってきてい て、学生主体となってからも編集長はほぼ歴代竹山研から出ていた。ただ、いまはさらに広がりのある研究室からの学生が集って、活発に企画・編集活動をおこなっている。企画・編集に学生たちが積極的に関わりだしてくれ、また20年以上の歳月を経て、さらに編集委員の先生の顔ぶれも刷新されて、『traverse』は京大建築の顔のひとつとなった。うれしいことだ。スタジオコースの創設と『traverse』の発刊は、私たちの世代が後進に残し得た遺産だと思う。

2015年には建築学の教科書、というと言いすぎかもしれないが、さながら手引きのような、誘いのような書籍が traverse 編集委員会編でまとめられ、『建築学のすすめ』というタイトルで出版された。そのときも、布野修司による序の書き出しの言葉は「すべては建築である」であり、私の担当した第1章のタイトルも「すべては建築である」である。この章の最後は以下のような文章で締めくくられている。

「我々もまた、ひとつのワイングラスに、一缶のビールに、一冊の書物に、一個の携帯電話に、一幕の舞台に、ギターの弦の響きに、F1のエンジンに、コンピュータ・システムに、一筆の書に、一服の茶に、水面に映る月に、泡の立ち上る水槽を透したキスシーンに、建築を見出すことができる。なぜならそれは、人類のものを組み立てる意志、すなわち論理、現象、行為、欲望と同義だから。」
（『建築学のすすめ』昭和堂、2015、p. 24）

2000年6月18日（京大の創立記念日である）に第1号が出たこの機関誌も、すでに22号を数えている。これからも大学と社会を結ぶ窓の役割を果たしてくれるはずであって、その制作プロセスを通して、学生たちも他者や異領域と出会い、横断する経験を積んでいってくれるはずだ。

無為の空間

「無為という虚構／〈かけがえのない住まい〉をめぐって」という文章を書いたのは1991年、京大着任の少し前のこと。しかし最近あらためて自身の思考のひとつの原点であったことに気づかされた。「無為」と「虚構」の拮抗（きっこう）のなかに、自分自身の思考のコアがあるのだ、と。

「無為」も「虚構」もネガティブな意味を持っている。つまり、怠惰であり嘘だからだ。「無為」の反対は「有為」である。そして「虚構」の反対は「現実」あるいは「真実」であろう。しかし私たちの常日頃の生活は「有為」と「現実」あるいは「真実」でアップアップしているのではないか。役に立つことと、ほんとうのことことで、窒息しかけているのではないか。「虚構」の豊かさに遊ぶ心を忘れているのではないか。

「無為」は「なんのためでもない」ということと「なにもしない」ということのふたつの意味を持っている。目的もなく役にも立たず、そして、怠惰に日々をただ送る、という非難すべき生活態度である。弁護の余地もない。そう思われても仕方がない。

しかし、視点を変えてみよう。では役に立つということはどういうことなのか、なにかをするということはなぜに好ましいのか。これは近代の生産、労働、経済という資本の論理に則った価値観をそのままに反映した生き方ではないのか。そもそも人間はほんとうにのべつまくなし身を粉にして働いて、有為の人材として世に認められ、世のため人のためお国のために粉骨砕身することが望ましいのか。そうなのだろう。それが立身出世の誉れ高き世であるならば。富国強兵、殖産興業の世の中ならば。

しかしもはや私たちはかけがえのない生を生きる個人として生きている。自由に思考し運動する個体として生きている。そしてその延長線上に豊かな社会を築こうとしている。全体のなかに圧殺される個として生きるのではないし、生きるべきでもなかろう。無為は自然体ということでもある、無理をして生きる、という態度の、それは反対のものだ。無理を強制されるような世の中にしてはならない。

もちろん、なにかのために、誰かのために生きることを否定するわけではさらさらないし、むしろ尊いことだと思う。しかしそれは自発的なものであるべきだし、自分自身の生の充実の上に立ってのことであるはずだろう。無為を底に敷いてその上に有為を舞わせるべきだろう。なにもしないことの自由の上になにかをする権利を有するべきであって、つねになにかをしなければならぬということはない。

そう、建築の原点は、なにもしないことをも権利として受け止めうる豊かさにある。そのような考えが、この「無為という虚構」に反映されている。

建築はなにかの役に立つためにある。建築はしたがって機能によって決定される。そんな考え方があたりまえの時代に、私は学生生活を送った。しかし私自身は心のどこかでつねに、無駄なこと、役に立たないこと、心躍らせること、機能を超えること、さらには非合理を建築に取りこむことを求めていた。庭はなにかの役に立つのか。風景は機能を持っているのか。光は、風は、合理と関係しているのか。縁側は、バルコニーは、廊下や物干しとして役に立つだけの空間なのか。ドームは、あるいはアーチの連続したヴォールトは、心になにももたらさぬ無駄な空間なのか。空を受け止めるテラスは、まさに無為の場所ではないのか。

このようなことをあらためて深く考えはじめたのは、子供ができてからだ。子供は、機能や有用性とは別次元の時間を生きている。役に立つことや無駄のないこととは関わりがないし頓着もない。ただただこの世にあることの驚きと喜びと、そして遊びのなかに生きている。世界の不調和に泣き、身体の違和に怒り、そしていっぱいの無為の時間を呼吸しながら育っていく。幼い子供たちとともにいるとき、自分自身も時を忘れて過ごさねばならない。現実の仕事に追われるような生活から身を引き離さねばならない。無為の時間を過ごす心のゆとりがないと、神経が苛まれる。ただ、そんなとき、つまり幼い子供を見守りながらぼんやりするとき、真の空間の美や豊かさ、庭のありがたさなどに、つまり無為の空間の素晴らしさに気づくのではないか。それは一見無為な時間のなかに人生の豊かさのエッセンスがある、ということと同義なのではないか。「現実」を離れて「虚構」に遊ぶ喜びこそが人生の生き生きしたほんとうのリアリティーなのではないのか。

そうした虚構に遊ぶ時間を楽しむ空間を指して、「無為の時間の空間化」という言い方もする。すでに述べたけれども、この「無為」という言葉を最初にワークショップのテーマとしたのは1998年バレンシアでのこと。スペイン語では「MUI」は「とっても」という意味だから、覚えもウケも良かった。1999年のパリでも、そして2003年のタイ・チェンマイでも、同じテーマでワークショップを進めた。もちろんコンテクストは異にして。場所の違いはもちろんとして、文化の違いもあるから。同じ「無為の時間」、つまりなにも目的を持たない時間、そしてそうした時間を過ごす場所を考えるにしても、スペインの感覚とフランスの感覚とタイの感覚は違う。2016年の香港大学でも、「無何有の郷」という荘子の言葉を手がかりにしたワークショップをおこなった。同じ漢字文化圏である。そして「無為自然」の老子や荘子を生んだ文化である。無／nothing、何／anything、有／something、などとパラフレーズしながら。つまり、なにもないこと、なにかあるかもしれないこと、なにかがあること、すなわち、不在／虚構／存在のセットである。

「なにもしない」ということ、そして「なんのためでもない」ということ。この精神のスタンスは、ともすればさまざまな事件に次々と巻きこんでいく現実に対して、社会に対して、人間関係に対して、少し距離をとる、ということだ。クールダウン。カッカして状況を見失うことから、自分を見失うことから、少し離れてみる。流されるのでもなく、むやみに抵抗するのでもなく、静かにやり過ごしながら、考えてみる。振り返ってみる、あるいはぼんやり空でも眺めてみる。新しいリアリティーを、現実を、虚構として打ち立て、楽しんでみる。人生は所詮夢のごときものだ。苦しく嫌な夢でなく、楽しく美しい夢にしたいものではないか。

10年に一度くらい、大病というわけではないが、寝こまざるをえない状況に陥ってきた。アフリカでもらってきたウィルス性の肝炎やら、バイクで自動車と衝突した交通事故やら、突然襲ってきた心臓の機能の不調やら、幸いにも早期に発見された癌やら。しばらくベッドでじっとしていると、さまざまな思いが頭のなかを通りすぎていく。そもそも体調が悪いのだから、思いはとりとめもなく、まとまりもしない。まったくなにもできない状態が続くこともある。食べられないし、本も読めない。文字どおり、無為の時間である。なにもしない、なにもできない。

しかしそうした時間を過ごして、それから、なにかさまざまなことがリセットされたような思いが訪れる。とらわれていたものから解放されたような気分に包まれる。なにもできなかった時間だけ、知らないうちになにかをためこんでいた、そんな発散を、解放を待ち望んでいるなにものかを自身のうちに蓄積していて、これがほとばしり出てくるのだ。停滞は、無駄ではない。無為は、無意味ではない。

ちなみに仏教では有為の底に無為を置く。有為はサンスクリットでいうsamskrta（サンスクリタ）、つくられたもの、時間に制約され移り変わるもの。そして無為はその否定であるasamskrta（アサンスクリタ）の訳語である。「有為（うい）

の奥山今日越えて」世俗の迷いを超越していく。有為も無為も不二即一だ、という悟りの境地もあるようだが、この世の諸々の現象である有為の底に、本体である無為を置くと考えるのが一般的だという。とするならプラトンのイデアのようなものか。そのように、そこにしっかりと存在する理念のような理想のような肯定的なものとして捉えないところが、非ず非ずの仏教的思想の特質ではあるのだろうけれども。

私たちは時間のなかを生き、これをなんらかの形で空間化して、心のなかに意味あるなにかを結晶させ、過去から未来に進んでいく。先は見えないけれど、過去にとらわれていると足が重くなる。未来に期待しすぎると、心が重くなる。憧れと、軽やかな諦観をあわせ持つことによって、朗らかに前を向いて歩いていくことができる。怨念や後悔はなにも生まない。無為の時間はリセットの時間だ。「無為」は「機能」を否定するのでなく、包みこむための、そしてさらに豊かな空間をめざすための、キーワードなのだ。私にとって。

学生たちとは対等である

「学生を学生と思わない」と卒業生たちが口々に言う。私のことだ。そうだったのだろうか。思いあたらないこともない。特にこの第2世代あたりのころは、私もまだ40代。時代と世界を駆け抜けている実感があった。そして大学では、そんな姿を見せることこそが学生たちに活力を与えるなによりのやり方だと思っていた。

　思っていた、というより、自分がさらに成長することに精一杯で、学生たちのほうを振り返って手取り足取り教えるという感覚がなかった。これは最後までそうだったかもしれないのだけれども。そう、親ペンギンが子ペンギンをおいてけぼりにして陸地を駆け抜けるようなものだ。海のなかではすごいスピードで泳ぎ回るペンギンも、陸地では足取りもおぼつかない。足が遅いと天敵にやられてしまう。生きるか死ぬかだ。だから子ペンギンも必死でついていく。ついていくうちに脚力を身につけていく。じっと構えて奥義（そんなものがあるとして）を語るより、身をもって態度で示すこと。穴太衆（あのうしゅう）の石積みも、やってみなければ学べない。バスケットボールのシュートも打ってみなければわからない。建築も同じだ。言葉で学べることなどしれている。座学に耽（ふけ）るより、設計の現場のスピード感を感じることだ。そう思ってきた。

　設計の発想の豊かさという点で、実は経験を積んだ者も学生とさほど変わることはない。むしろ世俗の垢にまみれない分だけ、学生のほうが豊かであったりする。経験がときに邪魔になるのだ。だから、研究室で一緒にスケッチをして構想を練るときには、学生たちとは対等、という気持ちだ。こちらも必死である。だからものすごい勢いでスケッチをする。学生たちが描く十倍のスピードで描く。それは修練でもあるが、手によって頭を刺激し続けることが発想のほとばしりに比例するからだ。学生の発想が優っているときは、謙虚にそちらをとる。師弟の一方通行ではない。挑みかかってくる学生たちもいるし、それはこちらも望むところだ。いいアイディアが出てきたときには、ときどきそっと舌を巻いている。

それにつけても思い出すのは倉俣史朗（くらまたしろう）のことだ。1987年に竣工したOXY乃木坂の1階と地下のカフェとバーのインテリアは倉俣史朗によってデザインされた。この協働を通して私はほんとうに多くを学んだ。80年代は日本のインテリアデザインの大きな収穫期だったと思うが、そのころ私も多くのインテリアデザイナーの人たちと交友を持たせてもらって、刺激を受け、学び、そして協働した。

その頂点にいたのが倉俣史朗だ。1991年の急逝まで、折に触れて会いグラスを傾け印象的な言葉をもらったのだが、そのなかに、「若い人をいつもライバルだと思っている」という言葉があった。教えるとか導く、でなく、肉薄し競い合う相手として接している、と。そして、だからこそ自分自身もいつも過去の仕事はすっぱり忘れ、その都度まったく新しいデザインをめざしているのだ、と。

過去に拘泥（こうでい）したり安住したり誇ったりせず、実績など忘れ、若い世代とはつねに競い合う関係を持ち続ける。倉俣史朗の教えは数多くあるけれど、この言葉は特に胸に刻まれている。だから、「学生を学生と思わない」のである。そして「えらそうな言葉」を使わぬように心がけている。

学生はいつも新しい、初心を抱いた存在であって、こちらはずっと同じところで学生たちを迎え入れ、そして送り出す側に立っている。その束の間の出会いのなかでなにを生み出せるのか。どんな経験を共有できるのか。こちらも新しい気持ちで向かい合う。これが庭師の心がけであり、新しい種や作物に対峙するときの流儀である。過去の経験は、忘れる。自分自身のなしてきたことも、成功も失敗も含め語ることはあっても、決して自慢話にはしない。時代も違うし社会も違う。変わらぬものについては伝えるけれど、変わるものについてはそれに対する態度や姿勢を暗示することしかできない。未来は可能性のなかにあり、可能性は学生たちのなかにあるからだ。

だから、学生を学生と思わず、より素晴らしい建築に向かう道連れとして、一緒に歩むのである。あるいは走るのである。ついてくる学生もいれば足弱さんもいる。見捨てはしないが走り続ける。ときに追いつき追い抜かれさえする気分にさせる学生もいる。内心舌を巻いている。しかし、庭師の立場からしてみれば、それはとても眩しく、頼もしく、うれしいことなのである。

トップをとっても満足しない

建築の世界にも賞はある。それもさまざまな分野のいろいろな賞が。学生たちにとっては、卒業設計がその最大のイベントである。ひとつひとつの課題ごとに選ばれ講評の栄に浴す作品もあれば、学生向けのコンペティションもあり、そして最近は一大イベントともなった建築新人戦（学部2、3回生向けの、学内課題に応えた作品で競われる賞）もある。賞は魔物だ。励みにもなるし躓きの石にもなる。

競い合って賞を逃したりしたプロセスを知っている者たち、あるいは競い合っている当事者たちにとっては、タッチの差で賞をとっても逃しても、十分にその価値は、そして作者の能力はわかり合えている。しかし多くの場合、賞は、その世界を理解しない人たちの評価を助ける役割を持つものだ。内容や価値を理解できない人でも、賞をとっているかどうかはわかる。賞をとっている人は、それだけでそれなりの信頼をうる。そういうものだ。

しかし、ほんとうにその世界のなかにあって、建築の価値やクオリティーや、あるいは才能のきらめきを感得しうる人たちのあいだでは少し異なる。賞をとっても、さほどたいしたことのないレベルだね、と思われている人もいれば、賞をとらなくても一目も二目も置かれる人もいる。賞をとって、なるほどと賞賛される人もいれば、賞をとればとるほど胡散臭い目で見られる人もいる。これに嫉妬も絡み合ったりする。とった側にしてみても、鬼の首でもとったように勝ち誇る人もいれば、謙虚にさらなる精進をめざす人もいる。いろいろである。

スポーツであれ武道であれ、しのぎを削る関係であれば、相手がどの程度の力量を持ち、自分がどの程度かは、わかる。宮本武蔵は昇段試験を受ける必要がない（もちろんそんなもの、まだなかった時代だが）。建築も、実は互いの力量を測りうる世界だ。最近クオリティーが落ちてきたな、とか、ますます磨きがかかってきたな、とか。すごいものが出てくれば、すごいと思い、ダメなものは賞が与えられてもダメなものだと感じる。テニスやゴルフのランキングはデータに基づいたり、実績に基づいたりしているわけだが、対戦してその実力を肌で感じた当人たちの評価とはずれることもあるだろう。

要は優劣をつけるということの意味が問われることになる。だから、そんな競争に意味はない、と超然と構えたり、あるいは制度に文句をつけたりする人たちも現れる。もっともだと思う。私も立ち上げのメンバーの一人であった建築新人戦が日本建築学会の教育賞の候補に上がったときにも、学生の作品に優劣をつけ競争を煽るのはいかがなものか、という意見があったように聞いている。繰り返すが、こうした意見は、ほんとうにもっともだと思うのだ。

しかし、個人的な意見を言わせてもらえれば、競い合うことも必要だと思う。そして基本的に良いことだと思う。競い合うことによって、やる気になり、つまりモチベーションを上げて一層努力する機会が得られるならば。よしんば負けたとしても、参ったな、負けたな、と思い、あるいは刺激を受け、そして謙虚に自身の至らなさを反省する。そうした機会でもあるからだ。人類は競い合うことによって進歩してきた。このこともまた確かだからだ。もちろんそうした競い合いが、自分を磨くことにつながる限り。

最初にも述べたけれども、建築の世界では学生のころから、卒業設計やコンペやさまざまな評価の機会に満ち満ちている。これはちょっと他のジャンルでは見られないことではないだろうか。その点では芸術の分野に近いかもしれない。上下関係のなかで研究成果を上げていくような分野ではなく、個人として作品を競い合う、そんなフィールドだからだ。

競争についての教育的な問題はとりあえずおくとして、少なくとも設計の分野では、刺激になることが多い。モチベーションを上げる契機となることが多い。そうした機会を通して自身を磨き続けた人間のみが、ほんとうの意味で勝利を得る。勝利とは人と競い合った結果でなくて、自分と戦った結果だ。現状に満足せず、より高い志を持つこと。持ち続けること。そしてこれを一生続けること。困難だけれども、それが実は楽しく充実した道行きでもある。

ドローイングの美

建築設計の現場で求められるのは設計図書だ。平面図、断面図、立面図、そしてさまざまな技術的な図面。しかし構想の段階では、もっと自由な表現があっていい。むしろそのような、技術的に過不足のない図面をはみでる絵が、言葉が、模型が、写真が、ドローイングがあっていい。大学ではそのような思考のトレーニングを積んでいくべきであって、単に社会の現場の即戦力を育成する場であっては、むしろならないと思っている。

「プランがカンディンスキーの絵のようだから、幾何学の線だけ抜き出したドローイングに着彩してみては」と私がアドバイスしたことを覚えていた学生がいる。東大の大学院に進みチューリッヒのETHに留学し、そのままヘルツォーク&ド・ムーロン事務所で働いていまは自身で設計活動をしている高濱史子だ。こんなふうに届いた言葉がよみがえってくるのはうれしい。平面図もまた絵として美しくなければ、と心がけてきたから、そのような言葉が出てきたのだと思う。

建築は重力に抗して立ち上がらねばならないし、雨風をしのがなければならない。生活の役に立たなければならない。それらはあたりまえのことで、でもそこから、それを超えて、どのように美しく立ち上がるか、どのようにエレガントに雨と風に応答するか。どのように生活を豊かに彩るか、そのことをこそ、いつも考えていなければならないし、大学では学ばなければならないと思う。

ドローイングは現実の建設には役に立たない。大工さんにドローイングを見せても建物は立たない。クライアントも共感してくれないことが多いだろう。だからドローイングは建築設計者が自分自身と対話するためのものだ。建築にこめた夢や希望を、同時代のみならず後世に残す試みだ。そんな虚しいとさえ思えるようなドローイングを、設計者は描く。自分自身のために。そしていつかどこかにいるかもしれない、共感してくれる人たちのために。美しいドローイングを。

この時期の竹山スタジオ・テーマ
1997　ゼロの建築
1998　エコ・ロード・プロジェクト
1999　KYOTO MEDIA STATION
2000　THE SCHOOL OF ARCHITECTURE
2001　独身者の住まい2001
2002　独身者の住まい2002
2003　フローティング・シアター

（扉写真）登り窯都市／瀬戸　1998

無為という虚構
――〈かけがえのない住まい〉をめぐって

I　住まいというものの面白さは

住まいというものの面白さは、それが根本的に商取引や投機の対象に馴染まず、つまりは資本の論理から逸脱する点にあるのではないだろうか。素朴に考えれば、人間が住まうということは、なにか確たる目的があって組織される合目的的な行為ではなくて、むしろ錯乱と逸脱に満ちた運動であるといってもよく、あらゆる可能性を秘めている。つまり〈無為〉の行為ともいえよう。だからいま〈住まう〉ことに呼応する空間としての〈住まい〉に視点を定めることの意味は、この〈無為〉という言葉の現実性をおいてはない。ここで現実性という言葉を用いるのは、むろん資本の運動の有する現実性、つまり現在展開されている住まいの商品化という切実な現実に対して、である。ここで問われるのは〈虚構〉(面積や機能や性能などの商品スペックに還元しえない豊かな生活のイマジネーション)の力であって、すなわち〈虚構〉がはたして現実的な力を持ち得るかどうかが問われている。社会的な諸関係のさなかに生き延びることのできた虚構をこそ、現実と呼ぶのであるから。

2 すべてが商品であるという資本の現実性を前にして

すべてが商品であるという資本の現実性を前にして、それでもあえて商品を逃れ去るものとしての住まい、という虚構を立てることの根拠に、私は〈住まう〉ことの〈かけがえのなさ〉を見ている。資本の運動のさなかに〈商品〉として姿を現さざるを得ぬ〈住宅〉が、仮に〈商品〉を逃れ去る契機を持つとしたなら、それは〈住まう〉ことの固有性においてしかない。つまり〈かけがえのなさ〉においてしかない。

〈かけがえのなさ〉とは固有性であり一回性であり単独性であり唯一性であって、つまり交換性を拒絶するところに発する観念である。言い換えるなら、〈住まう〉という行為の向こうに私は〈交換の拒絶〉を見ている。誰とでも交換可能な住宅パターン、すなわち生活の類型化の拒絶を見ている。そして合目的的な行為、すなわち機能や目的に応じた空間配置の否定を見ている。ハイデガーにならっていうなら〈道具的連関〉の輪の断ち切られる場面を見ている。〈無為〉という誤解を招きかねない言葉を用いるのも、ただなにもしない、怠惰である、という日常的なニュアンスではなくて、むしろその言葉本来の〈因縁〉を脱する、という含意を込めて、のことだ。すなわち〈住まう〉とは、単独・唯一の者の固有かつ一回性の時間のなかの運動であって、〈無為〉という言葉は、そうした射程を暗示してもいるのである。

交換の拒絶という視点が、資本の運動ののっぴきならない現実性に〈虚構〉の楔(くさび)を打ち込んでいる点に留意してほしい。交換こそが、より正確には交換可能性こそが、商品の価値を生み出し、保証し、保持するものであるからだ。とするなら、この〈無為〉として提示される虚構は、数学的メタフォアを用いるなら資本の運動に不連続点あるいは微分不能点を発生させる可能性を持つともいえるだろう。なめらかな運動はそこで破綻を迎え、微分が不可能となり方向が定まらず未来の予測もつかない。とはいえ、もし〈かけがえのなさ＝交換の拒絶〉が行きわたってしまえば、商品経済は破綻するばかり。実際はそのようなことは決してなくて、ほとんどのものはかけがえがある、というのがわれわれの住んでいる世界の〈現実〉である。そのことにかわりはない。逆に、だからこそ、虚構としての無為を語ることの意味もあるのである。

たとえば事務所や店舗は、資産運用という資本の運動を直接に反映する場である。交換によって価値が定まり、使用されることによってさらに価値が生み出される。いわば商行為の場であり、まさにそうした場自体が商品を成立させている。すなわち〈道具的連関〉の世界に属している。そこでは〈価値〉がすべて〈転換〉可能であって、これを根底から支える究極の商品が貨幣だ。ここにおいて一元的な貨幣尺度によって計測される空間が成立し、具体的な空間もまた貨幣によって売買される商品となった。商業建築が投資家にとって一種の金融商品であることをいまさら指摘するまでもないだろう。それは〈交換〉が永遠になされることを前提としているのであり、言い換えるなら、かけがえのないものの否定の上に成り立っているのである。

投資家はつねに資本の自己増殖に余念がなく、より有利な投資先を鵜(う)の目鷹(たか)の目で探している。彼らにとって〈かけがえがないもの〉とは、儲からぬもののことだ。無限に選択可能であることと、永遠に交換可能であることは理想の現実であって、とりもなおさずそれが自由主義の理念だ。

映画『ウォール街』でマイケル・ダグラス扮するゲッコーは、チャーリー・シーン演ずる主人公の父親の勤める航空会社を乗っ取り、さらには解体して売り払って金に換えようとする。当初はその道案内を務める主人公が最後に心を翻し、父親の会社を守る側に回る。そしてついにゲッコーの野望は挫かれる、という結末であった。

この航空会社を、ゲッコーはあくまでも交換可能、換金可能な商品と見ていたのに対して、主人公の父親は〈かけがえのないもの〉として見ていたわけだ。資本の運動の論理としては、ゲッコーの側に合理性があり、父親の心情は非合理なものだ。ただこうした非合理なかけがえのなさが、幾多のドラマを生み感動を生み、この場合も主人公の改心という形で勝利を収めた。事の当否を述べているのではなく、人間社会の現実のただなかの虚構の果たし得る力について語っているのである。ゲッコーは現実を熟知していたがゆえに非合理な虚構に敗れ去った。すべてが商品である、と認識することと、そのようにうそぶいて行動することとは別の次元の話だ。

3 かけがえのなさというものがある意味で個の思いこみに支えられるしかないという構図に

かけがえのなさというものがある意味で個の思いこみに支えられるしかないという構図に、私は逆に住まいの未来を見ている。なぜなら、住まいが個に支えられている限り、住まいがかけがえのない空間として虚構される可能性もまた見出し得る、と考えることもできるからだ。

ただし、二点、ここで意図的に見過ごしていることがある。一点は、住まいもまた、お金で購(あがな)われるものとなっている、という現実だ。そしてもう一点は、そこに住宅の市場が成立している、という現実である。お金で買えるものである限り、はなからかけがえのないものではない。つまり金で買えないものではない。そしてまた、いくら愛車であろうとも、下取りの値段がつけば、つまり流通経路に乗るならば、換金の誘惑に抗(あらが)うことは難しい。同様にして、住宅も流通市場のある限り、かけがえのなさは文字通り虚構に終わる。ここでいう虚構はポジティブな意味でなくネガティブな用法の方である。

　ここにいまひとつ、愛するというファクターを入れてみる。するとかけがえのなさ、という絶対的な交換不可能性に光が差し、交換可能でありながら交換不能だ、という自己矛盾に風穴も開いてくるというものだ。〝Money can't buy me love〟とビートルズは諭してくれたが、愛の対象にこそわれわれは、かけがえのないという形容を与えるのであった。愛情や友情はお金で買えないし、お父さんもお母さんも息子も娘ももとより交換可能なものではない。つまりかけがえがない。よしんば将来、父、母、子供の流通市場が整備されるようになろうと（試験管ベイビーの誕生や精子バンクの存在がどのような未来社会の常識を生んでいくのかはわからない）、愛という人間の非合理は生き延びることだろう。たとえその形は変えても（愛が生物的合理を果たしているかどうかは議論の分かれるところかもしれない）。つまり、歯の浮くような言い方を許してもらえるなら、住まいは愛されることによってかけがえのないものとなる。

　ただしここらあたりで、住まいのかけがえのなさを愛と対応させて語るのはやめたいと思う。経験が浅いためでもあり、社会との関係を問うという議論の焦点がボケるからである。あくまでも先の二点は見過ごしつつ、交換を拒むものとしての住まい、個に支えられるものとしての住まいを虚構し続けてみたい。つまるところ関心は、個がいかなる形で生き延びるか、ということだからだ。

4　はたして住まいがかけがえのない空間たりうるかという問いかけは

はたして住まいがかけがえのない空間たりうるかという問いかけは、すべての空間の商品化という現実の前にあまりに無力に感じられもし、また実際に無力なのだが、こうした素朴でもあり、また無謀でもあるドン・キホーテ的な問いかけの向こうに、私は個と共同体のありうべき関係を見ている。個の固有性、突きつめるなら固有の生の可能性を検証したいとの思いを抱いている。はたして住まいが個の砦(とりで)たりうるか否かに、今後の社会の在りようがかかっている。そして、それは〈住まい〉を通してのみ可能な問いかけなのだ。建築のもろもろのプログラムのうち、〈住まい〉のみがひたすら個に関わる建築形式たりうるからである。

住まうことが〈無為〉の行為であると述べた。この無為性において、住まいは商品から逸脱する契機を孕む。〈無為〉という行為の側面である〈目的の消失〉と〈交換の拒絶〉によって。むろん、商品からの逸脱は、商品化のさなかにあってこそ意味を持つ言い方であって、商品化の否定ではない。ただ、商品は買い手がついて初めて価値を生ずるものであるが、住まいはそうではない。価値は住まう行為のなかに潜んでいる。住まいは住み手の無為性において、つまりなんの目的も持たない揺蕩(たゆた)う時間の容れ物であることにおいて、価値の問題を括弧(かっこ)に入れてしまうのである。いわば商行為や経済行為に還元されず、生産あるいは消費といった観点からの分析の枠組みからもはずれてしまう、そんな契機を有しているといってもいいだろう。

とはいえ、この〈無為という虚構〉は、現実の商品化の波に洗われる絶海の孤島を想起してもらうのがふさわしいほどに、天に駆け昇ったのでもなければ、大陸を発見したのでもない。荒海のただなかにあって、いつ呑み込まれるかさだかでない、そんな虚構である。

あるいはこうした比喩的言辞を弄ぶ前に、かけがえのない住まいといった観念そのものが、個と共同体の関係を語らんとするメタフォアであったかもしれない。いずれにせよ、住まうことの無為性、あるいはかけがえのない空間、といった言説によって問いなおされているのは、今日の都市・社会と個の在りようなのである。個は、商品化の荒波のなかで、みずからも消費される商品として、交換のプレーヤーとして、流れのままに漂うしかない存在と化してしまうのだろうか。このことは繰り返し銘記されてよいだろう。

5　個の基本的な存在形式を一人〈住まい〉のみが建築的に表出しうるとして

個の基本的な存在形式を一人〈住まい〉のみが建築的に表出しうるとして、そのとき都市との関わりは決して透明なものとはなりえないだろうとの予感がある。つまり、都市と住まいとは、なめらかにつながるものではない。都市の利便を享受し、貢献も果たしつつ、防御もなされねばならない。パブリックな位相とプライベートな位相がそもそも異なるからである。人間の意識のレベルと身体のレベルに齟齬があるからである。だから住まいは露出されるのでなく隠蔽されるであろうし、自己を表出するのでなく沈黙の相をとるであろう。商売を営むのでない限り、住まいが都市へとなめらかに連結されることはない。露出し、表出することは、そのままなめらかに都市の構図へと出てゆくことであり、資本の運動の場に身をさらすことにほかならないからである。

透明な論理に不透明な部分が不可避的に存在すること。言い換えるなら、合理を支える非合理、まさしくそのようなものとして、住まいは都市のただなかに位置づけられるだろう。住まうということが人間存在の非合理をも呑み込んだ行為であるからというのみではなく、個としての人間の不透明さが共同体の論理を支えているからである。共同体はその構成その要素に服従を課す。しかし自立した個としての人間は、服従でなく協力を前提に、自由をめざすからである。共同体は個を圧殺しがちであり、個は共同体の論理に逆立しがちである。その間に秩序を探らねばならない。自由な個の思考や運動の先に、共同体の論理を築かねばならない。共同体の完全な支配を逃れるためには個の匿名性が一定程度確保されねばならず、そうした匿名性が、共同体の広く大きな重なりで成り立つ社会のなかで、個の自由を保障するのである。共同幻想が肥大するとファシズムとなる。個の幻想が肥大すればアナーキズムとなる。社会は緩やかな共同幻想の重なり合いのなかに浮かび上がるようなものでありたい。個はそうした共同幻想のなかで匿名性を確保しつつ、自由にそこに参加し、あるいは逃避し得るようなポジションを保つものでありたい。理性と欲望のバランスの取れた存在形式を保持したい。

都市は共同体の重なりであり、と同時に自由な異邦人の跳梁（ちょうりょう）する場でもあるから、個と共同体の関わりの場そのものが都市であるという観点に立ってもよい。都市はツリーではないという指摘は重要であったが、だからといってリゾームだというだけでは、文字通り事態（樹木）を転倒したメタフォアにすぎない。リゾーム的な流れのまっただなかの不透明な部分が〈住まい〉の存在によることを明らかにせねばならない。〈住まい〉は個を守る砦である。安部公房の『箱男』は倒錯した個の極端な眼差しを暗示していた。

〈住まい〉は、中世にあってはアジールとしてその異物性を保っていた。住まいのみではなく、さまざまな施設が都市と遮断されながらその存在を秘めやかに保っていた。アジールとは避難所であり、制度的には治外法権の場所だ。カフカの『城』は到達し得ぬ共同体の謎を暗示していた。いずれも個と共同体が癒着しながら（そもそも個が自立しているとはいえなかったから）、社会の自由な往来に不透明な影を投げかけていた。ところが近代が、そして近代都市計画が、すべての境界を撤去し、透明な論理を貫徹したおかげで、この拠りどころは姿を消していった。都市は機能的なツリーになった。いや、なされようとした。そうした都市のただなかにあって、都市の論理すなわち資本の論理に逆立する〈住まい〉の論理を虚構し得たなら、〈都市のなかに合理的かつ機能的に住宅をレイアウトする〉などといった素朴で牧歌的な発想に引導を渡すこともできたであろう。資本のスープはその熱ですべての具を溶かし切ってしまう。しかしスープは決して完全に透明にはならないし、具は具としてその各々の存在をなお主張するし、すべきだろう。すべてが溶け切ってしまうなら、世界中どこでも同じスープが出来上がってしまう。均質空間が世界を覆い尽くしてしまう。

個は共同体に属しながらも、固有かつ一回性の生を生きるという一点において、共同体の論理から逸脱する。共同体にとってはかけがえのある生（構成要素）も、個にとってはかけがえのないものだからだ。あるいはその自覚のみが個に異物性を賦与するといってもいい。本来都市とは、そのはじまりのときから、異質の他者が共に住み生きる場所である。個の住まう場、すなわち住まいが、都市にあっては異物たらざるを得ぬのもけだし当然であろう。逆にいうなら、都市にとっての異物ならざる住まいは、つまるところ〈個〉を保証することはない。それは単に、共同体の構成員の宿にすぎない。

近代都市計画による住宅計画は、労働者のスラムからの解放をめざしたが、想像力の射程もまたそこまでのものであった。にもかかわらず、現代の都市計画あるいは住宅計画は、未だその域を出るものではない。資本と労働と価値の円環構造のただなかに〈住まい〉の問いを解消しているわけだから。近代都市計画はその本来的なあり方からして商品的なのである。いま、〈住まい〉を考えることの困難のひとつは、この近代都市計画の後遺症にも発している。

かくして住まいは都市に抗う。表出することなく、埋蔵される。隠蔽され、沈黙し、都市の持つ透明化への強制力に抵抗する形で。こうした異物としての住まいこそが、都市に不均質な場をつくりだし、均質化へと向かう現代都市を内部から活性化することだろう。なぜなら均質はすなわち死だからである。エントロピーが高まり、不活性化と均質化が進み、動きが止まるなら、そこに待つのは死のみ。もし仮に資本の円環に裂け目が生じて、局所的な意図や企みによってでも、そうした裂け目が都市のそこここに出没するようになったあかつきには、われわれはそこに個の自由の拠点群を見出すことができるだろうか。

6 個の住まいを無為の相の下に見ようとするのは

個の住まいを無為の相の下に見ようとするのは、資本—労働—価値の円環構造の外にそれを位置づけたいがためであった。が、それだけではない。無為であることが、現代都市に対しての、決してあからさまでない形の根源的な批判であると考えるからである。あからさまな、露出し、表出し、突出した批判は、現代にあっては一瞬のパフォーマンスとして消費される。こうした不毛に身をさらすのもまた楽し、であり、そうした形態のコミュニケーションもあながち馬鹿にしたものではないのだが、こと住まいに関しては、批判に持続性が求められもし、未来への責任もまた伴うのだ。住まうことはコミュニケーションの位相から捉えられるべきでない。というのも資本の運動はいうまでもなくコミュニケーションの一形態であって、結局、議論が資本の運動の位相に回収されてしまうからである。現代という時代は、とりわけコミュニケーションのシステムの発達によって、大きく均質性・透明性の方へ動いてゆく性格を有している。そのなかにあってコミュニケーションをある意味で断つことが、個体の異物性を浮上させる。断つというより不透明な領域、不連続な点を挿入する。個とは〈コミュニケーションの場＝都市〉におけるディスコミュニケーションの地点、有為のさなかの無為の地平、なめらかな空間の特異点、透明な構造の不透明な部分なのではないか。そのように位置づけることによってしか、個の固有性、一回性、単独性が構造に回収されてゆく思考の枠組みに抗うことはできないのではないか。〈住まい〉をもうひとつの思考装置として捉えるなら、個の建築的表出形式として〈住まい〉が存続し得るかどうか、その生き延び方がそのまま未来の個と社会の関係となる、といった事態に立ち至らぬ保証はない。自立した個としての住まいが資本のパワーに圧殺されぬ保証はまったくといっていいほど、ない。

大規模再開発やウォーターフロント計画、中古マンションの値段の乱高下といった、現代都市の華々しい有為の姿に目を奪われているうちに、共同体に収奪された個の在り方しか、われわれの未来には用意されていない、という事態に立ち至らぬといった保証もまたないのである。

7　仮に住まいが都市と闘争関係にあるとするなら

仮に住まいが都市と闘争関係にあるとするなら、個に支えられた住まいのかけがえのなさと、社会を支配する資本との闘争関係を並行して扱うことに意味があるだろう。

先に述べた近代都市計画批判は、住まいに関していうなら、個がなめらかに全体につながる、という一点に尽きる。住宅は全体のなかでありうべきところにおとなしく収まって配列されている。住まいと都市とは闘争どころか、また共存というのでもなくて、ただ包み包まれる関係にある。住まいは都市の単なるコンポーネンツである。個は共同体の単なるコンポーネンツである。これでは住まうことのクリナメンをまるで認識していないか、あるいは意図的に無視しているかどちらかである。クリナメンとは逸脱であり揺らぎであって、古代ローマのルクレティウスが考え出した。この揺らぎから生命エネルギーが現れる。

こうした全体と部分の、あるいは個の、なめらかな連続と配列といった構成は、その着想こそ個人の理性に発するものであろうと（たとえばル・コルビュジエでもよい）、計画の実現と将来的な管理運営はビューロクラシー（官僚組織）や巨大組織のディベロッパーによってなされるのであるから、誰の責任でもない形で抑圧が進行してしまう。蔓延(はびこ)るように進行する住宅地開発計画もまた然り。なめらかな、遮るもののない、均質空間に潜在する恐怖がそこに潜んでいる。

資本の運動とビューロクラシーが個の顔を喪失し、あるいはもともと持たぬままに、個の存在を圧殺するのは歴史の教えるとおりである。ただし、私はそれを否定しているわけではない。否定のしようもない現実でもある。巨大な力のせめぎ合いのなかで、個はささやかに、そして局所的に、責任を果たしていくしかない。そう、そうした資本のパワーゲームに対抗する個の理念、あるいはこういってよければ倫理を、見失いたくないと考えているだけである。もとよりそうした個の在り方自体、社会に規定されているものでもあるのだから。

住まいというものを、こうした個の倫理を拠りどころとして、資本の論理の跳梁(ちょうりょう)する現実のさなかに虚構する。定型化されたパターンを疑い、ふとわれに返る時間を挿入する。目的を持った運動に亀裂を入れる。自由でのびやかな想像力を駆使してかけがえのない生の在りように形を与える。都市の均質な広がりのさなかに個の拠点を、無為の時間を、確保する。そうした作業の積み重ねのうちにしか、おそらく現代の住宅を考える道はなく、少なくとも住まいの構想はありえないのではないか、と感じている。

※『密教辞典』（佐和隆研編／法藏館）によれば、「為は造作の意。有為は造作ある義で、因縁所成の現象である諸法をいい、無為は因縁所成の造作がなく、生住

異滅の四相の転変のない諸法実相真如の理を指していうのが一般仏教の説」とある。つまり、〈無為〉とは人為的な因縁や現象を超越した世界を指して言う言葉なのである。

（『新建築　住宅特集』1991年4月号所収　を改稿）

＊＊＊

この文章は1991年に書かれている。京大着任の1年前だ。元は『新建築　住宅特集』の巻頭論文として執筆されたもので、それをもう少しわかりやすく、でも原文の雰囲気は失われぬよう、2022年に改稿してみた。

というのも、元の文章にはやや気負いと気取りがあり、いわば肩に力が入っていて、今回ここに収録しようと考えたときにも、編集者からちょっと難しいですね、と難色を示されたし、この春、つまり2022年の前期に1年だけの約束で日本女子大の住居学科の大学院で講義を持ったときにもこのテキストを使ってみて、やはり学生たちから難解さを指摘されたからだ。

ただ、私にとって「無為」というテーマを初めておおっぴらに標榜したものなので、思い入れが深い。無為の場所は機能の場、流れの場である都市にも必要だが、住まいこそがそもそも無為の場所だったのではないか、と気がついたのだ。

ちょうど子供たちが生まれ、住まいというものの有すべき許容力の大きさとでもいったものをつくづく感じていたせいもある。住まいは単なる機能に還元されるものではなく、ただ生命の拡大再生産の場でもない。

そしてヴァルター・ベンヤミンの『パサージュ論』に強く影響を受けていたせいもある。「無為」はそぞろ歩きのフラヌール（遊歩者）の属性であり、とりもなおさず19世紀に生まれ今日まで続く都市の感性でもあると受け止めていたからだ。

改稿を決意するにあたって、もうひとつ伝わりにくいと感じたのは、「虚構」という言葉のニュアンスであった。この言葉を私はいつもとてもポジティブに捉えて用いている。虚構は想像力の引き金であり、解放の装置であって、建築を物理的な桎梏（しっこく）から解き放つのは虚構だ。そもそも人生を虚構の喜びなしに過ごしていくのは難しい。たとえば虚構を夢や希望と言い換えてもいい。そのようなニュアンスが、どうもうまく伝わらないきらいがあるな、と感じたからだ。

現実はともすれば冷酷だ。建築から多くの良きものを奪い取る。虚構の想像力を突破口にしなければ、建築の豊かさは大きく損なわれ、つまるところ合理と実利と商売にすべてもっていかれてしまう。そうした事態につながりかねない近代の機能主義的思考を批判する、という意味合いもあった。

現実に対して理想を対峙させるのは美しい構図だと思う。しかし理想は目的を持っている。目的という言葉にはどこかしら強制的な響きがある。どちらかといえば、目的のような強力な、ある意味で強迫的な観念から少し脱して、虚構、とでも呼べるような、めざすべき強制的な目的ではなくて、描き出される自発的な夢のようなもの、そんなものを現実に向かってやわらかな盾のようにかざす態度がむしろ心地良いのではないか。

幼い子供たちと遊んでいたり、寝顔を見たりしていると、こんなことを思ったりもするのだ。人間はいつも強い状態ではなく、子供や老人や病人など弱い立場の者もいるし、社会的な弱者もいる。壮健な人間だって、心打ちひしがれるときもある。元気で強い人間の合理的な経済活動のみに焦点を合わせて住宅や都市を計画していると、この世の中も殺伐としたものになりかねないわけで、いっそ子供の素朴なまなざし、目的を持ったりあざとい企みを持ったりしない、いわば無為の驚きや自然な喜びに響き合う住まいや街ができないだろうか。そんな思いにかられたりもしていたのである。とりわけ当時のコマーシャリズム全盛の雰囲気のなかでは。

　すべてを商売にして、儲けにして突っ走るバブルの狂騒の果てに。そしてそれらがすでに綻びを見せていた時期に、流れ移ろうものばかりでなくとどまるもの、そこでじっと流れに抗う澪標（みおつくし）のようなありようにも目を向ける必要があるのではないか、と。そして住まいはそのことを考えるための恰好の課題なのではないか、と。都市は流れの場であり、住まいはとどまる場所、都市は意識を加速し、住まいは身体を守る、都市は喧騒（けんそう）を楽しみ、住まいは静寂を味わう、などなど、二項対立には落とし穴がいっぱいあるにせよ、そこを通して見えてくることもたくさんある。

　改稿されてもまだ難解だと言われれば、まあそうかもしれないと答えるしかないのだけれど。

3

文学的感性

|第 3 世代|

2004-07

3rd generation / The literary sensitivity

このころから私は学生たちに、やさしい、あるいは怖いと思ったことがない、と言われるようになった。第0世代から第2世代あたりまでは、善かれ悪しかれ、怖いだの緊張するだのといった言葉が聞かれたものだ。しかしこの世代以降からはまったく聞かれない。

２００４年は私が50歳に入ろうとする年で、人間50年、という織田信長の好きな「敦盛」（幸若舞）になぞらえるなら、人生も一区切りだ。

思えば人生には区切りというものがいくつか訪れる。35歳のころには人生70年として、ぼちぼち折り返しか、といった感慨があった。そんな話は村上春樹の小説『プールサイド』にもあって、それがどこか潜在意識に働きかけていたのかもしれない。ともかく35歳は折り返し地点に思えた。

京大に行くことを決意したのも35歳のときのことだ。『ぼんやり空でも眺めてみようか』（彰国社）の最後のあたりは京大着任をめぐる心の葛藤をいろいろと描いているのだが、最終15話「緑の道」の最後に私はこんなふうに書き記している。

「１９８９年3月から１９９２年3月まで、34歳から37歳の頃、ぼくは鎌倉の海のそばに住んだ。海のきらめきと緑のなかの高速道路。マセラーティの轟音。ぼくは自分が人生の分水嶺を通過しているのだということをはっきりと感じていた。そしてそこには、36歳の夏には二度と帰って来られないことも。緑の道が涙でにじんだことを、ぼくは昨日のことのようにはっきりと覚えている」

さまざまな着想を描き、そして書きためているスケッチブックに、このような書きこみを見つけた。京大への誘いを受けてすぐの１９９０年11月10日、ウィーンへと向かう旅の経由地、モスクワ空港でのメモだ。

研究テーマ
Program—eros—signifé
Context—thanatos—signifiant
建築の構想の根拠を問う

11月８日に青天の霹靂（へきれき）の誘いを受けた直後である。訪れたウィーンでもいろいろと悩んだことを覚えている。

それまで自分のことしか考えずに突っ走ってきたのを、少し誰かのためにも生きてみようかと殊勝なことを思ったりもしたのだ。まだまだ悟りきれていたわけではないが（もちろんいまだってそうだが）、それなりにさまざまことを経験して曲がりなりにも建築家として生きられるようになった、そんなことを後輩たちに伝えるのもいいんじゃないか、と思ったのは確かだ。

そんなふうに思って着任して、そして時は流れ、いよいよ自分自身が50歳にならんとしている（いまこれを書いている時点では、すでに70歳まであと3年を切るところまできてしまった）。幸いなことに20代から自分で設計した建築を実現してくることができて、それ以来ずっと若手建築家といわれてきたけれど（序にも書いたけれども、建築界にはアンダーフォーティーという言葉があるくらいで、40歳以下でそこその作品をつくれるのはかなりラッキーだといわれている）、さすがに50歳になればそれなりのキャリアではある。むしろどのような方向にキャリアをまとめていくかということも考える年齢だ。気がつけばすでに学生たちの年齢の倍ほどにもなっている。学生たちとの距離の取り方も、また少しずつ変容してきていた。やさしくなった、のもその表れかもしれない。

ところが、そのころ、またひとつ新しいことにチャレンジをすることになった。映画である。映画は昔からずっと好きだったのだけれど、奥田瑛二から『るにん』（原作は建築家の團紀彦である）の美術をやらないかと誘われて、八丈島や山梨の山奥や日光などでのロケに参加し、撮影に立ち会うことができて、はまった。テーマを決め、プロットを組み立て、脚本にして、さらに場面を精緻に構想し、役者から演技を引き出し、映像に結実させて、音を組みこみ、編集して仕上げていく。映画監督は建築家に似ている、と思った。現場を盛り上げ、みなをやる気にさせる、ということも含めて。そして多くの人々の共同作業でありながら、最終的には監督がすべてを決定する。その責任を負う。そんなところまで、そっくりだ。

映画でも、音楽でも、アートでも、演劇でも、文学でも、およそ表現のジャンルにはすべてに通じるなにかがある。そんな思いもあって、学生たちと異領域との交歓の旅に出ることにした。スタジオコースでも、マンガ（2004年）、ポエジー（2005年）、シネマ（2006年）、パフォーマンス（2007年）。そしてそれ以降も、音楽（2009年）やアート（2013年）などをとりあげていった。いずれも私が若いころから関心を持ち続けてきた分野だ。建築の分野できちんとした仕事をなしつつも、やはり他の分野の仕事にも好奇心がかきたてられる。これはずっと変わらない。それが学生たちにも伝播（でんぱ）しているような気もする。

さて、このころに、竹山研の学生たちの活躍が日本中に知られるようになった出来事が起きた。これは第3世代から第4世代にかけてのことなのだが、具体的には２００６年、２００７年、２００８年と、「卒業設計日本一決定戦」という仙台で開かれる卒業設計コンクールで、竹山研の学生がほぼ3連覇を果たしたのだ。大西麻貴と藤田（河野）桃子と橋本尚樹。ほぼ、というのは、２００６年の大西が仙台ではトップになりそうになりながら土壇場のどんでん返しで3位になってしまったが、そのあとの博多のコンクールではトップをとった。あとの二人は仙台で日本一になっている。そこで日本一３連覇。

卒業設計のコンクールは２０００年代に入ってから盛んに開かれるようになり、いまやさまざまな主催や場所や形態がある。卒業設計が終わると、たとえば京大でいうならば、まず京大でのトップである武田五一賞を争い、それからＤｉｐｌｏｍａ×ＫＹＯＴＯという関西の大学が集まる卒業設計展でトップを競い、そして仙台なり博多なりに赴いて戦う。これらが3月中にあって、そのあと日本建築学会や日本建築家協会やさまざまな団体が卒業設計コンクールを催している。

第2世代の〈トップをとっても満足しない〉という節でも述べたけれど、賞は魔物だ。卒業設計でトップをとっても伸び悩む人間もいれば、さらに伸びる人間もいる。そこで満足してしまうか、あるいはそれを足がかりにしてさらなる飛躍を遂げるか。諸刃（もろは）の剣（つるぎ）だ。そして多くの学生たちはトップをとれず、そこでの悔しさをバネにして伸びていく。そのケースのほうがはるかに多い。

卒業設計は毎年すべての学校でおこなわれ競い合われる大イベントだ。学生たちは全力で取り組む。卒業設計がすべてではないけれど、ひとつのステップではある。つまり通過儀礼であるがゴールではない。建築設計の場合、ざっくり言って30歳か35歳くらいまでは、ひたすら研鑽を積む必要がある。幸いにも日本一を連続して獲得することのできたこの三人はみな、その後もさまざまな経験と研鑽を積んで個人の建築家として事務所を構え、いまやとてもいい仕事をしている。

私が学生だったころの京大からはとても考えられない、コンペティティブな学生たちである。そしてこのころ以降、京大の学生たちはなにやら「根拠のない自信」のようなものを身につけて、あちこちのコンクールで優秀な成績をおさめるようになっていく。２００９年にはじまった建築新人戦においても然り。初年度にいきなり、常光郁江と宮田祐次がベスト4に入った。以後も毎年ベスト１００に幾人も名を連ねる。さながら甲子園出場回数を誇る名門校のように、出てあたりまえ、優秀な成績をおさめてあたりまえ、という自信を得てしまったようだ。これを「根拠のない自信」と呼んだのだが、決して悪い意味で言っているのではない。むしろ「根拠のない自信」こそが、のびのびと自分の力を発揮していけるベースとなっているのだと思う。

詩／ポエジー

もし人生に最も必要で、でも一番軽視されているもの、と問われたら、詩は、その第一候補なんじゃないだろうか。詩、というか、むしろその向こうに広がっているポエジーの世界の話だ。

ともすれば論理的だとか機能的だとかいわれるものがもてはやされ、資本の運動がすべて、というような世の中では、これほど役に立たないものもない。読み書き算盤、といった価値観のなかに、和歌や俳句や詩などは入っていない。功利的な世界観からはこぼれてしまう、ポエジーとはそんな価値だ。

ところが、役に立つ、という言葉が曲者で、もちろんなにかと役に立つことは確かにたいせつなことなのだろうけれど、短期的即効的な役立ち方もあれば、長期的かつ迂遠な回路をたどる役立ち方もある。そもそも役に立つ人間、という言い方が胡散臭いように、役に立つ建築というのも決して褒め言葉ではない。建築は役に立つだけでない、もっと普遍的な価値を持つ文化であるし、人類の思考の空間的な痕跡だ。

とはいえ、役に立たないものは必要ない、という合理的かつ功利的な思考パターンは根強い。だから、建築でも、一旦役に立つということから外れてしまえば、あっさり解体されてしまうことも多い。特に十分な時を経そこなった建物は、愛着の度合いが不十分だから、役に立たなくなるとすぐ壊されてしまう。20世紀に入ってこのかたの近代建築などはその好例だ。なにしろ、もたない・きたない・つかえない、ときている。だからどんどん取り壊される。残念なことだ。

しかし、幸いにも無事それなりの時を経たり、愛着を持たれたり、特別なレジェンドを付されたりした場合は話が別であって、保存が議論される。いわば、時間つまり歴史と愛のみが建築を長く残すのである。決して強度ではない。そしてその保存されるための条件は、といえば、意外なことに、機能がないことにある。あるいは、機能をなくすことにある。つまり機能を超える。役に立つとか立たないの議論を超越するのである。歴史上長く保存され愛されている建築のなかで、実際に役に立っている建築などほとんどない。みな文化財となり、その歴史的価値や空間的価値が愛されて残っているのである。ではそこに漂っているのはなにか、香っているのはなにか。それがポエジーだ。

１９７０年の大阪万博のために、丹下健三が岡本太郎を招いて、スペースフレームの大屋根のかかるシンボルゾーンにアートの提案を頼んだら、大屋根を突き破って屹立（きつりつ）する太陽の塔をもってこられて当惑した、という話が伝わっている。しかし丹下健三はそれを受け入れ、大屋根も太陽の塔も完成した。しかし維持管理費はかかる。大屋根はなまじ雨風を防ぐ機能があったものだから、もはや必要ない、となればあっさり解体されてしまった。しかし太陽の塔はなんの機能もないシンボルだから、そして北摂のあの場所の風景としてなじんで、愛されさえしてしまったから、保存され修復もされた。このエピソードも役に立つことと価値との関係を考えさせられるものだろう。ちなみに、太陽の塔の模型がシンボルゾーンの大屋根を突き破っているのを見て、それはないよ、と言ったかそういう顔をした丹下健三に向かって、岡本太郎は残るのはこっちだよ、と言ったという。ほんとうかどうかわからない。しかし、岡本太郎の言ったとおりになった。

私たちは役に立つ、立たないばかりで生きているのでは、ない。パンのみにて生きるにあらず。空間論ゼミで取り上げたフーコーは、生命・労働・言語を、つまり生きること、働くこと、語ること、を分析してエピステーメーの変容を語ったけれども、人間はそれらの総合で生きていて、さらにその余白に価値を見出してもいるのだと思う。働くことのなかにも語ることのなかにも、ただ役に立つ以上のなにか、心を動かすなにかを求めながら。そしてそれがそのまま生きることの充実にもつながる。ポエジーはそんな心の動きに宿るなにか、なのではないかと思う。

私たちは平凡な日々を生きていて、それでも朝の風に吹かれたり、空の青さに見とれたり、せせらぎの音に耳を傾けたり、夕日を眺めたり、夜空の星を見上げたりしたときに、心になにかが染みこんできたり、心が震えたり、身体に力が漲ってきたり、時空の彼方に引きこまれるような気がしたりはしないだろうか。世界は素晴らしいな、生きていてよかったな、あのころが懐かしいな、あの人はどうしているかな、などと思ったりはしないだろうか。

そのきっかけが言葉だったら、それを詩と呼ぶのだろう。言葉でなければ、詩情と、つまりポエジーと呼ぶ。そしてそれは、論理的な思考回路ではなくて、ちょっとあいだをすっとばしたり、間違えて別の箇所につながったりしたシナプス接合のエラーから来るのじゃあないか。そのエラーが、生存に必要だったから、そして喜びと驚きだったから、そうした作用が引き継がれた。そうしたエラーを楽しむ遺伝子が残った。そんなふうに思うのだ。

詩や、詩的な建築や風景は、機能的な連関をはずれる。道具的な連関を超えていく。連想や遊びはそんなシナプス接合のエラーを楽しむ、人間の知恵だ。笑いもそうだ。喜びや驚きもそこに生まれる。そんな心の動きが、エラーが、創造力を鍛える。

太陽の塔がポエジーと関わるかどうか、心に響くかどうかは、これは人によって異なるかもしれない。しかしアーティストはなんらかのポエジーと、そして思考のエラーと、さらには笑いや悲しみや驚きや喜びや安らぎと向き合って、その底に流れるなにかをつかもうとしているのだと思う。

無意識はエラーに満ちている。無意識にダイブして、日常のしがらみから抜け出し、ポエジーの海に遊ばなければならない。竹山研の庭では、いつもそんなふうな言葉や建築のイメージが飛び交っていた。

なにもない空間

文学的感性のなかには、戯曲も、つまり演劇も入っている。そこで思い出したのだが、ピーター・ブルックの『なにもない空間』（晶文社）は学生のころからの愛読書だった。演劇を論じた本なのだが、「一人の人間がこのなにもない空間を歩いて横切る、もう一人の人間がそれを見つめる――演劇行為が成り立つためには、これだけで足りるはずだ」という冒頭の文章には、猛烈に建築的想像力をかきたてられた。建築空間もまた、人影が現れるのを待つ舞台であり、そして建築の場合は同時に、その人影が消えた場面を想像しなければならない。あるいは人影を導く、行為を誘う空間を創造しなければならない。しかも脚本もなしに、演出家もなしに。

なにかの行為を導くからっぽな空間。それが建築の課題だ。そう思ってきた。建築の教育では、そこでおこなわれる行為や機能を分析したり、空気や熱や光や音の状態を検討したり、力の流れを解析したりしながら、しかるべき素材と形とスケールを学習する。各々計画、環境、構造、といった分野であって、そこからしかるべき物質のあり方が導かれる、というわけだ。まったく正しい。建築物が立ち上がるためには、それで十分である。

建築写真、特に竣工写真といったものには、そうした物質の見たままの姿がよく写し出されている。よそゆきの顔である。しかし、実際の建築空間はそうではない。物質だけでなく人間の心が関わってくる。そこで繰り広げられる物語が関わってくる。やがて形成されていくはずの愛着や歴史や文化が関わってくる。

立ち上がった建物にはそうしたものが付着して愛着や歴史や文化を形成していくのだが、立ち上がるプロセスにはそうしたものはいらないのだろうか。ただ物質的な条件を合理的に計算して、生産のためのコストと時間を節約し、大急ぎで建てていかなければならないのだろうか。

そんなことはないだろう、と私は考えている。建築を構想するプロセスでも、ためらい、試行錯誤を繰り返し、そして思考や決断を積み重ねて、つくりあげていかないといけないのではないか、と。つまりつくる側も、享受する側も、心の問題が問われている。だから工学部のなかでは（日本では多くの建築学科が工学部に属している）珍しく、人間の心理や、さらにいうなら哲学を問題にする分野でもあるのだ。

建築物は物質でできている。これはいうまでもないことだ。しかしそこに出現する建築空間には、人間が関わっている。人間がその空間をどのように認識するか、その心理的な場面の想像力を抜きにして、建築の設計はできない。建築家、という存在が意味を持つとするなら、そこにおいてだと思う。

技術的に、法規的に、コスト的に問題のない建物をつくるだけなら、建築家などいらない。投資の対象として、あるいは投機の対象として、図面も見ずに土地を買い、建物を建てるお金持ちや不動産関係の人たちを若いときにずいぶん見てきた。事務所を開いてみたものの、仕事がなくなってしまって、ディベロッパーでいくつもの仕事を手伝ったからだ。

そうしたクライアントにとって、建築はあくまで投機の対象「物件」（私たちは「プロジェクト」という言葉を使うが、不動産関係では「物件」という）にすぎない。プランや空間の良し悪しなど関係ない。最低のコストで最大の有効面積が取れているかどうかだ。最大のリターンが期待されるかどうかだ。だから、図面など見ない。見るのは数字だけである。何平米取れているか、レンタブル比はいくつか、何年で投資が回収できるか、など。

しかしそのようにして建てられた建物でもやはり、長く街並みを構成し、都市のストックとなるし、そこに夢を持って入居してくるテナントや住まい手もいる。ただの数字に還元してしまう代償はあまりに大きい。未来の都市に顔向けができない。

ディベロッパーで設計を担当する人間は肩身が狭い。一生懸命図面を描いて、パースを描いて、営業部隊にそれを預ける。しかし彼らやクライアントが見るのは面積表と収支計算書だけ。せめてそうした「物件」を扱うのなら、その「物件」、つまり商品に少しは愛着を持ってほしい。「物件」でなく「プロジェクト」として夢を共有してほしい。自分の扱っている商品の魅力を認識してほしい。ずっとそんなふうに思いながら、そしてそう訴えながら、夢を滑りこませた「プロジェクト」を描き続けた。

「竹山さんの言うことはよくわかりますよ。正論だとも思います。でもね、そういうことは自分で設計の仕事を取ってきてから言ってください」と、営業部隊の一番のやり手の方が、優しく柔らかくしかし厳然とした面持ちで、諭してくれた。たぶんそうした現実はいまも変わらないだろう。だから建築家は、いらない。でもほんとうにそれでいいのだろうか。

大学院のころ、原研究室に社会学専攻の学生が一人、大学院進学までの1年間を研究生で過ごすといって入ってきた。吉見俊哉だ。彼は当時、如月小春の劇団綺畸で演出を手がけていた。私も演劇には興味があったから彼と一緒にさまざまな劇団の演劇を見て回った。そのなかに太田省吾の転形劇場があって、赤坂の地形的な襞のような場所にへばりついて立つ古い建物のなかで「水の駅」を観た。

衝撃だった。からっぽのなにもない空間に、立水栓が一本、流しに水が落ちている。そこに向かって役者がゆっくりゆっくりと歩みを進め、止まり、また通り過ぎてゆく。それだけだ。落ちる水の音がやがて背景に退きほとんど気にならなくなる、そのとき、蛇口に金属のコップを差し出す人間が現れる。突然水の音がやむ。沈黙が訪れる。耳が痛くなるほどの、世界のありようが変わるほどの沈黙が訪れる。からっぽの空間の力だ、と思った。

からっぽというのは、あるはずの中身を喪失した状態の空間のことだ。満たされる可能性を持つ空間のことだ。その喪失に気づかされる空間のことだ。あるいはそこを訪れる者を待ち受ける空間のことだ。光を、風を、音を、そして人を、待ち受ける。セリフは一言もない。舞台とふるまいだけが、ある。

ピーター・ブルックはそんな演出家の存在意義を説く。舞台と役者さえあればいいのでなく、空間が、場面が必要であって、それをつくりだすのが演出家だ。そして〈演劇＝ＲＲＡ〉という公式を提出する。演出家の役割は、反復される稽古（R：レペティション＝リハーサル）、表現と上演（R：レプリゼンテーション）、そして観客の支援（A：アシスタンス）を統合することだ。観客の視線を持って演出家もまた稽古に立ち会い、反復が表現へと変化する場面に立ち会う。英語のリハーサルは仏語ではレペティションというらしい。ブルックはむしろこのフランス語の言い方にシンパシーを覚えている。反復という苦行を乗り越えて表現はもたらされる。そうしたレペティション／レプリゼンテーション／アシスタンスが重層され、演劇の空間が生み出されていく。

そうか、そうだったのか、と思う。建築家も演出家のようなものなのだ。繰り返し図面を描き模型をつくってシミュレーションをおこない（レペティション）、現場を鼓舞して工事をスーパーバイズし（レプリゼンテーション）、クライアントやユーザーの視点と喜びを共有する（アシスタンス）。制作の現場は、過去の積み重ね（設計）を現在化し（建設）、未来に引き渡していく。ディベロッパーもコントラクター（請負業者、すなわち施行者のことを言う）も職人も、このプロセスの参加者だ。敵対者なんかではない。本来は協働して夢を追う仲間だ。

建築家はいらない、と言った。音楽でも即興で演奏すればいいし、演劇も役者がその場で演じればいい。演奏者や役者が手練れであれば、あるいは天才的な役者であれば、それは素晴らしいパフォーマンスとなるだろう。建築も熟練の大工がいればいい。商業的な成功には不動産ディベロッパーがいればいいだけなのかもしれない。ただ、にもかかわらず、時間をかけて、幾度も味わいうるものをつくりあげていくには、計画や設計が精緻であったほうがいい、とそれでも思う。作曲家や指揮者のような役割を、あるいは脚本家や演出家の役割を、建築家が果たすことを期待される、と信じたい。そのような建築家でありたい、そして、そのような建築家となる人材を育てたい。

もちろん、比喩的に言っても、すべての音をつくるのでなく、すべての演技をつけるわけでもない。音楽や演劇に比べれば、建築家にできることなどたかが知れている。しかし、それでも、建築家が果たすべき役割は、将来にわたっても消えてなくならないのではないかと思う。ただコストが安く機能的であるというだけの空間にとどまるのでなくて、生きる力をもたらしてくれるような、喜びと驚きに満ちた空間を生み出すために。

演劇に例をとっていろいろと述べてきたけれど、建築の場合、そこで演出されるのは人間やふるまいや発声でなく、あくまでも物質のあり方だ。いわばステージにすぎない。ただその物質のありようで、光が、熱が、音が、色が、素材感が、力感が、存在の強さと弱さが変わる。そして形が決定され、空間（さまざまなものの関係）がそこに立ち現れて、やがて遅れてやってくる人間が建築空間を感じ取る。それは演劇でいえば観客だろう。その観客のまなざしを想像しながら、建築空間を構想するのである。人影の消えた場面と人影の現れる場面を同時に思い浮かべる。これはやはり、演劇の演出家にたとえられてしかるべきなのかもしれない。

なにもない空間は、なにかを待ち受ける空間にほかならない。仏教でいう「空」は、関係を誘導する概念だ。「空」はサンスクリット語でゼロだから、そこにどのような数をも置きなおすことができる。いわば可能性の空間だ。そんなゼロの空間への関心はすでに述べたけれども、なにもないこと、からっぽであることが、出来事を誘導する。行為を喚起する。場面を触発する。建築を通してそんな場面を見てみたい。そんなふうにいつも考えている。

イメージとストーリー／ポエジーと建築

2005年のスタジオは「ポエジーと建築」と題された。ポエジーは詩情だが、この言葉は、もともとはギリシア語のポイエシスからきていて、制作つまり「つくる」という含意（がんい）がある。つまりポエジーはクリエイティブなイメージを喚起するなにものかであって、さしあたりその作業を言葉でおこなうのが詩人であり、その作品が詩だ。しかしポエジーは言葉による詩作品にとどまらない。言葉が空間を導くことは確かにある。でも形のような痕跡のような、つまりある種のイメージのようなものが、空間を発想する手がかりになりやすい。イメージにも詩情はある。

スタジオのプロセスは先の見えないスリリングな展開が学生たちの想像力を刺激する。まずはイメージ、それがなんであれ。そして言葉。これらを提示してもらう。そしてこれをストーリーとして紡いでみる。そこに交換という手続きを介入させてみた。それらをシャッフルして結び合わせるのである。

こうした作業を通してエラーを生じさせ、そこにクリエイションの手がかりを見出す。そのあとでさらにクライアント像などを提案してもらったり、それを交換したりするので、まだまだ先は見えないのだけれど、そうした先の見えない道を、あらかじめ作業手順を示さず、手探りで迷路を進むようにたどってもらう。「ポエジーと建築」のスタジオは、そんな試みだった。

そしてそれは、最初から私の頭にあったことではなく、スタジオでのみんなとのディスカッションを通して突然天から降り注いだアイディアだった。演劇の比喩でいうなら、私は演出家として、レペティションとレプリゼンテーションを促し、アシスタンスの役割を果たした、ということになるだろうか。

学生たちの自主的な想像力と創造性をかきたてること、これが、私がスタジオに臨むときの基本的なスタンスである。

スタジオ「ポエジーと建築」はその成果が京都のイムラアートギャラリーでの展覧会として公開され、ゲストに詩人の小川英晴、フォトジャーナリストの徳山喜雄(よしお)、建築分野からは伊東豊雄、布野修司を招いて、シンポジウムが京都国立近代美術館で開かれた。詩人の小川英晴はポエジーについていつも多くの示唆を与えてくれていて、雑誌『詩と思想』の編集委員でもあるから、その座談会に呼ばれ、寄稿も頼まれてきた。場に影響されるのか、いつもかなりいい原稿が書けた気がしている。徳山喜雄はフォトジャーナリストであり、自邸「SKY TRACE」は私の設計で、海外で出た作品集の表紙にも使わせてもらった。彼らと、そして今は亡き画家の堀越千秋と私の四人は、幾度も一緒に展覧会を開いた。それが「四人展」と題された展覧会で、銀座や青山の画廊を借りては、気のおけない仲間たちと集まり、楽しい時を過ごした。年齢の順でいえば、画家、詩人、建築家、写真家+ジャーナリスト、となり、下にいくにつれ社会性が増していくね、と折に触れ笑い話のネタにしたものだ。職業的なものもあり性格的なこともあり、ではあるけれど。こうした交友もまた、私を大きく育ててくれたし、学生たちも彼らの謦咳(けいがい)に触れてなにかを感じてくれているのだと思う。

応答的建築

応答はそもそも建築の宿命である。建築は自然に応答せねばならず、地形に応答せねばならず、プログラムにも応じねばならず、法規にも応えねばならず、クライアントの要望にも応えなければならない。経済的要求にも、だ。そう、建築はさまざまな応答のなかから生まれる。建築的発想もまた、さまざまな応答のなかからこそ、生き生きとした形で生み出されるのではないか。自分自身の頭のなかのクローズドサーキットからだけでなく。

スタジオの課題にこの応答のプロセスを組みこんだのも、そうした仮説があったからだ。思考にエラーを発生させたい。それには他者の介入が、あるいは他者との対話が、軋轢（あつれき）が、ズレが、有効なのではないか、とそんな場をスタジオでつくりだそうとしたのである。

そして場もまた、応答によって生まれる。トークイベントのなかで「応答によって場が生まれる研究室」という私の言葉を「ポエジーと建築」スタジオに参加した大西麻貴がピックアップしてくれている。そう、場がなにかを触発するのだ。もともとそのように狙いをこめて仕組むことが建築の醍醐味だが、逆にまた仕組まれたその場が、そこに関わる人たち、出会いの場に立ち会った人たちの応答によってさらに面白くバージョンアップされる。当初の建築的な企みをときに裏切りながら。この応答、すなわち「RESPONSE」は、「ポエジーと建築」スタジオのまとめ小冊子のタイトルともなった。2013年の「アートと建築」スタジオのまとめの冊子のタイトルもふたたび「RESPONSE」となったのだが、このときは、スタジオ内のレスポンスというより、アーティストとのレスポンスのなかから産み落とされる建築、というニュアンスが強い。ともあれ、レスポンス——応答——は竹山研究室のキーワードのひとつだ。『庭／のびやかな建築の思考』の「異領域とのレスポンス」という対話篇も同様だ。建築はきわめて個人的な営みであると同時に、共同の、そして協働の営みでもあるから。

だから関心は広ければ広いほどいい。演劇や映画や写真やアートや音楽や文学や哲学や人類学や社会学や生命科学や思想や歴史や、それこそどのようなジャンルでも、建築的思考を鍛える道場になる。そして、ここからがたいせつなのだが、それらを糧として、それらと応答しながら、建築的思考を鍛えていく。さまざまなジャンルの人々と交流しながら、建築というフィールドを豊かにしていく。この視点である。

コラボレーションが個人を鍛える。これは疑いえない。閉じこもっているより、出かけていって他者との応答を繰り返すほうが、自身を成長させる。環境を遮断するのでなく環境と応答するほうが生命力は高まる。越境すればするほど、想像力も広がる。

しかしもっと本質的な応答は、自分自身との応答なのではないかと思う。あたりまえの話だが、どうしてもそこに帰ってくる。自分自身に変革をもたらすような、そんな応答に。自分といってもそもそも言語という他者も含めて、家族や地域や文化や共同体や社会や、さまざまな関係に影響され、拘束もされて私たちは生を紡いでいる。しかし、個人は個人固有のかけがえのない身体のなかに閉じこめられてもいるのだ。痛みも悲しみも、喜びも驚きも、完全に他者と一致し同調することはない。開く、つながる、とお題目のように唱えて、自分自身を見失ったり、自身の責任あるコミットメントを放棄したり、他者に依存するばかりになっては、この世に生を授かった意味がない。

あくまでも自立した存在である個人として、あるいは言葉で、そしてイメージで、さらにはストーリーで、さまざまな出会いを通して、応答を繰り返しながら、刺激を受けながら、触発されながら、自分を、そして世界を、深めていくことができるのであって、そのような旅を学生たちとともにしてきたという自覚がある。

文学的経験

島田雅彦とは雨の甲府のワイナリーの軒下で会った。1992年の秋10月のこと。「日本文化デザイン会議」という大きなイベントに参加するため、京都から名古屋でわざわざ中央本線に乗り継いで出かけていった（たぶん東京経由のほうが早かった）のだが、オープニングイベントに間に合わず、そのままパーティー会場に向かい、多くのメンバーより一足先に到着することになった。パーティー会場はワイナリーの倉庫のような場所で、その軒先に、冷たい雨を避けるように、島田雅彦が一人ぽつねんと立っていたのである。あのハンサムな横顔に憂いを漂わせながら。島田雅彦の作品は『優しいサヨクのための嬉遊曲』以来すべて読んでいたし、オーラも静かに伝わってきたので、ついいつもどちらかといえば人見知りなのだが、近づいて声をかけた。なにか話をしてみたかったのだ。そんな気持ちにさせる風情がそこにあった。

6歳ほど歳が違うが（もちろん私が上だ）、とても切れ味の良い知性の持ち主で、よほど私よりさまざまな経験を積んでいるように感じた。つまり大人びている。批評眼があり、吐く言葉は辛辣である。しかし妙に魅かれるところがあって、それ以来よく会うようになった。そしていわゆる文壇バーというところにも連れていってもらった。次の客が現れるまで帰ってはいけない掟のバーとか。

そんなことで文学に触れられるわけではないが、文学もまた建築と同じく信じるものは救われる（いや、逆に救われない、か）的なところがあって、なにかを究める自由な存在者、ということを感じることが愉快だったのだろうか。やがて彼の自邸を設計することにもなり、一緒に展覧会をすることにもなる。三枝成彰率いる六本木男声合唱団でともに歌うことにもなった。音楽が好き、という共通の趣味もある。彼は大学のときオーケストラでビオラを弾き、私はコントラバスだった。そして六本木男声合唱団では彼はテノールで私はバスだった。別に特にここでの話題に関係はないことだけれども。

平野啓一郎とも島田雅彦の紹介で会った。さらにずっと年下だけれど、やはり深い知性と思想の持ち主で、大人びている。京大建築の機関誌『traverse』のインタビュー企画で呼んで学生たちと一緒に話をしてもらったり、日本建築設計学会の機関誌で鼎談をしたり、「大収穫祭」でも展覧会のトークイベントで「レスポンストーク」をする予定だったが、残念ながら新型コロナのパンデミックで流れてしまった。

文学作品にはいつも建築的想像力をかきたてられてきた。学生のころからカフカや安部公房や大江健三郎を愛読し、そもそも「不定形」に「アモルフ」とルビを打つ大江健三郎のスタイルにちなんで事務所の名前をつけたほどだ。

ちなみにアモルフとは、モルフに否定のアがついて、形がないということ。モルフはギリシア語で形を意味する。志としては「いつか形のあるものへ」という意味がこめられている。ところが、フランスによく教えに行くことになり、フランス語ではアモルフは「元気がない」というニュアンスがあると聞かされて少しめげた。

さて、文学である。建築は、この言葉をarchitectureの訳語として受け止めるならば、物体たる建築物をめぐる思想という意味だ。あるいは術、方法、論理ということだ。ものそのものではない。建築物と建築は違う。だから私はいつも、建築ならではの構造的かつ物理的な構想に、心理的、文学的な構想を重ねて、建築を捉えてきた。

ついでにいうなら音楽的な構想も、だ。東大での修士設計ではジャニス・イアンの『Between The Lines』の歌詞を提示しつつ、ずっと続く2枚の壁に囲まれて内部空間の展開していく住宅を設計したのだったが、それは3楽章構成ともなっていて、そのコンセプトを示すキーワードはみな音楽用語。たとえば、オルゲルプンクトとかライトモチーフとかテーマとかパウゼとか。そこには空間に時間をこめる、という意識もあった。

ベルクソンに倣うわけでもないが、この場合の時間というのは体験に近い。建築空間の体験は時間的なものでもある。空間の体験は、一気にはなしえないので、順に通過しながら知覚を重ねていく。そうした継起的な体験の連鎖を時間と呼んで、一気に認識できる空間にこめるという試みだった。建築の認識は図面を通して一気に把握しうる。だからすこぶる空間的なのだが、その空間体験は時間的だ。つまり図面を読み解く行為は、継起的なシーンを次々と感覚する経験である。だから音楽的な比喩も成り立つ。

竹山研究室では、だからよく文学や映画や演劇の話が出る。スポーツや音楽の話もだ。美術は建築と近いからいうまでもない。マルセル・デュシャンの分厚い作品集を研究室で購入したときに、学生の夏目奈央子（台湾のコンペで素晴らしいドローイングを描いてくれた）になぜかと聞かれたことがある。少し戸惑った。デュシャンは文学でもあり映画でも演劇でもある。スポーツや音楽でもあり、そして私のなかではきわめて建築的な想像力を有している。たぶん表現のジャンルをきっちり分類してしまっては、想像力が狭められてしまうのではないか、と意識の底で考えているのだ。だから面と向かって聞かれて少し戸惑った。

人間はこの世界の内に投げ出されてさまざまなことを感じ、考え、そしてそれを表現しようと試みてきた。ラスコーやアルタミラの昔から今日に至るまで。洞窟絵画のように形として残っていないけれども、それ以前に踊りや歌や演奏があり、言葉が精緻に組み立てられる段になれば物語が生まれていたことだろう。それらは形をとどめなかっただけのことだ。それらを総称して文学的経験と呼んでもいいのではないかと思う。洞窟絵画にも物語はこめられている。そしてそれらすべてが建築へと結びつく、と私は考えている。

ともあれこうした文学的嗜好は愛読書にも表れていて、座右にいつもモーリス・ブランショの『マラルメ論』と『カフカ論』があったりもする。「この不在の事物を通して、それを構成する不在を、想像されたいっさいの形態の場としての空虚を、手に入れようと試みる」（『カフカ論』粟津則雄訳、筑摩叢書）といったくだりには赤のアンダーラインを引き、「空間」とわざわざ赤字の書きこみを入れていたりするのを読み返して見るたびに、言葉の力とそれへの憧れ、そしてその射程の限界とを同時に感じている自分に気づく。言葉によって気づく、言葉によって到達しえぬ世界。そこにはたして建築は、触れることはできるのだろうか。

若いころ、建築はすべてを包摂する、と思ってこれを志したのだし、この点についてまったく悔いはないが、それは決して文学や音楽や映画への憧れを捨てたということではない。むしろ建築を通してそれらと通じ合える、そんな世界があると日々感じているのである、いまでも。

クロード・ガニオンと『KAMATAKI』

2004年4月、クロード・ガニオンから連絡があり、また新しい映画を構想していて、京都を舞台とするそうだ。近々来日を予定しているという。再会が楽しみだ。彼のエネルギーにはいつも感心させられる。体力的にも気力的にも。気功をおこなっていつも身体に気をつけているせいでもあるのだろうけれど、衰えを知らない。

そのクロード・ガニオンの処女作は『Keiko』。1970年代の京都が舞台である。主演の若芝順子は、私が大学2回生のとき、教養部の吉田グラウンド横の小さなバラック建ての教室で開講された美学の新田博衞(ひろえ)のゼミで、カントの『判断力批判』を原語で一緒に読んだ仲だ。仲だといっても教養部の小さなプレハブ小屋のテーブルに向かい合って座っていただけで、言葉を交わしたこともない。

ただごく数人のゼミだったからよく覚えているのだ。確か文学部の学生だったはずだ。

だから偶然入った映画館のスクリーンに映し出された彼女に驚き、新鮮な映画表現にショックも受けた。出演者がみな素人で、セリフもアドリブに近い。『キネマ旬報』でも評価され日本映画監督協会新人賞を受賞した。

そのクロード・ガニオンがふたたび日本で映画を撮るという。しかも信楽で。その話を伝えてきたのは奥田瑛二だった。奥田瑛二はクロード・ガニオンの作品に出ていて、クロードから相談があったそうだ。今度また日本で映画を撮るが、いい美術監督はいないか、と。そこで私を推薦したぞ、と電話があった。

奥田瑛二と出会ったのは確か90年代の初めで、一度新宿でかなり飲んだことがある。それがとてつもなく楽しい酒だった。その奥田瑛二に1999年の日本文化デザイン会議の鹿児島で島田雅彦作『フランシスコ・X』の演出を頼んだ。そのあと彼が監督する映画『るにん』の美術アドバイザーとして制作に関わってくれないかと頼まれ、それが私の映画美術との出会いだった。しかしほんとうの美術監督がどのくらいたいへんかも知らず、学生たちをどんなにしんどい目に遭わせるかも予想できず、にもかかわらずOKして、ともかく私たちは撮影現場に乗りこんでいった。そして、学生たちはほんとうにその現場の宿舎に住みこんでしまった。2004年のことだ。

はじめに探したのは信楽の大工である。とてもいい大工が見つかった。腕もいいし人柄もいい。意気に感じてもくれる。そして彼と一緒に、陶芸作家、神崎紫峰の窯のそばの住居を改装したり、公民館の倉庫にセットを組み上げたりした。特に工夫したのはライティングによる色彩計画である。時間ともに色の変容するコンピュータ制御のＬＥＤの照明を導入した。ＬＥＤがまださほど一般には普及していないころの話だ。物語の序盤の不安定な人間関係や心理状態の場面では寒色系の、そしてゆっくり憩う落ち着いた後半では、暖色系の照明を配した。藤竜也演じる、主人公の叔父の陶芸家は、秘密の隠れ家を持っていて、壁一面にズラリとカミソリのコレクションが展示されている。そこに光をあてた。おびただしい数のカミソリの刃があやしく光の色を反射する。そこで、神田の古本屋まで行って探した谷崎潤一郎の希少本や、趣のある装丁の『方丈記』などを、藤竜也が読むのである。

色彩を用いたのは、自殺を考えたほど憔悴（しょうすい）したカナダの青年が、焼き物を焼くという行為を通して、生きる希望を取り戻していく、というこの映画ストーリーに、色彩の変化を重ねてはどうかと考えたからだ。氷の浮かぶモントリオールのセントローレンス川の場面からはじまって、信楽の窯焚きの赤々と燃える火で終わる。青から赤へ、という変化。これを映画美術全体の流れにした。

クロード・ガニオンの映画は予算がとても少なかったが、クライマックスの場面ではどうしても素晴らしい和の空間が欲しいという。そこで私が設計した加賀の山代温泉「べにや無何有」をロケの現場に選んで撮影に協力してもらった。自身の設計した空間が映画のセットにもなるという発見と喜び。障子越しの吉行和子がとても美しく艶（なまめ）かしかった。

クランクインの前日、現場に入ると学生たちはなにやら細かな作業をしていた。タバコを一本一本巻いているのだ。初日の撮影でタバコを吸うシーンがあるのだが、そのタバコのブランド名が見えてはならないという。タバコのブランド名は、実は一本一本の吸い口に入っている。これを架空のブランド名を入れた紙で巻き直していくのだ。脚本では、主人公がワンカートンのタバコを持参して信楽の小さな駅で叔父の陶芸家を待つ、というシーンなのだが、そのワンカートンは「タバコは捨てろ」の一言で結局駅のゴミ箱行きとなる。しかしその前に、主人公がカートンを開けてタバコをひとつ取り出し、封を開けて一本吸う、というシーンがある。そのためにワンカートンの一番上の一列のタバコと、その中に入っている一本一本をつくりなおさねばならない。タバコのパッケージもコンピュータでグラフィックからつくりあげ、セロファンを底から開けて封が切られる前の状態を保って入れ替える。まったく気の遠くなる作業だ。宇都宮崇行（たかゆき）、元木俊広、木村佐知子の3人の学生たちはそれをじつに丁寧にやってくれた。徹夜である。建築の学生は徹夜に慣れているが、それにしても仕事の丁寧さに頭がさがる。そして監督の完全主義に少しばかり辟易（へきえき）する。

美術監督といっても、全体構想ばかりでなく、細かな小道具の調達や制作も守備範囲内だ。撮影には学生たちとともにほとんどの現場に立ち会った。照明によって物体が官能的な映像に変容を遂げる。そこに細やかなディテールへのまなざしが欠かせないのは建築も同じだ。

クランクアップは木津川のほとりのバーベキューの場面だった。そこで焼く魚のために、つまり川で獲れる魚を得るために、学生たちはまた市場を探しまわらねばならなかった。苦労話、笑い話を書けばきりがない。映画『KAMATAKI（窯焚）』はそのようにして生まれた。

そのあとしばらく、いつか映画を撮ってみたいという夢想にとらわれた。自分の設計した空間を使えば、かなり面白い映像が撮れるんじゃあないか、と。これはついにかないそうにないのだけれども。

このように奥田瑛二やクロード・ガニオンの映画制作の現場に立ち会って刺激を受けたので、そして学生たちにも空間芸術の幅と奥深さと虚構の面白さを実感してもらうために、２００６年のスタジオのテーマは「シネマ＋アーキテクチュア」とした。

空間表現としての建築

映画も空間表現だ。音楽も空間表現だ。文学も、そう。建築はもちろん、そうだ。そういえば原研のころ、北川フラム（原広司の義弟である）やその仲間たちと、いまはなき渋谷の「傘屋」で、空間論研究会という勉強会を開いていた。のちに京大で同僚となり、戦友ともなる布野修司も、兄貴分でそこにいた。すべては空間だ、と原広司はいつも語っていて、空間を制する者が未来を制する、と魅力的なシュプレヒコールをぶちあげていた。当時早稲田大学の学生だった古谷誠章（のぶあき）はいつもきっちり読みこんだジークフリード・ギーディオン（『空間・時間・建築』などの名著のある近代建築運動をバックアップした建築批評家）の『建築、その変遷』なんかを発表していたが、他のメンバーはむしろ建築を外した空間論のネタを持ち寄った。私は曼荼羅（まんだら）を研究するのだといって、空海の請来（しょうらい）した両界曼荼羅だけでなく、チベットの曼荼羅なんかを原研の固定式撮影機で本からスライドにしながら、図像学ともなんともわけのわからない発表をしていた。さまざまな世界に好奇心を持つ性向は変わらない。世の中にはまっすぐ進むタイプと寄り道ばかりするタイプがいる。

古谷誠章は脇目も振らずプロフェッサーアーキテクトの道をゆき早稲田大学の教授になった。私は青天の霹靂といったなりゆきで、京都大学で教えることになったものの、プロフェッサーという立場になじめぬままに学生たちとさまざまなことに手を出してきた。この空間論研究会は、すべての文化を貫くキーワードとしての「空間」を議論する、という構えを取っていたから、扱う対象はなんだってよかったのである。しかし、曼荼羅はその表象そのものが要素と配列を示していたから、いかにも空間的であった。人間の思考はそもそも空間的なのではないか、という思いが芽生えてきたのもそのころだった。

京大で教えはじめて、学生たちと旅をし、本を読んで、映画を観て、展覧会を開いて、議論を重ねて、やはりそうだ、建築は人類の思考の空間化であり、建築のえも言われぬ面白さや醍醐味もそこに帰着するのだという確信を持った。

建築を空間表現のひとつと捉え、これまでの人類の営みすべてを、空間を構想する、という視点から捉えなおしてみるなら、人類が太古から編み出してきた「世界を収容する」という欲望はあらゆるジャンルの底を流れている。ラスコーやアルタミラの洞窟絵画しかり。ストーンヘンジしかり。そこにひとつの世界を創り出す、という点において。そして人間が脳内に胚胎(はいたい)する空間的なイメージを表象し、表現する行為である、という点においても。

だから畢竟、他の表現ジャンルにも関心を広げざるをえない。空間表現こそが人類の営みの根底にあるからだ。建築はその現実的、具体的な、そして最大規模の表現のひとつである。

極小彼岸

ニューヨークに住んでいた島田雅彦から連絡があって、ワシントンで茶室のイベントをやろうと誘いがあったのは2008年の春だったろうか。ちょうど2007年の夏におこなわれた、ヴェネツィアビエンナーレ国際建築展2008のためのコンペ案「極小彼岸 MINIMAL NIRVANA」が落選してしまったあとのことだった。この案は、島田雅彦と一緒にコンセプトを練り、堀木エリ子に和紙の造形を頼み、グラフィックデザインの原研哉（けんや）、のちに京大教授に迎える建築批評家のトーマス・ダニエル、そして香港ベースで活躍する女優のカリーナ・ラムにも参加してもらうという、国際色豊かで領域横断的なものだった。展示のアイディアを竹山研究室の面々と一緒に議論し、図面を描き、モデルをつくり、企画書を書いた。

この2年に一度の建築展のために、いつもコミッショナーの指名コンペがおこなわれており、国際交流基金から指名された何人かが開催前年の夏に案を出して競い合うことになっていた。私は2007年と2009年に連続して呼ばれ、2007年はこの島田雅彦らとのコラボ案、2009年は平田晃久と藤本壮介とをフィーチャーして「PROLIFERATION 増殖」をテーマにした案を出したがまた落選。2019年にも再度誘われたが、もういいや、と丁重にお断りした。

そのリベンジ、というわけではないが、2008年11月にワシントンDCの日本大使館において、島田雅彦のプロデュースで「極小彼岸 NIRVANA MINI」展とその関連イベントが開かれた。私は「紙案」と命名した、紙の茶室の3分の1模型を展示することにした。

日本大使館の応接間には隈研吾、團紀彦とともに茶室のモデルが並び、11月5日にはトークイベントと茶会が開かれて千宗屋がお茶を点てた。オバマが大統領に選ばれた日を、だから私はワシントンDCのホテルで迎えたのだった。そのプレイベントとして10月31日にはニューヨークの高層ビルの一角に模型が展示されパーティーが開かれ、光を透かした和紙の茶室が夜景に浮かび上がった。

もともと茶室への関心は学生時代からあった。あちこちの茶室を訪れたり、堀口捨己の著作をひもといたりもしていたのだったが、茶室という空間のあらたな展開可能性はいまもつねに脳裏にある。パリのヤーン・ヌソムからは彼のアパルトマンの屋上に設置する茶室を頼まれて久しいし、ピエール・マリエタンもル・コルビュジエのカバノンのような隠遁部屋をボルドー近くに建てたがっている。ときどきアイディアを書きとめているのだが、なかなか決定案に至らない。

2019年度後期、翌春退任する私にとっての最後の大学院授業「生活空間学特論」でも、岡倉覚三の『茶の本』をテキストとして外国人学生たちと議論をした。これはもともと英語で書かれたので、外国人たちと日本文化を語るのに恰好の教材だと思ったし、あらためて読みなおしてみたくなったのだ。

「真の美はただ不完全を心の中に完成する人によってのみ見いだされる」（村岡博訳、岩波文庫）という言葉は、私にとっていつも心の指針となってきた。この「不完全」の原語はthe incompleteであり、つまり「未完結」だ。折に触れて語ってきた「未完結の美学」も、「なにもない空間」への憧憬も、この完全でないものを心のなかで完成させる、という魅力的な言辞に関わっている。そこにあるものではなく、そこにはないものを想像する、そうした不在の想像力がからっぽな茶室を支えている。

その年の春、2019年4月に呼ばれたコロラド大学デンバー校では「不在の想像力 Imagining Absence」と題して講演をおこなった。そこで教鞭をとるフィンランド出身のタイスト・マケーラからはフィンランドのサウナと茶室の近しさを教えられた。心を落ち着かせるこうした小さな空間の魅力は、文化を問わず共有されている。茶室もまた、ひとつの世界を創り出す試みであり、世界を収容する欲望の発露であり、その結晶でもある。

好きこそものの、

ずっと担当してきた講義に景観デザイン論と建築設計論がある。特に景観デザイン論は2回生の配当だから、この講義ではじめて学生たち全員と向き合うことになる。建築学科の学生には1回生から造形実習で図面の手ほどきをするのだが、教室で対面して講義をするのはこのときが最初だ。ちなみにこの講義は全学共通科目といって、出席している学生は建築学科だけではない。工学部の他学科もいれば、他学部もいる。文系の学部からもきてくれている。建築を文化として考えていてくれるのだと思えば、とても喜ばしい気持ちになる。この講義では居住形態論と称して、氷河期が明け約1万年前に定住社会が形成されはじめたころからの人類の居住形態の変遷をたどりながら、5000年前の都市形成期に触れ、とりわけ都市の景観デザインについて話をした。景観デザインがただ環境を美しく飾る、などというだけの小手先のテクニックではなくて、生産手段や交通の変革、そして文化のありように深く根ざしていることなどを語った。毎回レポートを書いてもらって、反応を見る。文系の学生のほうが圧倒的に文章がうまい、ということもこのときに思い知らされた。

さて、この講義の最初にちょっとしたアンケートをおこなってきた。どんな学生がきてくれているのか、知りたかったからだ。ちょっとした遊び心で、学部、学科、氏名以外に出身地、血液型、星座なども聞いてみた。そしてさらに、好きなスポーツと得意な楽器を聞いた。特に他意はなかったのだけれど、この質問に自身の趣味や経歴なども詳しく書きこんでくれる学生たちもいて、毎年楽しみに読んだものだ。

あるとき、特に建築の学生たちについてだが、このスポーツや楽器の経験と設計演習とに少しだけ相関関係がありそうなことに気づいた。運動部でスポーツに励んだり、楽器を練習してきた学生が、設計課題でも粘り強く図面を描いてくる。誤解のないように言っておきたいのだが、スポーツや楽器の経験のない学生にも素晴らしい図面を描いてくる者もいる。だからスポーツや楽器の経験が設計に役立つ、ということを言いたいのではない。しかし、どこかしら関係はなくもなさそうだ、と直観したわけだ。ではなんなのだろう、その直観は。

音楽やスポーツであれば、多くの人々は、遺伝的資質やら環境などが関係していることに素直に頷くことだろう。バッハ一家もそうだし、モーツァルトやベートーベンの逸話もある。スポーツ選手も父母や子供の才能や影響が語られる。そう、これは才能についての話題でもある。才能は生まれついてのものなのか、育ちによるのか、本人の努力によるのか。これらはいろいろな説や研究があるから、ここで加えるべき見解もさしてないのだが、やはり学生たちを見ている限り、持って生まれたなにかはたぶんあり（体力やら資質やら）、なにより環境（馬が水飲み場に連れていかれたかどうか）が大きく、そして決定的だと感じたのは、そのことが好きであるかどうか、だ。親に言われて嫌々やった音楽家やスポーツ選手もいるだろう。星飛雄馬だって大リーグボール養成ギプスをつけられてスパルタ教育を受けている。それとの葛藤もあった。しかし結局のところ野球が好きだったのだ。それが大きい。もちろんこれはフィクションだけれど。

私個人の経験に照らしても、高校時代バスケットボールをやっていて、中学時代はさして好きでもなく、背も低く、もちろんうまくもなかったのが、高校時代に背が伸びて、そして素晴らしい指導者が現れた。そこから一気にチームは強くなった。環境が生まれたのだ。練習も厳しかったが、それに耐えるという雰囲気や、強くなっていくという状況も含めて。苦難に耐えることの先にある喜び、そして自身を磨くことの喜び。バスケットボールに関してはさして才能はなかったが（これはシュートなどでわかる。天才的なシューターというのがいるのだ、世の中には）、ここで経験したトレーニングに耐える心の強さや仲間とともに切磋琢磨する環境は、自身の才能を超えた結果をもたらすという経験を得た。そしてなにより、バスケットボールが面白く、好きになっていったのだ。

さて建築である。建築の設計に必要な才能はあるか、と聞かれれば（高校生への講義などでもよく聞かれる質問だ）、決してないとはいえない。ある、ともいえるだろう。音楽やスポーツにセンスのようなものがあるとしたら、たぶん建築の設計にもある。空間を直観的に把握したり、立体的に組み立てたりするのは、音感のようなものかもしれない。シュートのセンスのようなものかもしれない。しかし、訓練を通して得られないものでもない。時間はかかるかもしれないけれど、トレーニングを積めば鍛えられる。そして、設計与件というものもあって、そうした数々の敷地条件からくる制約や機能的な要求を満たしながら、しかしさらに挙げていけば無限にあるパラメーターに、いわば優先順位をつけながら整理をして、分析をして、ある解決に導く。これはトレーニングを通してしか身につかないものだ。実践的な経験を通して、そこでの真摯な態度を通して身につけていくしかないものだ。

つまり、ここでアンケートに戻りたいのだが、好きなスポーツや得意な楽器、という質問の裏にはどうやら、トレーニングに対する耐性のような問いが隠れているのではないか、と思い至った。最初から意図していたことではない。あとになって、そういうことか、と気がついたのだ。スポーツが好きになるにはトレーニングしかない。楽器がうまくなるにはトレーニングしかない。そして設計がうまくなるのも、トレーニングしかないのだ。そんなトレーニングに対する心構えが、それへの前向きな気持ちが、あらかじめ植えつけられている学生たちは、設計課題にも熱心に取り組んで、図面を描き模型をつくるという面倒な作業にも前向きに取り組んでいく。少なくともそういう傾向が見られる、ということなのだ。これは先に触れたピーター・ブルックの言うレペティションにも通じているのだろう。繰り返しおこなうトレーニングである。

そして、その先はといえば、やはり好きになることだと思う。好きでなければやってられない。それほどに面倒な作業なのだ、建築の設計は。しかし好きになりさえすれば、これほど面白いゲームはない。ちなみにゲームという言葉を、私はいつもポジティブに使っている。人生はゲーム、という歌の文句もあるけれど、真摯で痛快なゲームを遊びながら人生を送ることができれば、それは最高のことだ。遊びから文化は生まれる。建築もまたそうした文化のひとつだ。そしてそれが他の誰かの役に立ち、喜ばれるならなおのこと。おそらく建築設計はそうした喜びに支えられている。

潜在的な才能を持つ学生が多く集まる研究室を、さらにそうした喜びを感じられる環境にしていくこと。庭へと整えていくこと。私が心がけたのはそのことだ。持って生まれた才能（それだけでは十分でないにせよ）は学生たち個人に帰属する。しかしそれを鍛える場は、機会は、そして建築設計が好きになる環境は、研究室が担っている。

感性

美学とは感性の学である。ドイツの哲学者バウムガルテンが基礎づけ、カントが『判断力批判』で論じた。カントの第一批判と第二批判は理性の批判。『純粋理性批判』では「真」を、『実践理性批判』では「善」を論じ、この第三批判でとうとう「美」という難物を扱ったわけだ。ちなみにカントは『純粋理性批判』の注でも、他国で「趣味の批判」と呼ばれているものをドイツでは「美学＝感性の理論（エステティク）」と呼ぶと書いていて、バウムガルテンはその美の規則を学にまで高めようとしたが、それは裏切られた希望となった、としている。

感性を論じるのは難しい。「真善美」でも「用強美」でも、美はつねに人類の基本的関心の的だが、論にそぐわない。いつもスルリと逃げ去ってしまうところがある。なにより理性は頭脳による思考だが、感性は感覚を通した、身体の思考だ。身体が心地よいかどうかなのであって、そこに理性が届かない。切り離されているわけでもなく、かといって一致しているわけでもない。論理的、合理的に計画される建築空間であっても、できあがればそれは身体全体で感じとられるものだ。だから理性のみによる設計では、感覚の機微に届かない。

景観デザイン論という科目を、京大建築での開講以来四半世紀にわたって講じてきて、そこで景観の美を論じるのだが、美を論理に乗せることはつくづく難しい、と思うばかりだ。機能美ということや、役に立つことと美の関係にも言及する。漢字では、羊が大きいと書いて美、であるとか。なかなかに苦しい。「機能的なものこそが美しい」という言明は一般的だが、丹下健三はあえて「美しいもののみが機能的である」という挑発的な言辞(げんじ)を発した。気持ちはわかる。けれども、難しい。しかし、誰もが感じるのだ。美を。差異はあり、好みはあり、文化的背景による判断のズレも大きいけれど。

とりわけ設計行為のただなかにあるとき、単にプロポーションや形態の良し悪しにとどまらず、ソリューションの見事さや、うまく納まったときのスキッとした気持ち、突き抜けた感じの痛快さ、などをうまく語り、共有するために、いいね、すごいね、あるいは、ひどいね、などという感性的な言辞が飛び交う。正確に、客観的に語ることは難しいけれども、設計の現場では、それで通じるのだ。そのようなコミュニケーション、他者との間でも自身との間でも交わされる対話において、この、いいね、すごいね、ひどいね、は、やはり感性の領域にあって、もちろん安易に感覚に頼ることを決してよしとはしないが、この微妙な「感じ」をただ論理で消し去ってしまってはいけない、と思うのだ。感性を捨てた建築論は、貧しい。

みずみずしい感性を持った学生には、背中を押しながら、理性の言葉もかける。理性が勝ってしまう学生には、あまり頭で考えないほうがいいよ、と肩の力を抜くよう促してもみる。言葉ばかりが先行する学生には、ともかく手を動かすように言い、妄想の塊のようなスケッチしか出してこない学生には思考の整理をするように、そして優先順位をつけながらそのなかから言葉を見つけるように言う。「美を見て死ね」と畏友、堀越千秋は語り、そのタイトルの本も出した。画家は直観で作品を生み出せる。手と頭が連動していて、嘘がない。しかも堀越千秋は言葉の達人でもある。「美」は「真」ではなく、「信」の領域にある、ようにも感じる。作品に直結する感性で勝負できる画家と、迂遠な回路で物の構築に至る建築家とは、ずいぶんな差がある。「信」では後れはとらないつもりでも、「真」の領域に足をかけておかないと、建築主や施工者とめざすべき「美」を共有できない。感性だけでは、仕事にならないのである。

にもかかわらず、やはり感性がとてもたいせつだと、心の裏側でそっとつぶやいている。

この時期の竹山スタジオ・テーマ
2004　マンガミュージアム京都
2005　ポエジーと建築
2006　シネマ＋アーキテクチュア
2007　パフォーマンスの空間

（扉写真）極小彼岸／ヴェネツィアビエンナーレ日本館　2007

建築におけるポエジーの変容
――近代建築の成立のもたらしたもの

I．裸のランチ

裸のランチはわれわれわれにとって自然なもの
われわれは実在のサンドイッチを食う
だが　寓意はレタスにすぎない
――ギンズバーグ『バロウズの作品について』から

存在から切り離すこと。何を？　表現を。たとえば絵画では色彩を存在から、建築では形態を存在から、物から切り離すこと。さらにいうなら物に染みついた腐りかけの寓意から。

セザンヌが絵画は色でありその構成であると悟ったとき、絵画は存在から離れた。意味から離れた。物やその配置によるお決まりの寓意から離れた。カンディンスキーがある日外出から戻り、アトリエに置かれた上下逆さまの絵を見て、抽象への道を駆けはじめたというのはいかにもよくできたエピソードだ。

建築の場合もまた同様、近代とは存在の寓意からの解放と同義だ。しかし絵画のように美しく純粋なエピソードで語りつくすことができない。建築は表現行為であると同時に、時代の政治や経済や、そう、さらにいうなら思想を映す鏡ですらあるからだ。

近代は個人に孤独と自由を与えた。自由な個人という像。すなわち生命、自由、財産の所有者たる個人。この構図が描かれたのは、17世紀にあって18世紀を支配したといわれる思想家ジョン・ロックによる。やがて訪れた「理性の時代」の18世紀、産業革命が起こり、ヨーロッパのマーケットは統合されて、ブルジョワジーが社会の前面に躍り出た。建築における近代の胎動期である。建築の場合、下部構造が存在を規定するというのは案外その半面にすぎなくて、実のところ幻想領域の地滑りが大きくその変容に貢献する。「石から鉄へ」という近代建築の物語にも、造形を導く幻想領域の道標が必要であった。この道標が、過去から未来へ置き換えられた。これが近代建築の物語の枢要なモチーフである。

バロックの爛熟で鍛えた石工（いしく）の技巧におりからのギリシア発見が重なって、18世紀はグリーク・リヴァイヴァルに燃えた。オスマンのくびきが緩み、イギリスの力が増して、ヨーロッパのルーツたるギリシアにいまやイギリス調査隊が入って精密な測量をする。それまでただ疑わずに信奉されてきた古代ローマのヴィトルヴィウスやルネサンスの万能人アルベルティの書物を通した知識が実測によって検証されてゆく。いわば実物に即してクラシシズム、すなわち古典文法を見なおす、という試みが、そこでおこなわれたのだった。ルネサンスは古代ローマを発見し、18世紀は古代ギリシアを発見した。いや待てしばし、とこれに18世紀の鬼才ピラネージのローマ贔屓（ひいき）が対立する。

そうこうするうちにゴシック・リヴァイヴァルという構造へのまなざしがあらわれる。ゴシックの発祥は12世紀北フランスのサン・ドニであるとされている。ロマネスクに決定的なる構造的発想の転換を与えて、別世界をつくりあげた。ここにもポエジーの圧倒的な変容が見られるが今回の主題ではないからさらりと通過しておこう。19世紀、このゴシックがまたクラシシズムに対抗する。つまり、ゴシックこそが構造的に真である、という主張があらわれる。構造的に真とはとりもなおさず建築的に真であるということだ。構造的な真実は建築においてはつねに錦の御旗である。ところがこの構造的に真、という主張にどうやら誤解が紛れこんでいたから話はややこしい。何が真であり善であり美であるのか。いわば技術とイデオロギーと美学がごっちゃになっていた。19世紀はそのような時代であった。

こうした議論をリードしたのはスタイルという言葉である。日本ではこれを「様式」と教え、これが適用された建築を「様式建築」と呼ぶ。われわれが何となくノスタルジックな気分になる、あのあれである。明治の日本人は必死でこれを習い覚えた。

ヨーロッパではすでにギリシアかゴシックか、論争かまびすしく、たとえば銀行はクラシシズム、学校はゴシックなどと、あたかもレストランのメニューを選ぶように「様式」が選ばれる時代となっていた。百花繚乱、いわゆるネオクラシシズムという名の折衷様式が勇壮な寓意を撒き散らす。ひとつの時代の様式を持たないから、19世紀は建築史的には評判が悪い。しかし個として生きる権力者には都合がいい。建築が共同の意志から私の意志の表現へと変容を遂げてゆく。私的欲望噴出の時代である20世紀への架け橋ともとらえることができる。

さてここで世界中の富を集めた大英帝国と世界の首都をめざしたパリがその牽引車となる。これは植民地をして自らを映す鏡としたネイション・ステイツの成立と重ね合わせればなんの不思議もない。「野蛮」で「未開」な地域に比べて自らの産業軍事力はどうだ。国家パワーの発現だ。そうそういうことならいまやその文明的ルーツをはっきりさせておいたほうがいい。ギリシアだろ、ローマだろ、いやゴシックだろ、と。要するに金が有り余った。幸か不幸か。もちろん世界中の文物をかき集めたヴィクトリア朝のイギリスは幸。かき集められたほうは不幸なのだが、まだはじまったゲームに気づかない。地中海沿岸の遺跡などごっそり根こそぎもっていかれて大英博物館やルーブルに飾られる。やや遅れて気づいた日本はドイツやイタリアとともに富国強兵殖産興業で「列強」の仲間入りをしてゆく。

ネイション・ステイツ成立の背景は産業と軍事の発達であって、20世紀にチャンピオンとなるアメリカで完成された〈軍産複合体に支えられた〈私的〉国家〉という形態の萌芽がそこにあった。ヘーゲルは同世代のナポレオンに刺激され、祖国ドイツの遅れを嘆いて、強力な国家に自由の実現の場を見る。国家は民族の精神の具現形態であった。国家なくして自由なし、自由のうしろに精神、とかれは見た。ちなみに同い年のベートーベンは精神を音楽にこめた。実は自由のうしろには軍と産。その底に技術革新の胎動が響く。その象徴が、鉄なのである。

鉄というあらたな素材が石工と寓意の建築をその根本から覆した。イギリスでは18世紀に鉄のコールブルックデイル橋が架けられ、19世紀初めのパリでは、ナポレオンがエコール・ポリテクニク（工科大学）の強化とパリの美化、そして鉄の技術推進に余念がなく、セーヌ川に5連の30メートル鋳鉄アーチを持つオステルリッツ橋を架け、商品取引所の屋根に直径40メートル弱の鉄のドームを完成させ、陸軍の聖堂に鉄の架構を要求した。１８５１年、ロンドンの万国博覧会ではクリスタルパレスが人々の度肝を抜く。鉄とガラスのみによる巨大な構造体はなかに小さな林すら飲みこんでいた。これは造園家であり技術者であったパクストンの設計であって建築家の手によるものではない。1889年パリ万博には高さ300メートルのエッフェル塔。ついに鋼鉄が実用化される。鋳鉄や錬鉄では300メートルは夢物語なのであって、エッフェルもまた橋梁を得意とする技術者であった。

建築家が「様式」の習得にうつつを抜かしているうちに、技術者が建築における美学のありようを変えていった。「様式」とはつまり寓意である。いわば手あかのついた寓意が、新しい世界の胎動についてゆけなくなったのである。産業と軍事に支えられた国家が、新しい寓意を、美学を、いわばポエジーを要求した。ここに近代建築はその産声を上げる。鉄と、そして鉄筋コンクリートという新しい技術によってその構造体は構成されるだろう。これに板ガラスという新しい素材が（フェニキア人たちが商ったガラスは建築向きではないから）被膜として用いられて、建築は裸のランチとなった。

ここで建築は存在から離れ、つまり装飾によって寓意や物語に満たされた存在から離れ、プレーンな面とその構成という純粋な形式として立ち上がることになる。絵画が軽やかに変身を遂げたのとは対照的に、建築は重々しくその角を曲がった。技術革新とともに。そして産業形態の変貌とともに。

2. 虫

或る日の午後、私は町を歩きながら、ふと「鉄筋コンクリート」といふ言葉を口に浮べた。

――萩原朔太郎「虫」から

鉄筋コンクリートとは何だろう。建築技術的にいえば、コンクリートという比較的安価でどこでも手に入る（何しろローマ時代から用いられていたのだ）石灰と石と水の混合物、この圧縮力に強く引っ張り力に弱い物質のなかに、引っ張りにはめっぽう強く圧縮されると細くて座屈してしまう鉄の棒を入れ、そのヤング率が奇跡的に一致するという相性のよさによって外力に一致団結して抵抗するという、絶妙な混成構造物のことだ。補強コンクリート構造としてその原理は19世紀を通して試みられてきたが、今日の鉄筋とコンクリートによる一体式の構造体に道を開いたのは1892年、フランスのアンヌビックによって特許申請された技術である。このアンヌビックの技術が文字通り鉄筋コンクリートであって、日本はその後導入されたからこの技術の正確な呼び名を採っている。英語ではレインフォースト・コンクリート。フランス語ではベトン・アルメ。直訳すれば「補強コンクリート」と「武装コンクリート」。コンクリートを鉄の板ではさんだり、トラスで固めたり。その葛藤の歴史が言葉に刻まれている。日本語の「鉄筋コンクリート」はその点、鉄の棒を骨組みとして配筋しコンクリートを補強する、という答えが先にあった。正確な命名といっていいだろう。

しかし、「鉄筋コンクリート」とはじめて呟いたときの違和感や滑稽さには誰にも覚えがあるのではないか。一体これはなんだ。テッコンキンクリートと言い間違えたり言い換えたりして言葉遊びを楽しんだ経験もまた、覚えがあるだろう。そんなタイトルのマンガもある。日本語の響きとしていかにも滑らかさにかける。その分、訴求力があるということだろうか。こうした状況に、「竹」を定義した萩原朔太郎が無関心でいるはずがない。そもそも朔太郎は定義の名人であって、それも言葉の意味の定義でなく、イメージの定義だから、いわば寓意の方向性を決定する。朔太郎の「竹」以降、日本人はこの詩を抜きに竹を眺めることは不可能になった。女も蛙も猫も馬も鶏も、朔太郎のペンが寓意を決定する。朔太郎のサンドイッチに挟まれたレタスは朔太郎特製ドレッシングで味つけされる。朔太郎は「鉄筋コンクリート」に「虫」を見た。

鉄筋コンクリートの建築的な特性は、それが一体構造をなすということと、造形が極めて自由であるということだ。つまり木造のように部材に分けて組み立てるという発想でなく、空間をグウッと一気に構想することができる。組み立てるというより空間を加工するというイメージ。これをもっとも鮮やかにやってのけたのが後期のル・コルビュジエである。ロンシャンやシャンディガールの造形は、およそクラシシズムやゴシックといった過去向きの寓意に到達しうる境地ではない。といって彫刻かといえばそうともいえない。彫刻的造形であっても、そこに人間のスケールと、人間を包む空間に降り注ぐ光の交響楽がある。鉄筋コンクリートという素材と技術がなければ決して人類の実現しえなかった空間である。

さてこうした鉄筋コンクリートの達成した空間表現のレベルに朔太郎が気づいていたかどうか。少なくともロンシャンの「虫」のような、つまりは外殻によって構成され内部に豊かで柔らかな空間の果実を宿すという形態を、朔太郎が知るよしもない。朔太郎の死は1942年であり、ロンシャンの完成は1955年であるから。しかし、ロンシャンを予見させる建物はすでにあった。たとえば1931年の実現はされなかったソヴィエト・パレスの計画はどうだろう。二匹の虫が対峙しているようなその模型写真は。あるいはその予兆としての1927年の国際連盟本部の計画は。さらには1933年完成のモスクワのセントロソユース・ビルのことは。あるいは1932年のパリのスイス学生会館のことは。いずれも「様式」的な建築感覚にとってはやや奇怪な造形をとっており、形態をとって「虫」のようだと言えば言えないこともない。朔太郎の想像力にあえて何らかの建築的参照を求めようとするなら、たとえばこのようなものが挙げられるだろう。いずれも当時の日本の、いや世界の建築家に大きな影響を与えた、ル・コルビュジエの作品群である。ちなみにル・コルビュジエは朔太郎の一年あとに生まれている。

　朔太郎がこうした建築の動向に敏感であったかどうか、知らない。随筆などでは、同時代の住宅がガラス張りになってその悪趣味であることを嘆いたりもしているから、近代建築が好きであったとはいえまい。ただ「大工の弟子」のような作品があり、またいくつかの作品に「建築」という言葉がちりばめられてもいるから、建築はあきらかに朔太郎の関心事のひとつであった。それも「様式」建築ではなく、「青猫」のねむる、今日の都会の建築である。つまり同時代の建築だ。朔太郎の詩は同時代の悲しみに貫かれている。

　ではバシュラールのような物質的想像力のレベルで「虫」をとらえるとどうだろう。朔太郎は「初夏景物」で、「昆虫の白き血の流れしみ」と歌っている。昆虫の内部は白き血に満たされている。仮枠に流れこむコンクリートの白さに、朔太郎はまた白き血を見たのだろうか。存在の残滓（ざんし）のような鉄筋の骨組みがどろどろとしたコンクリートの流れに埋没してゆく。そうした工事現場の風景を、朔太郎もまた何者かの死の暗示と見たのだろうか。そしてまた「虫」は「無」と「死」の合成物であるとも。

朔太郎の作品では多くの場所で建築への関心が示される。都会の風景への愛着が示される。写真を愛好し都市の風物を撮影もした。あるいは鉄筋コンクリートへの造詣が深かった可能性もなくはない。とはいえ、おそらく朔太郎にとって、鉄筋コンクリートの本質を洞察するのに、建築的知識はなんら必要ではなかった。現実の鉄筋コンクリート建築表現が「虫」へと漸近しようとしまいと関係はなかった。鉄筋コンクリートという言葉の響き、その言葉のもつリズムの導く先こそが関心事であった。言葉は現実の事物をあらわす道具ではない。言葉には言葉の開く世界がある。つまり言葉が存在から離れている。

自由な個人という近代の孤独は、表現世界を存在から切り離した。朔太郎のつかんだ「鉄筋コンクリート」という言葉には、ディスコミュニケーションを生きる人間の覚悟とそして喜びすらがこめられているのであって、未完結な事物が不連続に連続した世界が木霊（こだま）している。

3. エウパリノス

おお甘い変容よ！　このきゃしゃな殿堂は、誰も知るまいが、ぼくが幸福にも愛したコリントスの一人の少女の数学的彫像なのだ。

——ヴァレリー「エウパリノス」から

「エウパリノス、または建築家」、建築家エウパリノスをめぐってソクラテスとパイドロスが対話するという形をとったヴァレリーの、ほとんど建築論とでもいっていいこの作品は、建築という行為の孕む本質的な寓意に彩られている。そこで描かれるのはいまだ「様式」に支配される前の、いわば「原建築」ともいえよう建築の萌芽だ。世界の写像としての建築。このとき建築は音楽とともに空間を創造する芸術として位置づけられる。

ヴァレリーはソクラテスの口を借りてこう語る。

「君は、絶えず更新し自分で建て替わる流動する建物、すべてが拡がりの魂とでもいうべき魂の変容に捧げられた建物、そんなひとつの建物の中に生きたことはなかったか。それは、追憶、予感、悔恨（かいこん）、憶測、確たる原因のない無数の情緒、これらを絶えず燃焼させることによって君の全存在を照らし温める不断の焔にも似た変化するひとつの充実ではなかったか」

実はこの描写は音楽のことだが、これがそのまま建築にも重ねられ、音楽と建築の本質的な共通性をソクラテスは明らかにしてゆく。それらはともに「魂を行為のうちにそして行為が作り出したもののうちに閉じ込める」のであって、人間をその「内的な法則と意志」によって完全に包みこんでしまうふたつの芸術だ。ここから逃れるためには聴くことをやめるか建物から逃れ去るしかない。

他の芸術は花とか木とか生きものとか、つまり自然に存在するものを借りるが、音楽と建築はそうした現実の物象を借りることなく、隷属することもなく、「精神から寓話を駆逐して数と数の数論的関係だけを心に留める」境地に人々を導く。そして心身をともに支配する空間をつくりだしてしまう。

「ぼくらが話題にしているふたつの芸術は、それとは反対に、数と比例を手段として、われわれに単にひとつの物語を生むだけでなく、あらゆる物語をつくるような隠れた力を生むはずだ」
つまり他の芸術のように何者かを参照しつつ、あるひとつの物語を生むのでなく、その作品自体があらゆる物語の源となる契機を生み出すのだ、と。なにしろ精神を「数と数の数論的関係」という純粋な状態にまで還元してしまう芸術なのだから。

数と比例が建築の本質にあるとは、さきにあげたヴィトルヴィウスやアルベルティをはじめほとんどの建築書のとった、いわば建築論の伝統的見解である。しかし物理学的証明ではない。音の調和はもちろん数的比例に基づいているが、建築のそれは視覚の調和に対する仮説である。しかしこれが建築的秩序に関する古代以来の直観的言明であって、こうした幾何学的プロポーションの善し悪しについての感覚的な判断は、今日もなお建築的ポエジーの根っこに横たわっている。いわく、石には石のプロポーションがあり、鉄には鉄のプロポーションがあり、コンクリートにはコンクリートのプロポーションがある。このプロポーションにポエジーを代入しても、言わんとすることにさほどの変わりはない。

ただし鉄の、そしてコンクリートの、といったときに、それらが工業生産によって得られる材料であるので、生産手段や構造的解決、そして機能的要求もまたそのプロポーションの説得力にこめられるようになったことが近代の発見である。数論的関係はいまや生産・構造・機能的合理性にかしずく。

近代が「様式」という装飾に絶縁状をたたきつけ、石という素材からも離れて古い寓意から自由になったのは、こうした生産の論理の変化によるところも大きい。新しい素材には新しい素材の秘めた力の感覚があり形の論理もあるのだということは、すでに今日の了解事項となった。とはいえ、やはりなお、いやだからこそと言うべきか、数と比例に基づく美学は根強く生き延びている。ヘーゲルと同時代の空気を呼吸したシュレーゲルが「建築は凍れる音楽である」と語ったときも、愛するゴシック建築のロマンの底には数と比例の美学が流れていた。近代の革命児ル・コルビュジエもまた、かれの建築を数と比例で語ろうとすることをやめなかった。もとより空間的プロポーションの力は空間創造者なら誰でも畏れとともに実感している。素材と形はそれらの関係のもとにおかれて力を発揮するのである。その関係をあらわす言葉としてプロポーションはある。それはある種の幾何学であるといっていい。

詩人＝哲学者のヴァレリー＝ソクラテスは音楽と建築の彼方に幾何学的形象を透視した。しかしさすがに「ことば」の人であって、かれはこの人類のもっとも抽象的な芸術たる音楽と建築、数と比例に支えられた幾何学的形象のさらに向こうに「ことば」を発見するのである。存在を離れた、形としての言葉を。

「ことば無くして幾何学なし」

「ことばの中には数が含まれているからだ。数は最も単純なことばだ」

かくして建築礼賛を駆け抜けた挙げ句に、ソクラテスは「われわれギリシア人にとっては、すべては形なのだ」と語りつつ、建築という行為にこめられた明晰と神秘を語り、ついにはそこに「詩」を視る。いややはり「詩」という「ことば」を与えるしかないと観念するのである。

「だから、不揃いな切石のように錯雑したことばを、この種の調整に伴う偶然や不意打ちに賭けながら、整理しなければならぬ。そして、この作業において幸運の女神の庇護（ひご）を受けた人々に〈詩人〉の名を与えねばならぬ」

なぜなら建築も詩作も、物質を用いるか言葉を用いるかの差はあれ、同じくポイエーシス＝制作であるから。そしてソクラテスはこの制作という行為をこう語るのである。
「さて、あらゆる行為のうちでもっとも完全なのは建造する行為だ。作品は、愛を、考察を、君のもっとも美しい思考への従順を、君の魂による法則の発明を、その他そんなものを持っているとは夢にも思っていない君自身から作品が引き出す多くのものを要求する。……中略……君は作品にとってひとつの神であるかもしれない……」

ヴァレリーの「エウパリノス」は1923年の作品だ。それは近代建築運動がもっとも目覚ましい成果を挙げつつあった時代である。「二十世紀のすべての建築上の著作のなかでも、もっとも影響力が大きく、広く読まれたが、またもっとも理解されることの少なかった」（英国の建築批評家レイナー・バンハムの言葉）ル・コルビュジエの『建築をめざして』もこの年に出版されている。これは『エスプリ・ヌーヴォー』誌の1922年1月までに発表された文章をまとめたものだから、ヴァレリーはきっと目を通していたことだろう。ル・コルビュジエはインタビューに答えて、ヴァレリーが自分の文章を褒めてくれたと誇らしげに語っている。

この激動の時代に、ヴァレリーは古代ギリシアを舞台にとって、決してグリーク・リヴァイヴァルのような「様式」を語るのではなく、むしろ建築＝詩作という行為の本質に迫ろうとした。さらに言うなら、古代ギリシア人たちが冥界に赴いたあとの、いわば肉体の存在を離れた観念たちの語りのなかに、しかも現世では観念の世界の王者であったソクラテスの存在への愛惜をとおして、建築という存在を逃れられぬものから存在を超える論理をひきだそうと試みた。マラルメが音楽に詩の理想を見たように、ヴァレリーは建築に詩の理想を託した。存在としての建築というより、精神の秩序の表現としての建築に。ル・コルビュジエたちが近代建築運動をとおして「様式」のくびきから解放した建築、すなわち物の惰性を離れて純粋な秩序の結晶となりつつあった建築に。この時代に建築のポエジーは大きく変容を遂げつつあったのだが、ヴァレリーは時代を古代にとることによって建築の古層をあきらかにした。古層にこそ、建築の初心があり、事物に関係を見るまなざしに支えられるポエジーの原形があるのだと。「様式」などといった使い古された寓意から自由になって、建築を論ずるために。いやポエジーのありかそのものを論ずるために。

建築を構想する方法は近代になって大きく変容した。幾何学的形象とはいえ、その幾何学自体が変化している。コンピュータの発達もまたデザインの発想、加工技術も含めて、大きな革新をもたらした。しかしながら、変わらぬポエジーが古層に流れてもいる。つまり人間の身体、この運動能力と感覚そして欲望を備えた、決して意識によって透明にならない身体にこそ、ポエジーは発しているから。

言葉を研ぎ澄ますことと建築を研ぎ澄ますことには並行関係がある。喚起力のある言葉、言葉と言葉のつながりにあらわれる鮮烈なイメージは、建築という行為においても等しくあらわれる。言葉を、音を、そして空間を、ひりひりと身体全体で感じる力、その可能性のさなかに新しい寓意を発見すること。詩と音楽と建築はその表現の古層においてひとつである。これがヴァレリーの大きな発見であった。

モダニズムは建築を過去の寓意から解放した。新しい寓意に向けて空間をリセットした。

寓意をゼロにリセットする。ただ寓意は殲滅されるわけでなく、「様式」の支配する安定した意味の世界からは外れ、むしろ微小な断片にこそ寓意は宿る。未完結な事物が不連続に連続する。これがこの時代の寓意の存在形態だろう。「神は細部に宿る」とアビ・ワールブルクは言い、この言葉をこよなく好んだのが近代建築の完成者ミース・ファン・デル・ローエであったのは偶然ではない。ミースは萩原朔太郎と同い年。新しいポエジーの質と器の革新者たちは、時代の大きな変容を新しい幾何学形式に結実させた。

　そういえばエウパリノスもまた語っていた。「ぼくにとって何にも増して重要なのは、将にあらんとするものが、既に在りしものの穏当な要求を、力強い新しさをもって満たすことにある」

文献：
『ギンズバーグ詩集・増補改訂版』諏訪優訳編、思潮社、1991
『萩原朔太郎詩集・世界の詩8』伊藤信吉編、彌生書房、1963
『萩原朔太郎・ちくま日本文学全集』筑摩書房、1991
ポール・ヴァレリ「エウパリノス、または建築家」：森田慶一『建築論』東海大学出版会、1978、所収

（『詩と思想』224号、2004年11月号　所収）

＊＊＊

　詩人、小川英晴との邂逅は多くの出会いをもたらしてくれた。ポエジーという言葉との出会

いもそう。もちろん単に辞書を引けばわかるその意味内容や定義でなくて、ほとんど宗教的といってもいい宇宙的な広がりとその言葉への信頼がそこにあって、そう、私たちがともすれば「すべては建築である」と言ってしまいがちであるように、小川英晴ならためらいなく「ポエジーがすべてだ」と言いきってしまう。

　そして、その身体の大きさだけでなく、また声の大きさだけでもなく、人を包みこむ大きな存在のありようをとおして、多くの人が集まる。そんな小川英晴から折に触れて詩の雑誌への寄稿を求められてきた。この文章もそのひとつだ。これはいわば建築の寓意をめぐる、建築と詩の寓意をめぐる、そして建築と音楽の寓意をめぐる試論である。

　実証的な文章ではない。学術的な文章ではさらさらない。しかしなにかを発見しながら書いている。その自在さを、書き終えたあとに私は心地よく、そして清々しく感じている。

　近代建築は私たちがいまなおその流れのなかにいる建築の「様式」であるが、それは寓意を捨てた、あるいは捨てようとしたところにその本質がある。石や木には、そしてそれらに刻まれる装飾には寓意が宿りがちだが、鉄やコンクリートに寓意はない。朔太郎はそんなコンクリートに寓意を見た。言葉の響きかその存在形式かはわからない。しかしそれは「虫」である、と。詩的直観と想像力である。ヴァレリーは建築家をテーマとしてプラトンのような形式で建築論を書いた。そこに数学や音楽の存在形式を重ね合わせた。『エウパリノス』は、ル・コルビュジエの『建築をめざして』とほぼ時を同じくして世に出た書物である。つまり近代建築が現れてきたのと同時代。どこかしら新しい建築、建築の祖型とでもいう感覚、詩学＝制作と響き合っている。ちなみにル・コルビュジエは自分の文章がヴァレリーに評価されたことをことのほか喜んで語っていた。そんな映像が残っている。

文学的感性、と名づけられた世代の出現と同じ時期にこの文章が書かれたのも、なにか示唆的である。建築はただ建てられた「もの」、建てられる「もの」、つまり物理的実体ではなく、むしろ想像力の産物、脳裏に宿る建築的なるなにか、なのだ。このことが、竹山研究室ではつねに共通認識となっていた。

『詩と思想』2004年11月号の特集テーマは「ポエジー」だった。そのためにこの文章を書いて、その翌年のスタジオ課題を「ポエジーと建築」とした。文学的感性世代とともにこのスタジオテーマと展覧会、シンポジウムなどの活動が生み出され、卒業設計でも素晴らしくポエティックな作品に結実して、ポエジーは竹山研究室のひとつのシンボル的なキーワードになった。

4

個性が花ひらく

| 第 4 世代 |

2008-11

4th generation / Individuality blossoms

おそらくは２００７年から２００８年あたりでひとつの区切りがついているように思う。ひとつには、目白押しのプロジェクトが続いた自分自身の建築設計の仕事の充実があり、わけても２００７年はとびきり忙しい年で、台湾の高雄のオペラハウスのコンペで最終案に残り、そしてまた同じく台湾から大きなホテル・プロジェクトの依頼があった。宜蘭（ぎらん）のそばの高台の海を見晴るかす素晴らしい立地で、幾度も現地を訪れ台湾の文化にも親しんだ。まだリーマンショックの前、わくわくするようなプロジェクトが立て続けに舞いこんできた。

それがたたってか、２００７年の暮れに心臓が止まりかけてぶっ倒れ、救急車で病院にかつぎこまれた。半ば気を失った状態で救急車のなかでの隊員と妻との「大丈夫でしょうか」「さあなんとも、血圧と心拍数がどちらも低下していますから」といった会話を耳にし、朦朧（もうろう）とした頭に、ひょっとすると、という考えもよぎったほどだ。結局病院での検査の結果は、原因不明、「たぶん過労とストレスでしょう」というものだった。過労とストレスで心臓が止まるなら、建築家に心臓はいくらあっても足りない、と冗談を言ったものだ。あとで笑える話になって、よかった。あるいは50歳を過ぎたという、ただの年齢、年回りかもしれない。２００７年は、そして続く２００８年は、自身の健康を過信できなくなった年だ。留学生の受け入れも、このあたりから少なくなっていく。

その代わりに、といってはなんだが、海外にはますます積極的に出かけるようになった。２００８

年の春には、ニューヨークの建築家ジェシー・ライザーと梅本奈々子に誘われて、プリンストン大学とペンシルバニア大学での講評会に参加した。プリンストン大学の施設で宿泊してそのキャンパスの独特の雰囲気や佇まいに浸り、ペンシルバニア大学ではジェームズ・コーナーと会ってランドスケープ・アーバニズムに目を開かされた。夏には先にも触れたピエール・マリエタンの誘いでスイスのマルティニで開かれた建築音楽環境会議（ＲＡＭＥ）に参加して、展覧会とプレゼンテーションをおこなった。アルプスに抱かれたヴァレー地域の風景と空気は素晴らしくて、この会議にはそれ以来幾度となく参加することになり、環境と音についての関心を深め、知己も増えていった。

区切り、と思う理由のいまひとつは、ちょうど学生たちの年齢が自分の子供たちと重なっている、ということだ。我が家の3人の子供たちは、２００4年から２０１１年にかけて大学生活を送っている。研究室に参加するのは4回生から修士2年間という年代だから、２００7年から２０１１年あたりはちょうど子供たちと同じ年ごろである。親と子供の距離感は、とりわけ成長した子供たちとの関係は、日々さまざまに実感しながら生活していて、学生たちとの関係も、言葉のやりとりひとつとってみても、そうか、子供たちと同じなのだな、と意識しないわけにはいかない。指示や指導もそれまでとはちょっと気持ちに変化が出るのは否めない。

世代間の距離について考える。近しい世代で語り合う口調と、少し下の世代と話す調子は違う。上の世代と話すときも心構えが異なるだろう。この第4世代は、つまりは子供たちの年代の学生たちだから、それまでの研究室の学生たちに対する態度とはおのずと異なる。真摯な議論や、建築への思い、志を伝える言葉は変わらないにしても、言葉遣いがややマイルドになる。励まし方も、それまでの肩を抱いたり背中を叩いたり腕をとったり、押したり引いたり引きずったりする（そんなことはしていないけれども、もちろん。もののたとえだ）やり方でなく、少し遠目からしっかり、でも目をそらさずに、歩んでいく道筋をそっと示唆するやり方になる。成熟というのかもしれず、親心というものかもしれず、老いなのかもしれない。ただし、同じ視点に立って、同じものを見、同じことに共感する気持ちは持ち続けていきたい。だから、なぜそのテーマを選んだのか、どんな問題意識がそこに潜んでいるのか。丁寧に、慎重に、話を聞く。

世代間の距離が遠くなく、同じような問題意識や時代感覚を持っているなら、少々辛辣な言葉を発してもまず問題ないだろう。自分自身の経験に照らしてみてもそう思う。批判のための共通の土俵は築かれているから。そして言い返すことだってできるから。しかし世代が離れると、たとえば兄からのアドバイスといったニュアンスでなく、親からの意見、という雰囲気になる。言われるほうのプレッシャーや反発も容易に想像できる。表に出せない、胸にしまってしまう反発もあることだろう。自分自身のケースに照らし合わせればなおさら理解できる。

あるいはいっそのこと、もっと年齢が離れればそれなりの応答にもなるだろう。年の離れた伯父さんやお爺さんであれば、プレッシャーや反発を抜けて、異次元の境地にいってしまうかもしれない。私が京都大学に入った1回生の終わりに退官した西山夘三（うぞう）や、退官前の時間を過ごしていた神々しい増田友也（私のちょうど40歳上だ）のように。いかにも師である貫禄とともに、少し別世界の住人でもあるような距離を感じたものだ。仰ぎ見る、といった感じかもしれない。

概して下の世代からすれば上の世代は遠く感じる。逆に上の世代から見れば、下の世代をさほど遠くには感じないものだ。もちろん時代や世代が異なれば感覚が違うし問題意識も違う。そもそも感性が異なっている。ただ、たとえ感覚の違いを埋めることはできなくても、学生の感覚に信頼を置く姿勢だけはそれまでと変わらないままだ。もしぶつかるなら、否定さるべきはこちらの感性であって、学生たちのそれではない。こちらの価値観を押しつけはしない。違いを楽しむだけだ。そう、未来はつねに、若い彼らの側にあるのである。

さて、そうこうして、距離を感じながら、そして埋めながら、研究室の世代交代は続いていく。この第4世代からはじまったのが夏の研究室旅行だ。２０１０年の屋久島、２０１１年の山陰、２０１２年に長崎、２０１３年には四国をまわった。屋久島では縄文杉まで登ったのだったが、下山のときに靴の底がとれてしまい、最後は靴下になってトロッコ道を歩き通した。山陰は京都から車を連ねて天橋立、城崎温泉、三佛寺投入堂、石見銀山、秋芳洞、そして下関へ。城崎温泉では私の設計した西村屋ホテル招月庭のプールサイド・レストランＲＩＣＣＡを訪ね、下関をまわって最後は１９９４年に竣工した周東パストラルホールにたどり着いた。この年は車が何台も用意でき、運転も交代でおこなえるだけの人材が揃っていた。機動力が高かったのだ。

旅は、かつての古代都市をめぐる旅のようなハードなものではなくなってきたが、やはり体験を共有する得難い時間を与えてくれる。２００７年にぶっ倒れたほどの仕事量は、２００８年のリーマンショックで落ち着きを見せ、むしろ落ちこみも見せて、社会のありようも変化していった。

スタジオのテーマ

1995年にはじまったスタジオコースも、このころには京大建築全体ですっかり軌道に乗ってきて、カリキュラムにもしっくりと納まってきた。先生たちが各々工夫を凝らしたテーマを設定してくる。そして、4回生前期にスタジオをおこない、自身で考え表現するという、頭と手のトレーニングをして、そのままの勢いで後期の卒業設計へとなだれこんでいく。そういった流れのようなものが自然にできてきた。

歴史の分野では既存建物を保存しつつ改修する課題などが出され、都市計画的観点から都市のなかの建築のあり方や公共的な場を問う課題、住宅計画の分野からは新しい集合住宅の形を探る課題、さらには構造的な観点からのアプローチや、リサーチと分析を徹底しておこなう課題、あるいは高松伸のように「愛人の家」「美しい建築」、など思わず赤面するような面白い課題が出されていく。

さて竹山スタジオのテーマといえば、であるが、これは実はいつも直観で決めている。「直観はあやまたない、あやまつのは論理である」というアンリ・ポアンカレの言葉が好きだということもあり、理詰めで答えが予想されるような課題を好まないというせいでもあるし、スリリングな展開を好むというせいもある。そういえば修士論文にもこのポアンカレの言葉を引用したことを思い出す。マーレビッチも、「直観は理性の形だ」と言っていた。

直観的な判断はときにリスキーだが、論理の届かない射程までを照らしだすこともままある。設計の現場は驚きに満ちているほうがいい。とはいえ、もちろん、直観で把握したことを理性で確認し、できるだけ論理的に詰めていくことも肝要だ。エロスとロゴスの相互作用は、設計という作業の渦中にあっても、日々経験していることだ。形に惹かれ、素材に惹かれ、構造形式に惹かれ、風の流れや光の移ろいに心を奪われる。

そうそう、このエロスとタナトスの戯れ、そしてロゴスとの関係は、私の学位論文「建築という思考：建築的欲望をめぐる臨床建築学的考察」のテーマでもあった。建築的欲望の分母はロゴス、分子はエロスとタナトスの戯れである。ロゴスが手綱を締めつつ、エロスの跳梁を許し、また促しもしていく。個のエロスと共同体のタナトスが絡み合い、超越的なロゴスがこれを抑え、そしてだからこそ、さらにエロスとタナトスが発動する。そこにポエジーもまた、生まれる余地があるのである。

スタジオは毎年前期の4月から7月に開講されるので、テーマは3月に決定しなければならない。竹山研は大学院生も一緒にスタジオをおこなう。その院生の数はわかっているが、次に来る4回生が何人履修するかもわからない。研究室への配属や、スタジオ履修の希望、そして決定は4月のはじめにおこなわれるのだ。

そんなこんなも勘案して、そのとき最も関心のある（もちろん私自身が、だ）テーマを、えいやっと決める。だから関連文献なども、あらかじめ決まっていることもあるけれど、実はあとから追加されていくことも多い。くどいようだけれども、決まった結末を用意するシナリオは好きではないのだ。スタジオは、だから、まさに私と学生とのレスポンスの場、真剣勝負の場である。毎年、毎年。

建築空間を、使い勝手や経済性で決めていくことはかなり不毛なことであるし、実は決定できないのだ、ということを実務に入って痛感させられた。建築にはさまざまな要因があって、どれかを優先させながらバランスをとっていくのだが、たとえば機能というだけでは空間は決まらないのである。

近代建築の巨匠、ミース・ファン・デル・ローエは「Form follows function 形態は機能に従う」と言ったけれども、ミースには譲れぬ美学があって、その美しく純粋な形態は、実はまったく機能的ではない。そもそもミースに限らず、この言葉は機能主義モダニズムのテーゼなのだ。しかしモダニズムの巨匠たちは、それぞれ独自の美学を持っていた。でなければ形など決まるはずはないし、機能に即して順に並べた装置に心地よさなど宿るはずがない。

それに対して、どちらかといえばボザール流の、つまり古典主義的な素養を培う教育を受けたルイス・カーンは、「Form evokes function 形態は機能を喚起する」と唱えた。カーンは機能主義建築の系譜に属さず、神秘思想の気もあるユダヤ系の建築家で、50歳を超えてからやおら重要な作品を次々とつくりだし、現代建築の巨匠となった人だが、私は1977年夏に初めての海外旅行でアメリカを訪れてカーンの建築を見て以来の大ファンである。頭をガーンとなぐられたほどのショックを受けた。特にサンディエゴ近郊のラホヤにあるソーク・インスティテュートは最高である。

私はこの、Form evokes function という言葉が大好きで、学生のころ、形をどうやって決めていっていいかがわからなかったときに、まず形があればそこにおのずと機能が生まれる、という考え方はすとんと腑に落ちた。形が機能を喚起する。ずっとそのような日本語をあてていたのだが、あるとき、触発する、のほうがもっとグッとくるな、と思った。実際に形に、素材に、架構に、空間に触発されて、心が動く、体が動く、という経験にはこれまで幾度も出会ってきた。

京大では、おそらく他の大学とは少し違う順番で設計を教えている。設計をはじめたばかりの2回生の学年には、まずコンテクストを読み、それに応答する課題を与えるのだ。京大ではプログラムはあとにくる。機能的なこと、それがどのような施設で、なにに、そしてどのように使われるのかは、さしあたり問わない。まずはコンテクスト。自然や地形や周辺環境などの物理的コンテクストを読み、そして歴史的文化的コンテクストを読む。そうした訓練を、初期の課題でおこなうのである。「風景のパビリオン」であるとか、さまざまな呼び名を与えて、鴨川であったり、京都御所であったり、吉田山であったり、それぞれの環境と景観に応じた場のあり方を構想していく課題である。そしてたどり着いたのが「触発する空間」というタイトルだった。

場所は行為を触発する。空間は心を誘う。傾いたフロアは、あるいはレベル差のある床は、どのような感覚をもたらすのか、穴の穿たれた屋根はどんな出来事をもたらすのか、壁は長さや高さによってどのように空間を変えていくのか、そこに窓が穿たれたときに、人はどのような思いにとらわれ、気持ちをかきたてられるのだろう。透明な素材は、半透明な素材は、あるいは重い素材は、軽い素材は、そしてその向こうに展望される風景は。一本の桜の木があったときに、その周囲にできる場はどのようなものか。そこにさらに建築的な要素が加わったときの効果は、状況はどうなるか。身体は、心は、どんなふうに動き、変わり、導かれることだろう。「対象を認識するには、対象が心や意識を触発する必要があり、それは感性を通して与えられる」とカントも言っていたことにはすでに触れた。人は世界に触発されつつ生きるのだ。

「触発ってなんですか」「それを考えるのがこの課題だよ」という応答を毎年繰り返す。そのようにして京大生は、まずは自分の頭で考えるよう、鍛えられていく。

シニフィアン／シニフィエ

紀元前1世紀に、現存する最古の建築書を著したヴィトルヴィウスが、建築を「意味するもの」と「意味されるもの」に分けて説明した。ヴィトルヴィウスの論法では、意味するもの、つまり意味を与えるものは理論であり、意味されるもの、つまり意味が与えられるものが事物である。だから建築家はものごとの理（ことわり）を知り、そして物体を扱う技術も知らねばならない、ということになる。ただこれは少しつまらない「理論」だと思う。ひねりがなさすぎて。物体を説明し、決定するのに理論がなければならない、理由がなければならない、理屈がなければならない。そういうことを言い立てているわけだが、その裏にはちょっとばかり尊大な論理がある。つまり、その「理論」を知っているのが私であって、だから私は偉い、という。

一方、現代言語学ではソシュールが、言葉の働きを分けた。フランス語だから、シニフィアンとシニフィエ、つまり signifying と signified、意味するものと意味されるもの、というふうに。ここでは音や形などがシニフィアンだ。そこに意味が生成される。事後的に。しかし計画的に。とはいえちょっとばかりのズレを持って。こちらのほうが面白い。

さまざまなレベルで建築に適用することもできるのだが、さしあたりわかりやすい例でいえば、物体とその現象、といったことになるだろうか。デザインするのは物体だけれど、そこで起きる出来事もデザインしているんだよ、いやむしろ出来事を触発する物体を考えるんだ。シニフィアンとシニフィエは、そんなやりとりのなかで出てきた言葉だ。

京大の誘いを受けたすぐあとのウィーンへの旅の途上のスケッチブックにも、この言葉を書きこんだ。そのときはコンテクストとシニフィアン、プログラムとシニフィエを結びつけていた。新しいコンテクストをつくっていくことが建築であって、プログラムはそこにおのずと生み出される、触発される、という直観が、そもそも私のなかにはあったのだと思う。シニフィエ、つまり機能を優先する機能主義的な近代建築への反発もそこには入っている。先に答えがあるものはつまらない。

常光郁江が「これって建築の授業なのかな、教室間違えたかな」なんて思いながら聞いていたという私の授業で、学生たちがこの言葉に幻惑されたりする側面があったとしたら、反省である。衒学(げんがく)的で、気取っていて。恥じ入るばかりだ。

ただしこの場合の肝は、意味するものと意味されるものの間に直接的な関係がない、ということであって、その先にはシニフィアンのみでシニフィエを想定しない、シニフィアンの戯れのような建築があっていいのにな、という思いがあるのである。このことはいつも考えている。機能を脱した、触発のみの建築的な場所の構想、だ。「触発する空間」課題の常光郁江の案には、シニフィアンの戯れが垣間見えたし、藤田桃子や大西麻貴の卒業設計にもそれがある。というよりそれしかない。
シニフィアンしかない建築ができれば最高だと思うが、なかなかそこまで突き抜けられない。

旅

人生が旅だというメタフォアはよく聞かれるし、西行も芭蕉も旅に人生を送った。身体や感覚を刺激することがポエジーに結びついたことだろう。平穏な日常を愛する気持ちと、非日常に浸る時間への誘惑は、誰しものの心のなかに宿っている。旅は人を鍛えるし、はるか昔にアフリカ大陸を出た人類も、南米の南端にたどり着くまで地球をめぐる壮大な旅を続けた。そうした人類の好奇心と、逆境を乗り越える不屈の闘志、そして技術と能力とが、文化を生み、環境を改変し、今日の世界につながった。

古代都市をめぐる旅ではじまった研究室も、フランスやスペインでのワークショップの旅、そして個々人の旅行や留学などの経験はあったにせよ、研究室としてはしばし観念的な旅に終始してきた時期が続いた。読書は思考の旅だが、身体の旅の欲求不満はたまってくる。私自身は国内国外とも旅を重ねてきていたし、学生たちも各々旅をしてきていたと思う。ただ、研究室での旅は、学生たちと私が一緒にする旅は、しばらくなかった。

先生、屋久島に行きましょう、という突然の提案からはじまった研究室旅行も、翌2011年には山陰を旅し、学生時代に原研の研究室旅行で訪れた思い出の投入堂も再訪した。２０１２年は長崎、軍艦島。２０１３年には松山から入って、四万十川、そして高知を経由して香川へ、というふうに四国を一周した。旅への回帰である。旅は身体を日々のルーティーンから解放してくれるし、心も自由になる。とはいっても集団行動だから、制約もあって、そんなときに互いの性格もよくわかる。集団に尽くすタイプもいれば、一匹狼もいる。段取り上手もいれば人まかせもいる。段取りをしてもそのとおりにはなかなか進まない。急に体調を崩すこともままある。そんなときなどはとりわけ、不測の事態に備えるしなやかさとしたたかさが必要となるのである。

日常から切り離されて、見えてくるものは多い。そんな非日常を、日本社会はやや嫌う傾向がある。ささやかな気晴らしは許しても、時間と空間を大きく使うグランドツアーを許容する集団や企業は少ない。日本の場合、多くの学生はきっちりと就職をする。就職をすれば、気ままな旅はしばしばお預けである。一生勤めることになればなおさらのこと、自由な旅などままならぬ。退屈な日常が待っている。だからいきおい、大学時代しか自由はない、と、こういう思考回路になる。ほんとうは人生、どうしてもしなければならない仕事などなにひとつないのだけれど。

どこにも属さないで生きていこう、と決めた若いころから、私の人生もまた自由気ままな旅のようなものだった。それでも30代後半で京都大学に「就職」した。いろいろな葛藤がなかったわけでもないことはすでに幾度も述べてきた。京都大学はさまざまな制約もあったが、そして人によってはうるさいことを言う人間もいなくはなかったが、おそらく比較的、自由な旅を許してくれる度量のある大学でもあったと思う。いま、28年の研究室の歴史を振り返れば、これもまた、長い旅だったような気もする。あたかも宇宙の庭を徘徊するがごとくの、長い長い旅。ただ建築を追いかける驚きと喜びの旅の終わりは、幸いにもまだ見えない。

都市に事件を起こす

触発する空間、について述べた。触発という言葉を私はとてもたいせつにしている。京大建築の課題も、この言葉からはじまる。そんな触発が卒業設計まで結びついて、とてもユニークな発想の作品ができあがることも多い。スケールが大きいだけに、その触発の規模も都市的である。

触発とは、この場合、空間によって人の心や行動に影響を与えることなのだが、それが都市的スケールとなると、事件である。個人の心のレベルを超えて、集団的な心理や行動に影響を与える。空間にある規模を超えるスケールが与えられ、距離が発生すると、そこを経験する時間が生み出される。つまりその空間を抜けていく時間が長くなり、空間に複雑な様相が与えられていればその経験も多様多彩になる。それが人々の意識と記憶に刻みこまれる。つまり、建築が都市的な事件の現場となるのである。

たとえば2006年春の卒業設計での大西麻貴は、ずっとのびていくけれど先の見えない長い距離をこめて、なにかが起こりそうな空間をつくった。図書という記憶の媒体と、住まいというかけがえのない場所とが一体となって、都市的な空間へと変容を遂げる。2007年春の藤田（河野）桃子は、長い壁をぐるぐると巻きこんで、キャベツ、と称されることになる迷路のような空間をつくった。そこに長い距離をこめたのである。異なるコンテクストとプログラムではあるのだが、そこには独特の「空間加工のイメージ」がある。空間が意識と行動を誘発する。触発する。さりげない出会いの空間、そしてかけがえのない出会いの空間。パブリックな場所とプライベートな感覚との出会い。「都市に事件を起こす」という言葉は、私が藤田桃子にかけた言葉で、彼女はそれで迷いが吹っ切れたと言っている。こちらはさだかに覚えていない言葉が刺激になって、あるいは迷いを吹っ切る契機になって、一歩前へ進む元気を与えたのだとしたら、それはとてもうれしいことだ。大西麻貴は「建築は結局のところ感性でしか判断できない」という言葉で解放された、と語っている。この「感性」という言葉を、彼女は「見えないものや聞こえないことを感じ取り、希求する力のことだ」と解釈してくれていて、これは今度はこちらが学ぶ番である。感覚は、感性は、五感を超える。こういう感性や受容力、解釈力に出会うたびに、学生との応答こそが学びの場である、という気持ちが強まる。何度も言うことだけれども、それは決して一方通行ではない。双方向の出来事だ。

都市は、機能的ゾーニングではなかなか面白い出来事が起こらない。機能を分離してしまうからだ。人間の意識と行為を分断してしまうからだ。実は人間はあることをおこなっていても別のことを考えたりしている。なにかが刺激になって、別のなにかに影響を与えてもいる。クリエイションはそんなときに起きる。風呂や散歩の効用は古今さまざまな人々が語っているし、アイディアが湧くことが多い。出来事を触発する都市的スケールの空間、これはとても新鮮な発想だ。

台湾

台湾のコンペに2006年、2007年と立て続けに参加した。2006年は台南の億載金城（おくだいきんじょう）という海辺の公園のプロジェクト。2007年は高雄のオペラハウスのプロジェクトだ。2007年の高雄は、とりわけ実現が前提とされていた。台湾はコンペが比較的多く実施されるのだが、実現されるかどうか、曖昧なものも多い。しかし、可能性があるからチャレンジする。実現するかどうかは時の運だ。そういった気分が建築設計の世界にはある。

バブルのころにアモルフが東京で全盛を極めていたときの話をしたことがあると思う。第0世代の章に書いた以下のエピソードである。手がけるプロジェクトの規模も、3000万が3億、そして次は30億、と毎年10倍の成長を見せていた。駆け出しのころからお世話になった会計事務所の先生からも、「やってみるものですね」と笑われた。

そのころ、1988年におこなわれた坂本龍馬記念館のコンペで、締め切りが6月、結果発表が7月という日程だった。私たちの事務所の決算は6月。ちょうどその年の税務調査が入って、6月にすべての成果物は納めてあるので決算でその経費を計上した。ところが税務署が、コンペは営業行為であり、それにかかるコストは営業経費であるから、7月までにわたって計上せねばならない、と指摘してきた。他のことならまだいい。しかしコンペは建築設計者にとって聖域である。そしてコンペ作品を制作することは、とれるかどうかではなく（とれるに越したことはないし、それはとてもうれしいし光栄なことなのだけれど）、むしろ研修であり鍛練であり修行なのであって、営業などではありえない。忿懣やる方なく、会計事務所の先生にその胸の内を伝えたのだが、「まあまあ竹山さん、税務署もどこかでお土産が必要なのですよ、ここは少し我慢してください」と諭されて、涙を飲んだ思い出がある。

この話の肝は、それが税務上営業行為とみなされるかどうかということでなくて、建築設計者にとってコンペが聖域である、ということだ。無償の行為である、ということだ。ひたすら研鑽の場である、ということだ。入選すればうれしいし、当選すればさらに心を引き締めて、ことにあたる。しかし、コンペそのものは、構造的に限りなく確率の低い賭けなのであるから、自己研鑽とでも割り切らねばとてもチャレンジできない。

というわけで、実務の事務所としてはなかなかこの無償の行為に取り組むには覚悟がいるのだが、大学では純粋に研鑽の機会となる。台南のコンペは、オランダ植民地の起点ゼーランディア城にも近く、鄭成功ゆかりの土地であり、歴史的にも自然地形的にも景観的にも、そしてプログラム的にもとても面白いから、たとえ実現可能性が少なくとも、チャレンジする価値が大いにあると思った。学生たちでさまざまな案を検討し、半ば湿地帯であったから、そして海辺であるから、水のイメージを存分に用いることにした。水は滴り、流れ、姿をとどめず、どのような姿にもなる。水のなかのアジア。当時学生だった夏目奈央子の独特のタッチのイラストレーションを中心にプレゼンテーションをまとめると、見事2等に入賞した。インタビューでもとても好意的に受け止められ、その後、台湾でいくつか仕事をすることになるのだが、結果的にはそうした一連の仕事のきっかけをつくってくれたプロジェクトとなった、といっていいだろう。

夏目奈央子は建築よりも柔らかな布のようなものの表現に関心があり、今はなつめ縫製所の所長で、仙台の卒業設計コンクールで日本一をとった同級生の藤田桃子、その夫の河野直(なお)とともに、つみき設計施工社の仲間として活躍している。そういえば藤田桃子と河野直もスイスで働いた経験がある。国際派の伝統は継承されている。そう、最後の第5世代に至るまで、ずっと。

そして高雄のオペラハウスだ。正式には「高雄国家芸術中心」という名称の国際コンペで、2段階コンペであった。プログラムは、オペラハウスと中劇場、そしてコンサートホール、さらに実験劇場を有する文化コンプレックスであって、高雄の中心市街地の東にある広大な公園が敷地であった。第2段階には6作品が進み、私たちの案もそのひとつに選ばれた。この第1段階は大学でおこなったのだったが、このとき三つのテーマを立てた。

ひとつ目はフォルモサ、これはポルトガル語で麗しい島という意味だが、その自然豊かな緑をテーマのひとつとし、心地よい木陰の連続をつくろう、という建築的な提案をおこなった。なにしろ台湾の、その南の高雄は暑い。心地よい日陰は、夕涼みのそぞろ歩きにもぴったりである。これをCosmic Metropolitan Park と名づけた。

ふたつ目と三つ目は地名の由来からのテーマである。高雄は、もともとはTakuとかTakoとかいう発音の現地の言葉で、竹を意味していた。そう、日本語とほぼ同じである。そこに大陸からやってきた人々が漢字をあてた。打鼓、であるとか、打狗であるとか（鼓(つづみ)を打つ、はまだしも、狗(いぬ)を打つ、というのはいくらなんでもどうか、というわけで日本統治時代に高雄という漢字があてられ、そして戦後、中国語読みでKaohsiungとなった）。この鼓を打つ、という名称から、鼓のように外郭の縄と内側の胴、その内側の空洞という三つの層を持つ建築を構想した。そしてこれをTriple Skinと名づけた。

三つ目は、この地名のもともとの意味である竹から発想して、地下茎のように地下で結び合う建築計画を考えた。つまり離散型プランである。離散型なのだけれども、それが機能的にも設備的にも地下でつながっている。これをArchipelago Modelと名づけた。アーキペラーゴは多島海の意味である。

このときのイラストレーションも夏目奈央子が活躍してくれたが、そのタッチを踏襲しつつ、二次の段階のイラストレーションは橋本尚樹が活躍してくれた。仙台の日本一をとったときの子供たちを描いた（彼のテーマは幼稚園だった）叙情あふれるイラストレーションも良かったが、少し抑えて夏目スタイルでほのぼのとした絵を描いてくれた。橋本尚樹は、フランスのジャン・ヌーベルや、内藤廣（ひろし）の事務所を経て独立し、活躍している。

高雄のコンペでは最終2案に残って、オランダのメカノーと一騎討ちとなった。彼らの案はすべてが一体となった密着型であって、私たちの離散型とは対比的である。7人の審査員のうち、台湾の4人がオランダの案に投票し、外国からの審査員3人が私たちの案に入れてくれた。4対3である。

というわけで、残念ながら1等にはなり損ねたのだったが、結果発表を見て驚いた。2等にザハ・ハディドの案が入って、私たちの案は3等となっている。なんでも高雄の市長がザハ・ハディドが好きで、「1等が決まればあとはどうでもいいわよね」と言って2等にザハ・ハディドを押しこんだのだとあとで聞いた。政治というのはどこの国でも不可解な作用を及ぼすものだと思う。ちなみにザハ・ハディドは二次審査のインタビューにも現れなかったし、模型を見たけれど、このコンペに限って言えばさほど感心もしなかった。彼女が香港ピークで1等をとったコンペ以来、ザハ・ハディドのプロジェクトをいつもとても新鮮に受け止めているのだけれど。

コンペというのはなかなか一筋縄ではいかない。さまざまな要因が働く。最近は審査員側に回ることも多いが、その責任はいつも重いと思っている。そしていくつかのコンペで竹山研出身者の案を審査する機会もあり、彼らの成長を確認してとてもうれしく思う。とりわけ1等になったりしたときはわがことのようにうれしいし、残念ながら1等を逃したら、とても残念だ。ただし、研究室出身者なだけに、決して贔屓をしたりせぬよう、客観的にジャッジすることを心がけている。むしろ推しにくい、というときのほうが多いほどだ。他の審査員の目も当然意識して、冷静に、できるだけ客観的に、判断をするよう努めている。

話を戻そう。というわけで、台湾で二度のコンペを経験して、幾たびも台湾に通い、いくつかの実際の仕事にも恵まれて、いまや台湾はとても近しい。

ジョン・ケージの『4分33秒』

「ジョン・ケージの『4分33秒』は、歴史的にはすごいことだけど、二度も三度も聴きたくないよね。僕はモーツァルトみたいな何度も聴きたくなる音楽のような建築のほうが好きだ」と、そんなことを橋本尚樹に語ったらしい。おかげで彼は少し肩の荷が下りた気がしたのだという。卒業設計への気負いが少しだけ抜けた、と。なるほど、そんなことを言ったかもしれない。彼は大西麻貴、藤田桃子のひとつ下の学年で、同じく日本一に輝いた。

ピアノの前にずっと黙って座っている。ちょうど4分33秒の間。その間、客席のこっそりとした咳きや、外でさえずる小鳥の鳴き声が聞こえたりもする。とてもコンセプチュアルな作品だ。その沈黙を想像すると、そして沈黙のあいだに流れる空気や音を思い浮かべると、そこにまったく異次元の空間が現象していることが感じ取れる。

パリのワークショップで出会い、その後深く長い交友の続くピエール・マリエタンは毎年、建築音楽環境会議（RAME）を開催している。私もよく参加するのだが、そこに集まる音楽家といえばみな現代音楽家たちばかりだから、開かれるコンサートもとてもコンセプチュアルだ。爆音のような都市騒音を延々と聴かせるパフォーマーもいる。あるいは自然や空間に呼応して音を発するパフォーマーもいる。多くの場合、いわゆるメロディーやハーモニーとは無縁だ。一般的な快適さとも無縁だ。既成の音楽の概念を変えよう、超えようとしているのだからあたりまえだ。

もちろん新しい音空間に身を浸すのは刺激的な体験である。近代建築だって、それまでの様式建築に慣れていた人々の目には、品のない、趣味の悪い、装飾や面白みにかけた、ただの箱に見えただろう。あるいは鉄のフレームに見えただろう。それがいまや、誰もがごく普通の感覚で近代建築の美に浸ることができる。だから、時が経てばみな、新しい試みに心を開く準備はある。あるのだけれども、にもかかわらず、あまりコンセプチュアルだとなかなかついていけない。個人的には、とりわけ日々の暮らしでは、もっとサウンドが豊かな音楽に包まれていたい。近代建築や現代建築の硬質でクールな空間には心から共感できるのだが、そして様式建築のゴタゴタした装飾には辟易するのだが、音楽に関しては、これはどうしたことなのだろうか、と思いもする。専門領域というものは、感性をある方向に誘導してしまうものなのだろうか。

もちろん近代や現代の建築にも、感覚的に受け入れ難い、あるいは端的に言ってしまえば、これは嫌いだな、と思わせる建築もないではない。ただ、それが1回だけ、あるいは短時間訪れる空間であれば、神経を逆なでする刺激もいいと思う。ほんとうに。でも住宅のように日々の暮らしを包む入れ物の場合は、やはりやさしさやさわやかさや、そう、そして使うのがとても難しい言葉だけれども、快適さが欲しいと思う。安易に流れる快適さ、とは違うものなのだけれど。

京都大学でオーケストラ部に入っていたころ、近所に円居（まどい）というクラシックをかける喫茶店があって溜まり場でもあったのだけれど、そこにかわいいバイトの女性がいて、モーツァルトのレコードばかりをかける。そのとき博識の部員の一人から、モーツァルトの音楽はお母さんの顔のようなものだ、という話を聞いた。ベートーベンは偉大である、とか、ブラームスがいいがブルックナーはちょっと、などという批評は許される。フランス音楽は心地よいだけで軽薄だなどといってもいい。しかしモーツァルト批判は許されない。というより、誰もがみんな、好きなのだ。お母さんのように。お母さんが美人かどうか、など問わない。ただみんな、大好きなのだ、と。

繰り返し聴いても、聴き続けても、なにかを与えてくれるし、なにより押しつけがましくない。美しい川のほとりでは水を音楽の「メタフォア」として、眺めたり覗きこんだりもできるし、周りの風景に目を向けたり風の匂いを嗅いだりもできるし、まったく違ったことを夢想することもできる。そこに入っていっても出ていっても、なにをしても自由だ。そんな心持ちにしてくれる。自身を日常の呪縛から解放してくれる。緊張から解き放ってくれる。

とはいえ、緊張はたいせつだ。建築はショッキングでなければならない、とかつて「ショッキング・アーキテクチュアをめぐる断章」（『極1 建築美［特集］結晶』学芸出版社、1984）という文章に記した。いまでも基本的にその気持ちは変わらない。凝り固まった既成の観念をぶち壊すような建築をつくりたいと思っている。しかし、ショッキングであると同時に、晴れやかな心持ちをもたらすものでもありたい、と、そうも思っているのだ。

モーツァルトにしても、当時の人々にとっては驚愕の音楽であったことだろう。新しかったから。しかしその新奇性が、普遍性へと変貌していく。人々の受容力によって。そしてそうした受容力は、頭で理解するコンセプチュアルなものというより、心で受け止める感性的なものなのだ。喜びをもたらすものなのだ。それが「驚き」と「喜び」を併記する理由でもある。

心に残る言葉

自分の発した言葉を学生たちが覚えていてくれるのはとてもありがたいし、そして新鮮でもある。忘れていたことどもを思い出す。自分で発していながら消えていってしまうことも多い（もちろん心のどこかに痕跡は残っているものだけれど）けれども、発された言葉は受け止めた人の心に残る。いつか読んだロングフェローの詩のように。

Long, long afterward, in an oak I found the arrow, still unbroke; And the song, from beginning to end, I found again in the heart of a friend.

ずっとのちのこと、一本のオークの木に
私は突き刺さった矢を見つけた
そして私の歌った歌は
一人の友の心に刻みこまれていた
――「The Arrow and the Song」（拙訳）

個性

学生はみな違う個性を持っている。育てようなどとおこがましいことは考えていないのだが、違いを見きわめて、各々にふさわしい花を咲かせてあげられればいいな、と思っている。最初から花のある人間もいるし、いぶし銀のような静かな輝きを見せる人間もいる。花を咲かせるのでなく、豊かな栄養を根っこに蓄えているような人間もいる。そんなさまざまな個性があって、同じような道を歩むはずがない。みんながみんな就職活動をして大手企業に入る必要もないし、スターアーキテクトをめざす必要もない。そうした個性豊かな連中が身近にいる、ということがいい環境なのだ。

若い間はみな不安だし、自分に自信がない。自信のある猛者もいるが、ポーズであることも多い。カッコつけずに自分に正直であること。そこに基本スタンスを置いて、そこから伸びていく個性が本物だと思う。他者との違いをマイナスだと感じさせないこと。むしろ違うことがプラスだと感じるように持っていくこと。標準でない、普通ではない、あたりまえではない、ということを自信へとつなげること。えてして標準的で普通であたりまえだということが美徳とされる日本社会のなかにあって。

とはいえ、かといって無理してつくった個性はもたない。化けの皮が、やがて剝がれる。学生時代はカッコつけるものなのだ、誰しも。猿山の争いのようなものだ。しかし長い人生、どこでなにが起こるかわからない。なにが幸いし、なにが災いするかわからない。だから、背伸びしないで素顔のままで互いに接していける、そんな場が竹山研であればいいなと思ってきたし、そんな場に近いところだったのではないかと、卒業生たちを見ていると感じもする。実際のところはわからないけれども、たぶん。

絵を描くこと

絵を描くことが好きな学生が建築を選んで入ってくる。それは一般的な傾向である。空間を構想するには、絵が描けたほうがいい。しかし、絵が下手であっても、空間的な構想力に秀でた人間はいる。たぶんいくらでもいる。作曲家がみんな素晴らしい演奏家であったり歌がうまかったりする必要はない。歴史的にいって楽器の名手は多かったけれども。

とはいうものの、絵がうまくても、下手でも、毎日手を動かしてなにか描いていくことはとてもたいせつだと思う。頭と手を連動させることが、身体感覚を鍛えるからだ。ラスコーやアルタミラの洞窟の昔から、人類は自身のなかにあるイメージを外界に投影して、そして今度はそこから元気や勇気や、あるいは悟りなんかももらって生きてきた。世界のモデル化を試み、そこに新しい世界をつくりだす喜びに震えたに違いない。世界を改変する欲望、とでもいうものが、人間には元からあるのだと思う。

そして建築という行為は、それが最もストレートに現れる営みだ。ひとつの世界をつくりだす。世界と感応する。つまり自己を世界に投企（プロジェ）し、世界が自己に応答する、そんな経験であり行為だ。そこでは自己が変容する。建築を構成する物体が、自分自身の身体とは異なる組成と論理を持った物質が、選び取られ、自身の意図が投影されて組み上げられていく。外化した思考が投げ返されて自身を鍛える。そんな繰り返しのなかで人は成長していく。

毎日、スケッチブックに絵を描くこと。あるいは図式でもダイアグラムでもなんでもいい。断片的な言葉だっていい。描く・書くという行為は、人間を新しい次元に連れていってくれるはずだ。

自分が思っていることは、頭のなかにある、と人は錯覚している。いや、錯覚というと言いすぎだが、たかだかそれだけだとたかをくくっていることが多いのではないだろうか。そんなことはない。人間は自分が頭のなかに持っていると思っているよりよっぽど多くのことを潜在的に思考している。

それはいっぺん外に出してみればわかる。言葉を書きつけたり、絵や図式を描いてみればわかる。自分はこんなことを考えていたのか、あるいはその言葉やスケッチによってさらに思考がどんどん発展していく場面に出会うだろう。思考を外化することによってさらなる思考の深みと広がりを知り、あらたな世界を生み出すことができる。

建築を設計することの喜びも驚きも、この素朴な作業が出発点だ。手を動かすこと。身体を動かすこと。だからスポーツや楽器の演奏にも共通するなにかがあるかもしれない、と感じてきた。オノマトペにも通じるなにかが、「空間加工のイメージ」にはある、と感じてもきた。言葉にすることは難しい。そして言葉を超えると、軽々しく言うことの傲慢もよく自覚している。しかしながら、やはり、言葉を凌駕（りょうが）する思考の場面というものに、建築設計という行為はしばしば出会ってしまうのである。物体としての建築物に最終的に到達する以前の、あるいはそこに到達することがかなわないことを知っていながらの、さまざまな構想。この豊かな世界。

プロジェクトとプラクティス

アメリカの現代建築家であり理論家のピーター・アイゼンマンが、プロジェクトとプラクティスの違いをこんなふうに説明している。「建築の仕事にはプロジェクトとプラクティスがあって、プロジェクトは世界を変えていくこと、プラクティスは世界に合わせていくことだ」と。そしてこう付け加える。「かつて自分の仕事は90パーセントがプロジェクトだったが、最近は90パーセントがプラクティスだ」と。そう言って彼は笑うのだが、自嘲にも見え、自己韜晦（とうかい）にも見え、仕事が多いのを自慢しているようにも見える。でも、面白い定義だ。

彼の用語に沿って言うなら、大学はプロジェクトで実務はプラクティス、ということになるのかもしれない。丹下健三や増田友也の時代は、大学でもどんどん実務をやっていた。大学に期待されるリーダーシップも大きかった。それはそれでとても意義のあることだったのだと思う。１９６０年代からせいぜい70年代の初めにかけてまでの、高度成長期の時代である。オイルショックでその時代は終焉し、社会も成熟し、技術革新も社会全般に行き渡り、やがて大学から実務は消える。

私にしても、実際社会に責任をとる仕事はアモルフで受ける、という形をとった。なにしろプロフェッショナルな集団である。協働するパートナーもみな実務のプロだ。しかし大学には大学の良さがある。既成の観念や常識や、そして社会的経済的なしがらみにとらわれない、という点だ。だから海外のコンペなどに対しては積極的に大学で取り組んだ。

大学ではもはや実務はおこなわれないから、プロを志す建築家の卵たちはみな社会に出る。あるいは私のように、大学に残っていながら実務のチャンスを窺（うかが）う。

とはいえ、プロジェクトにせよプラクティスにせよ、どちらにしても、自分なりのやり方を見つけていかなければならないのであって、とりわけ重要なのは、ただ流されるのでなくつねに自覚的であるという姿勢である。プロジェクトとプラクティスは実際にはなかなか分かち難い関係にある。しかしそこに境界線を引くことによって、かえって越境の場面や、共通の場面が見えてくる気もする。

この自覚的である、ということについてさらに述べるならば、たとえば川に投げ出されて泳ぎはじめたとする。流れが強くて浮かんでいるのが精一杯、ただ流されていくときもあるかもしれない。でも周囲の地形や天気や水の深さを冷静に判断して、つまり渦中にあっても、自分の位置やスピードや泳ぎ方を自覚して、鮮やかに泳いでいくその美学を追求する。反応、応答しながら自分なりの泳ぎ方を見つけだして、磨いていく。そんな自覚だ。この自覚が、えてして世の中に流されがちなプラクティスの現場にあっても、良いプロジェクトであり続けるためにたいせつな態度となる。

つまり、プラクティスは流されがちなのである。社会の論理や経済の論理、クライアントの気分や組織の論理、あるいは法規的な解釈や行政の都合、そして投資家の論理によって。これは危険だ。ただ法規を守ってディベロッパーやクライアントの言うことを聞いて、予算がこうだからこんなもんでしょう、という態度からは、あまり感動を与える建築は生まれない。

思わず美学という言葉を使ってしまった。美学というと大げさだけれど、世界に新しい価値を与えてやるんだ、と、そうした無謀にも見える試みを続けることが、建築の志、なのである。それがアイゼンマンの言うプロジェクトだ。だから大学ではプロジェクトをおこない、世界を変えていく夢を描き出すのである。そしていざ社会に出てプラクティスの場に飛びこんだときにも、つねにプロジェクト・マインドを持って突き進む、そんな学生を育てたいと思ってきたのである。

ところで私が学生のころは、そう、１９７０年代あたり、京大の学生は頭でっかちで実務を知らないから企業に入って使い物にならない、という風評もあった。なにやら昔の京大の悪口ばかり書いているようだが、仕方がない。実際そうだったのだから。口ばっかりで図面がうまく描けなかった。しかし翻って考えてみるなら、大学というところは図面をうまく描くトレーニングの場ではない。素晴らしい図面が描ければそれに越したことはないが、むしろ素晴らしい図面に至る思考のトレーニングをおこなう場だ。少なくとも私はそんなふうに考えている。

しっかりした思考のトレーニングをしておけば、実務はすぐに身につけられる。即戦力である必要は、ない。逆に思考のトレーニングをしていなければ、ただの製図マシーンだ。使われるだけの人間になってしまう。考える個人になれない。思考なき歯車と化してしまう。言葉ばかりの、思考ばかりの京大にいたおかげで、そのあとに他の大学を知り、世界を知り、刺激を受けて自分自身が変化もしながら、しかし京大時代の、建築をはじめたばかりのころに感じた素朴な疑問やこだわりや、なんというのだろう、スローで、もどかしくて、まどろっこしくて、割り切れなくて、迷いやためらいにあふれていたあのころがあったからこそ、いまがあるのだ、という気がしてくる。

いまは、ここに書き記してきた京大の設計教育の変革もあって、学生たちの設計の質は際立って素晴らしいものになってきた。すでに書いたことだが、建築新人戦や卒業設計コンクール、あるいはその他の設計競技でも、良い成績をおさめる学生が続出している。私たちのころとは隔世の感がある。にもかかわらず、私は思うのだが、小手先のトレーニングをおこなうだけであれば、京大で学ぶ必要はない。

誤解のないように言っておくけれど、京大を大学、と言い換えてもいいし、高等教育機関と言い換えてもいい、そして京大で、あるいは大学で学べば、小手先のトレーニングを超えた学びができる、と言っているわけでもない。京大、というのはたまたま私が局所的な責任をとることのできる範囲、という程度の意味の物言いである。

単にプラクティスに役立つ人材でなく、世界を変えるプロジェクトを構想する個人こそを育てたい。そんなふうに、ずっと思い続けてきた。このことは、ここに記しておきたい。

この時期の竹山スタジオ・テーマ
2008　学びのミュージアム
2009　空間の音楽化
2010　ランドスケープ／ユートピア
2011　書物と遊歩／サードプレイス

（扉写真）第1回研究室旅行／屋久島・縄文杉　2010

凍れる夢を溶かす希望はあるか

過ぎた日の善いものごとを忘れ去れば、その人は、まさにその日に、老いぼれる。

——エピクロス

理想都市／幾何学の夢

パルマノーヴァという都市がある。1571年のレパントの海戦の勝利を記念してイタリアに築かれた城塞都市だ。勝利とはオスマン帝国に対してのヴェネツィア側、つまりヨーロッパ側の勝利であって、だからヴェネツィアの東に築かれた。幾何学的形態をもつ理想都市は、長らくルネサンスの夢であった。それがようやく、最後になって、ついに完全な形で実現した。

イタリア・ルネサンスは、古代の崩壊とともにアラビアに渡ったプラトンの哲学がふたたび輸入され、神ならぬ人間理性の想像力に目覚めた時代であって、その形態の側面から都市改造に熱狂した時代でもあった。形にこそ理性は宿る。雑多な現実の彼方にはイデアの世界がある。時代を牽引した建築家たちの共通語は幾何学だった。幾何学にのっとった建築や都市の美顔整形術はその数学的知性の香りとともにやがてヨーロッパ中を席巻することとなる。

かくして実現されたパルマノーヴァのコンポジションは、当然シンメトリーであり、中央にある六角形の広場から放射状に道路が延びて、外郭は九角形となっている。三つの城門を規則正しく配置するのにも九角形は都合が良い。パルマノーヴァはルネサンス理想都市の夢の結晶であった。

このルネサンス精神に貫かれた都市は1593年に建設がはじまり、1623年には城壁も完成する。ところが完成も近づき、入植者を募集するも希望者がいない。結局ヴェネツィア当局は1622年に受刑者たちに恩赦と土地を与えるという条件で住人を確保せざるをえなかった。ようやく実現されたルネサンス理想都市は、かくして軍隊と囚人の街となったのであった。

つまりここに歴史の皮肉がある。ルネサンスを通しての夢であった理想の都市を実現してみれば、この世にすでにある規律と秩序の体現者たちがそのまま移り住んできてしまった。誰も本土防衛の捨て石などになりたくないし、幾何学的理念のなかで生活を築いていこうなどという酔狂な人間もいなかった。中央広場に監視人を置けば、これはそのままベンサムが18世紀末に監獄のため構想したパノプティコン（一望監視空間）となってしまう。かような隠れなき管理空間になど誰が住むか、というわけである。

実現されてみればそこには何かが欠けている。あるいは何もかもが完璧すぎる。欠けているのはおそらく欠落そのもの。遊びがない。笑いがない。自由がない。いわば人生に備わるべき余白がない。そう、驚きが失われている。人生の機微に響くものがない。すなわち秘め事に宿るはずの欲望が禁じられていた。

そもそもどのような制度であっても、支配者側、構想者側は全体主義思考を取りがちであり、そこで暮らす人々はその規律と秩序から逸脱しようとする。国家は支配をもくろみ、社会は自由を求める。計画理性というものに潜むジレンマを、結果的にルネサンス理想都市はよく映し出してしまったのだと言っていい。革命的理念の実現が結果的に善意の反動となる。よかれと思ってやったことが、裏目に出てしまう。実はユートピアの歴史はこの繰り返しである。だから真っ当な人間はユートピアという言葉にまっすぐ向き合うことを避ける嫌いがあるのかもしれない。

ユートピア／理性と欲望のゆりかご

ルネサンス理想都市が描かれ続け、実現への試行が繰り返されていたのと同時代に、トマス・モアの『ユートピア』は書かれた。1516年にまずラテン語で出版された。コロンブスの新大陸発見に触発され、モアの頭のなかにつくりだされたこの架空の島国は、UTOPIAと名づけられた。英語の発音では「ユー」となるから、原義を暗示されるギリシア語では「ou」とも「eu」とも受け取られる。つまり掛詞だ。ちなみに「ou」は「無」、「eu」は「善」。ここにもまた、善意は満ちている。フランスやドイツの発音ではただ、どこにもない場所、である。

さてモアは、ユートピアの制度と生活、社会の仕組みなどを事細かに描き出したのが、いかにもイギリス人らしい。イタリアはただ理想都市の形態を描き、イギリスでは理想都市の制度を描いた。

イタリアで生まれた理想都市の形態は、人間生活を矯正するユートピアという概念と結びついて、やがてユートピアのひとつの雛形となってゆく。空間は生活を規定する。近代建築家は皆このテーゼを共有した。近代建築運動がユートピア運動でもあった所以である。

　モアの描いた制度と風俗としてのユートピアも、イタリアの偏執狂的幾何学的形態も、現実の逼塞感をなんとか突破したいという、どこにもない世界への憧れを潜在させていた。革命の火種もまた、そこにあった。ヨーロッパ近代は、あるいはそこで生まれた近代建築運動は、だからつねに革命の予感をはらみ続けた。

　そこにあらたな階級が勃興して、このユートピアを地上のものとする歴史の目的を思い描いた。歴史は単なる人類の足跡の記録ではなく、目的をもつ運動である、と。神は待てど暮らせどついに地上に楽園を回復してくれなかった。自らの力に、つまり人間理性に目覚めた人々は、もはや神に頼ることはできないのだ、ということを、最初は密やかに、やがて大々的に、語るようになっていく。彼らは、人類はもはや中世を通して社会を凍りつかせてきた神の権威よりも人間の理性をこそ、その導き手とすべき、と考えたのである。

　コロンブスによって本当に新世界が存在する、という朗報がもたらされたのはそんなタイミングであった。新大陸にはどうやらキリスト教の神は不在であって、逆に侵略者たちが神と間違えられたほどだ。人間は時と場合によっては創造神になれる。新天地を征服し、あらたな秩序を築くのだ。あるいは旧体制をひっくり返してこの世に楽園を築くのだ。理性に導かれた自由と平等の楽園を。もちろんこの場合の自由と平等は、ヨーロッパ人のみに適用される理念であった。

　コロンブスの新大陸「発見」からちょうど500年の間、地球はヨーロッパ近代によって征服されてきた。世界を理想的な形につくりかえる欲望と経済力と技術力（軍事力）が一体となって、地球は理想社会をめざした植民地と近代国家で埋め尽くされていく。

トマス・モアも、彼の朋友であり書物を捧げ合ったエラスムスも、あらたな時代に向けての意図をもち、もはや神の力でなく人間の理性によって世界は構築されるべきであるという思想の礎を築いた。かたや王の逆鱗にふれギロチンにかかり、かたやローマ教会からその著書のことごとくを禁書扱いされながら。ただのちに輝かしきニュートンの成功があって、科学が神の領域を理性によって照らし、神秘のベールが引きはがされる。やがてそれが啓蒙思想を生み、フランス革命を生んだ。ヘーゲルが歴史に目的を与え、マルクスがその実践の道筋を描き、ついにソビエト連邦が生まれた。１９９１年、コロンブスの新大陸発見からちょうど５００年でソビエト連邦が崩壊し、ヨーロッパ近代のユートピアへの夢は終わった。

われわれはいま、ポスト・ユートピアに立ち尽くして、あらたな希望を探っている。その新しい希望に、ふたたびユートピアという呼称を与えてみてもいいのだろうか。そのためにも、ユートピアという近代ヨーロッパの思考形態をつぶさに振り返っておく必要がある。どこにもない場所への憧れは、むろん、近代ヨーロッパ思想の独占物ではさらさらないのだけれど。

島／自由への壁

理想都市にせよ、トマス・モアのユートピアにせよ、プラトンのアトランティスにせよ、それらはすべて周囲から隔絶された「島」だ。強い境界をもってまったくの別世界を築く、それがユートピアの属性であった。

ポーランドの詩人、ヴィスワヴァ・シンボルスカの「ユートピア」もまた「島」を描いている。そこには、これまで人類が憧れ、夢み、そして傷ついた、ユートピアへの思いのすべてが描き尽くされている。

究極の真理や信頼、正義や確信を、人類は求め続けてきた。しかしだからといってそれは、未来永劫（えいごう）の姿がすべて明らかとなってしまい、凍結された永遠が目の前に展開されてしまう世界ではなかったはずだ。そのような、あまりに明晰な世界ではなかったはずだ。ここに矛盾がある。理性と欲望との間の矛盾である。あるいは精神と身体との間の矛盾である。求めるものが手に入るとそれは変容を遂げてしまう。手に入らぬものを手に入れる過程、ここに充実があり、幸福もまた、ある。過程抜きの実現や獲得には、ある種の失望が寄り添っている。

人間は苦悩や不安から解放されたい。誰もがそう望んでいる。しかし実は、そうした苦悩や不安こそが、乗り越えの満足感を与え、未知への期待を与えてくれるのではないか。つまりは欲望を触発してその充足をおこなうエネルギーを与えてくれるのではないか。そして欲望を備給（びきゅう）し続けなければ、人間は生きる力を失ってしまうのではないか。欲望をあきらめてはいけない。欲望を生み出すためには満たされぬ欠落が必要だ。乗り越えるべき障害が必要だ。未知の存在が必要だ。秘め事が必要だ。余白が必要だ。遊びが必要だ。笑いが必要だ。

人間が不透明で不条理なそうした世界から脱出するのが近代のプログラムであったはずであり、そのキーとなった言葉が理性であった。それ自体は決して間違いではなかった。ところが人間は理性的な世界だけでは、はっきり言って、満足できない。そういう理不尽で非合理な存在でもあったのだ。

ほんの少し前、そう1989年まで、西ベルリンをぐるりと囲んだ壁があった。人々は命がけでその壁を跳んだ。それもユートピアとされた「東」から「西」へと。「計画理性」から「堕落と欲望の自由」へと。

これははじめに述べたパルマノーヴァとは逆方向の事態である。つまり、壁に囲まれた世界を忌避するのではなくて、むしろ、壁に囲まれた世界へと逃亡する。壁の手前には、未来が理性によって5年ごとに正確に計画されて、目標に向かって機械のように労働する世界があった。つまりよく「見える」世界だ。そして向こう側には、何がおこるかまったく「見えない」世界。不安と期待に満ちあふれた世界。賭け金は自分の人生。賭けられるのは、未来の可能性。そして結局のところ、人間は、未来の「見えない」世界を選ぶ存在なのである。未来が見えないからこそ、そこに希望がある。未知の出会いがある。欲望がかきたてられる。人間の生を活気づけるものたちである。

壁は好奇心をかきたてる。島は欲望をあおる。人はそこにある境界のゆえに、未知のゆえに、可能性のゆえに、好奇心をかきたてられ、欲望をあおられる。障害が、苦悩が、不安が、そしてその向こうにある何かが、人に生きる力を与えてくれる。まったく度し難い自己撞着（どうちゃく）である。自由のために境界が必要とされるとは。しかしこれが人間の現実である。われわれは自由のために壁を必要としている。

境界を撤去することが善であった近代の壮大な実験を通して、われわれ矛盾に満ちた人間存在には境界が必要であることが逆説的に明らかとなった。自由には境界がいるのである。自由を実感するための壁が、境界が。自分が今どちら側にいるのかは、自分で決めなければならない。それもまた、賭けである。賭けのない人生、スリルに満ちた人生、これもまた、人間の無い物ねだりの心性のひとつである。苦悩や不安を避けるということは、賭けもスリルもなくなるということと同義であるのに。

余白／身体、自由、遊び

神の秘め事に満ちた中世から、すべてをクリアにする人間理性に目覚めた近世に移行し、もはや神でなく人間の力でユートピアを築きうるのではないかと夢想したヨーロッパ知識人たち。しかしその現実化はつねに夢想の甘さを失うはめとなった。理想が現実となるたび失望を繰り返す。これはのちの歴史を象徴する、ひとつの教訓であり、エピソードでもあった。つまり、人間は心をひとつにするとろくなことをしない。集団は狂気に走る。痴愚神はつねに人とともにある。理性を過信してはいけない。そして さらに言うなら、人間はやはり、理性のみでは生きられなかったのである。

1492年のコロンブスの「アメリカ発見」にはじまり1991年のソビエト連邦崩壊に終わる500年の間、ヨーロッパ知識人は壮大なユートピアの夢にかられて歴史を築いてきた。未知なる空間にユートピアを夢み、あるいは強引にユートピアを築く。やがて未知なる時間にユートピアを夢み、これを革命によって実現する。

歴史は人類の足跡の記録ではなくなった。人類は、歴史に単に足跡を残すのみでなく、むしろ「歴史」という概念、すなわち「目的をもって運動する（進化する）歴史」という概念を育て、その先にユートピアを見た。こうした考え方は、カール・ポパーが批判するヒストリシズム、いわゆる「歴史主義」であって、その壮大な展望はヘーゲルによって提示された。空間的差異は時間的差異に置き換えられ、運動の果てに終着駅、目的が仮想されたのであって、それが理性に導かれた国家であった。その試みはついえ、志はゆがめられ、そしてついに崩壊した。しかも欲望に導かれた国家の勝利によって。

理性は欲望に負けた、などという単純な図式化は誤解を招くが、そもそも人間は理性によってつねに行動をコントロールできるわけではない。とりわけ集団の「理性」はつねに狂気に転化する。ここで道を誤らせるのはえてして「真面目さ」である。

つまりは先ほどのテーゼを繰り返すしかない。人間には余白が、秘め事が、笑いが、さらにいうなら、怠惰が、苦悩が、刺激が、必要なのである。理性のみでは生きられない。理性はたった一本の歯痛でかき乱される。しかもそれは、すぐ風邪を引いたりする上に、ついにはやがて死を待つ身体に宿っている。

人間は、理性のみならず、欲望を潜在させる身体をもっている。人生の喜びも悲しみも快楽も絶望も、そのさまざまな彩りにこそ、人生の輝きは宿っている。身体の全体を通して、われわれはそのように直観する存在なのだから。

こうした身体に宿る理性であるということ、また拘束の先に自由はあるのだということ、そして真面目さでなく遊びが求められること、これらを考え合わせれば、徹底して合理主的、機能的に考えられた近代都市計画の取りこぼした問題点も明らかとなってこよう。

幸いに都市は一日ではできない。われわれは試行錯誤の果てに、時間の助けを借りて、都市を築いてゆく。ユートピアは一気に理想に至りそこに永遠を見ようとする意図をもっていたがために、ともすれば時間を止める、という傾向があった。歴史に終着駅をもたらすという発想があった。ところがそこではっきりしたのは、時間を止めると希望もまた失せてしまう、ということだ。日々起きることがわかっている安定した社会からは、偶然や可能性が失せる。心配や苦悩が失せ、と同時に笑いが失せる。思いがけないことにこそ、人間は笑いを誘われるものだ。思いがけないことがなければ、好奇心も鈍り、喜びも薄められる。そもそも人間の前頭葉に宿る、自制心、向上心、思いやり、この三つが人間を他の動物と分かつものだ。そしてそれが個人の基本的な欲望を形成してきた。欲望の底に理性を育んできた。これらの発動を禁じる都市や社会の計画のうまくいくはずがない。

われわれはヨーロッパ近代とは異なったアプローチでふたたび「ユートピア」を論じてみてもいいだろう。「余白」を、「いまだない場所」を、そして「どこにも属さない場所」を、そして「ソフトな境界」を。そこでは理性の宿主である身体が、平等の圧殺から逃れた自由が、そして機能と合理に置き去りにされた遊びが、取り戻されることだろう。

ヨーロッパ近代の見た夢が凍りついてしまったいま、ふたたび自制心や向上心や思いやりに応えられるユートピアが描き出せるかどうか。希望に向けてのユートピアを描き出しうるかどうか。そこに人類の未来はかかっている。憧れを、喜びを、ふたたび求めて人類は歩みはじめる。未来を見通せぬがゆえの、スリリングで自由な場所へ。そして凍結された夢から煮え立つ希望へと、われわれはおずおずと、しかし着実に、歩を進めていくのだろう。そのための、ささやかなトレーニングを、われわれは日々続けなくてはなるまい。

（『詩と思想』290号、2010年11月号　所収）

＊＊＊

２０１０年のスタジオのテーマは「ランドスケープ／ユートピア」であった。この文章はその秋に刊行された『詩と思想』の11月号に掲載された。ポエジーのときとは逆に、まず私たちのユートピアスタジオがあって、それと連動するように『詩と思想』の特集が組まれた。だから、詩の雑誌ではとても珍しいことだと思うのだが、「京都大学竹山研究室の実験」と題して竹山スタジオの建築作品が紹介されている。この文章はそのプロジェクト紹介に合わせて、新たに書き下ろしたものだ。

スタジオは毎年春から夏におこなわれ、その間、プロジェクト制作を進め勉強会を重ねる。本を読み、議論を交わし、調査して研究する。そして模型をつくって図面を描いて、という思考の外在化のプロセスを繰り返す。レペティションとトレーニングの連続だ。秋口になると、そうした混沌とした思考がなにかのまとまりを持ったり、それまでの思索のプロセスとつながってきたりする。

ユートピアは、実は一筋縄ではいかない、歴史的に言っても、とてもプラスとマイナスのイメージの激しい概念だ。素朴に捉えれば美しいが真面目に考えれば恐ろしい。１９９６年にノーベル文学賞を受賞したポーランドの詩人、ヴィスワヴァ・シンボルスカに「ユートピア」という詩があって（この詩が収められた『View with a Grain of Sand』という英語版の詩集を私は愛読していた）、これを機に日本語訳を試みた。ひねりの効いた詩なのだが、これを読んだ小川英晴が「面白いよ」と言って、竹山スタジオ作品の掲載とあわせて原稿も依頼してくれたのだ。訳詞もこの号に掲載されている。詩の雑誌に詩の私訳が載って少し気恥ずかしい思いをしたことを覚えている。

ユートピアは実は、ヨーロッパ近代が、そして近代建築運動がずっとめざしてきたものだ。理性に導かれた国家、計画された社会。20世紀はその挫折の歴史だ。人間は理性のみによって生きる存在ではなかった、残念ながら。これが歴史の示すところだ。考えてみればあたりまえなのだけれど。欲望がその底に渦巻いている。これは精神分析を待つまでもない。

建築もまた理想と理性によって構想され、世に問われる。ただ、理想がついえても建築は生き延びる。物の惰性が大きいせいもあるが、そもそも建築は理想と欲望をともに咀嚼する頑強な胃袋を持っている。

１９９６年の川崎清の退官に従って引き継いだ「建築設計論」という講義の最後には近代建築論を講じてきた。そこではまず「理性に導かれて」で理性の時代と呼ばれた18世紀フランス、とりわけ革命期のブレーやルドゥーを紹介し、19世紀の鉄とコンクリートの技術革新を経て「官能に導かれて」「社会に導かれて」、そして「個性に導かれて」と称して最終的に20世紀の近代建築メインストリームに至る、という構図が描かれた。

このときに、近代建築の歴史はそのまま、ユートピアを希求する歴史であった、ということに気づいた。ユートピアを求めつつ、挫折し、しかしそうした建築プロジェクトはさまざまな受け止め方がなされつつ次世代に引き継がれる。意味や意義は新たに発見され、ユートピア像も否定や受容を繰り返しながら、変容を繰り返す。ル・コルビュジエやミース・ファン・デル・ローエたちによってメインストリームの表現を得た近代建築、あるいはモダニズムと言ってもいいけれども、それからほぼ１００年が経過しようとしている。建築はいつも懐かしく、そして新しい。

5

自由を謳歌して

｜第 5 世代｜

2012-20

5th generation / Enjoying freedom

そして最後の世代である。かなりの幅がある。２０１４年12月に私も還暦を迎えたから、年の差もずいぶんある。学部４回生から修士２回生は21歳から25歳くらいだから、その差はざっと40年近い。しかし彼らとの対話を通して、私自身が学ぶことはあいかわらず多いのである。どんな建築に関心があるか、どんなテーマに興味があるのか。やはり師から弟子への一方通行ではなくて、教育は学び合いだ。

さて彼らとあらためて議論を交わしはじめたのが「言葉」だ。そして言葉を逃れていく言葉だ。これは研究室はじまって以来のテーマであることはすでに触れたと思う。プロジェクトをどんどん一緒に進めていった草創期の学生たちとの関係は、私が先頭に立って、お前らついてこい、という構図に近かったかもしれない。それから、みんなで一緒に走っていこう、という並走状態がきて、最後に、走っていく学生たちをうしろから見守りながら、全体を見通していく、そんな構図になっていった。

身体と身体をじかにぶつけ合って、切磋琢磨し、議論し、旅をして、酒を飲んで、文章を書いて、図面を描く。一緒になって。そうしたコミュニケーションと学びの形態が、こちらの体力的な衰えと、そしてまた学生たちとの年齢の差による距離（いやおうなしに潜在的な力関係が滲み出てくる。とりわけ長幼の序、のようなものをどこか重んじる気風の残る日本社会においては）によって、だんだんと難しくなるのは仕方のないことだろう。

お前らついてこい、でもなく、みんなで一緒に走ろう、でもなく、自由に走っていって、そこになにかしらの指針を共有していく。走っていくのをうしろから見守るだけでなく、方向を示唆する。あるいは軽く暗示する。自由に運動する個体があって、しかしそのなかに、秩序を見ていこうとする。秩序といっても整然としたものではなくて、驚きや喜びを孕んだ秩序であっていい。逸脱や脱線を含んだ秩序であってていい。そのときにあらためて浮かび上がってきたのが「言葉」だった。それも新しい意味を付与された「言葉」だった。そしてそれはイメージや図式、そしてモノすらも内在させた、変形され拡張された「言葉」だった。

アイゼンマンやプラトンやデリダやドゥルーズやライプニッツや荘子やマーレビッチやアドルフ・ロースを読み、そこから引き出した言葉を投げかけ投げ返しながら、そして交わされる言葉を聞き取りながら、レスポンスを繰り返しつつ、新しいアイディアが生み出され、建築が、空間が、構想されていく、そんな現場を体験し続けてきた。学生たちはさぞ当惑したことだろう。しかし面白がってくれた気配も、ある。なにをやっているかわからないから敬遠する学生もいれば、近づいてくる学生もいる。要は好奇心の持ちようなのだと思う。

建築の設計に決まった答えはない。唯一の正解はない。ただ、より説得力を持ってすっきりと腑に落ち、しかも明快で豊かで美しくさわやかな解が、時折天から降りてきてくれるだけだ。だから、ただそこに向かって歩を進めていくばかり。その状態に耐えられない学生は、つまり手っ取り早くすっきりはっきり物事に黒白つけたい学生は、まどろっこしい議論に参加することに尻ごみしてしまう。仕方がない。でも、世の中には答えの出ないことがいっぱいあって、それでも決断をしなければいけないときがあって、人生はそんなこんなの繰り返しだ。合理的に省力化して生きていこうと思っても、なかなかそうはいかないし、うまくいかなかったことがあとになって効いてくることだってある。いつも笑っていたいものだけれども、苦しかったり悲しかったり辛かったり悔しかったり、理不尽なことばかりが出てくるのが世の中というもの。でもなおそれだからこそ、笑っていたいし、驚きと喜びを求めていたい、となるのではないだろうか。それが気持ちの若さだ。好奇心と向上心の相乗作用だ。あとになってみれば笑い話だ、という心の余裕を忘れず持っていたいものだ、といつも思う。いまだってそうだ。自分自身に対して言い聞かせることがしばしばだ。

学生たちと接していて、そして迷ったり悩んだりしているのを感じると、そんなことを思いながら、共鳴しながら、こちらもそっとため息をつく。自分もそうだったな、と。でも、えらそうに説教じみた言葉をかけたりはしない。ただ近くで共感する。一緒に悩み、議論をする。だって、くどいようだけれども、答えなんかないんだから。そしてこちらもまだ、残念なことに、発展途上なのだから。人生は一生発展途上だ。そう思っていないと進歩も発展もない。坂本龍馬ではないが、ドブのなかでも前のめりに死んでいきたい。龍馬は確か30歳そこそこで死んでしまったが、長生きしたって同じ。人生死ぬまで前のめりだ。気構えだけはそうありたい。成長をやめたマンネリでは、学生たちも退屈してしまう。刺激を与え続ける、それが学びの場の必須条件だ。

新しいアイディアや空間の解釈、構想なんかがポンポン飛び交う。そんな対話や議論が、研究室で鍋を囲み、大きなスクリーンでボーズのスピーカーシステムから流れる音と一緒に映画を観ながら、あるいは桂川でバーベキューをしながら（そのときそこに私は呼ばれていない）、交わされるのである。学生たちのあいだに。ときどき私も含めた議論のあいだに。

のびのびと自由を謳歌する学生たちは、うちにこもらず外に出かけていく。たとえば自ら選んだアーティストに会いに行って話を聞いたり、展覧会やシンポジウムを開催したり、機関誌『traverse』の企画や編集のため交渉や取材にどんどん出ていったり。答えを出す場ではない。ましてや答えを与える場でもない。研究室は自ら探索に出かけていく、そうした気概と雰囲気を醸成する場であればいい。

もし彼らにとっての竹山研がさながら自由を育む庭であって、そうした自由やゆとりこそが才能を伸ばしていく苗床だったとしたら、この学びの場の革命は、なかば達成されたといっていいのではないか。

図面を読み、そして描くということ

建築学科を出て一番の強みは、図面が読め、そして描けるようになる、ということだ。さらにいうなら、立体的な空間を構想することができるようになる、ということだ。図面という空間言語が読めるようになる、そして書けるようになる。さらに表現できるようになる。

大学にいるあいだのトレーニングや努力の度合いにもよるし、個人差はあるけれど、建築学科で学べば、基本的にまあまあ図面が読めるようになる。そして描けるようにもなる。社会に出たときにこれはかなりの武器になる、と思う。というのも、世の中には図面が読める人間と読めない人間がいて、実際、読めない部類に入る人のほうが多いからだ。そして図面で表現できる、さらには図面でしか表現できない世界はきわめて広くて大きい。

私もこれまで多くのクライアントと一緒に仕事をしてきた。なかには建築のトレーニングをしていなくても遜色なく図面が読めて驚かされるクライアントもいる。それは確かだ。すぐに幾人かの顔を思い浮かべることができる。しかしこれはかなり稀なケースだ。多くの場合、図面が読めない。

文字が読めない人はいまの日本にはほとんどいないと思う。たとえば『愛を読むひと』という映画にもなったベルンハルト・シュリンクの小説『朗読者』(原題は Der Vorleser。英語なら The Reader)の主人公は文字が読めないし書けない。そこに悲劇の種もあり物語が深い感興を宿していくのだが、そうした事例もまだ世界には多くあるだろう。歴史を振り返れば、そもそも無文字社会はいくらでもあった。もちろんそこには特徴ある文化が築かれてきた面もある。日本も古墳時代に入る前まではそうだった。

音楽の譜面が読める人は文字に比べれば圧倒的に少ないだろう。音楽大学に行っていたりすれば読める(そもそも音楽大学に行く人はその前から読めるに違いないけれど)のだろうけれど、一般には義務教育の学校で譜面の読み方を習って知っているレベルにとどまる人が多いに違いない。ここで語っている「譜面が読める」というのは、初見で楽器が弾ける、しかもすらすらと、というレベルのことだ。これまでピアニストやバイオリニストの住宅を何軒か設計してきたし、音楽家の知り合いもかなり多いので、彼ら彼女らにとってあたりまえの「譜面が読める」というレベルと一般の音楽愛好家のレベルの差が著しいのも感じてきた。私自身も京都大学のオーケストラでコントラバスを弾いていたから、からっきし読めないというわけでもない。単音が続く譜面ならばなんとか。しかし両手分が並ぶピアノ譜をスラスラ読むのはかなりお手上げだし、オーケストラのスコアなどを瞬時に読み取る指揮者などの譜面読解力には畏敬の念を抱かざるをえない。一般の人が普通に文字を朗読するのと同じように、いやそれ以上に即座に、音楽空間を把握してしまうのだから。

建築学科で学んだ学生たちも、たとえば音大で学んだ学生たちがちゃんと譜面が読めて、そして書けるように、図面が読め、そして描けるようになる。しっかりトレーニングをしていれば、だけれども。だから強みだというのだ。そしてさらに、設計を志す学生たちは、空間把握力と空間構想力とを身につけていく。ただ単に平面図や断面図が読めるだけでなくて、その向こうに同時に立体的に空間を立ち上げることができる。頭のなかに。指揮者が譜面を見て音楽空間を立ち上げることができるように。ブラームスの譜面に秩序を見出すことができるように、ミース・ファン・デル・ローエの図面にも秩序を見出すことができる。そして、味わうことができる。この能力は社会のなかではとても有利に働くはずだ。

ところが、誰もがコンピュータで図面を描くようになって、この図面を読み、そして描くという能力に若干の陰りが見えてきた。そんなきらいがないでもない。この世代の学生たちは、大学に入ってすぐにコンピュータで図面を描くトレーニングをする。そして多くの学生は手っ取り早くコンピュータで図面を仕上げてしまうようになる。

もちろんコンピュータによって開かれた世界はとても広く大きい。新しいアイディアを展開するツールでもあるし、その表現力はそれまで手描きでヒイヒイ言っていた段階からはスピードもパワーも桁違いだ（手描きの素晴らしさはいまもしっかり残っているし、これは消え去らないとは思うけれど）。とはいえ、恐ろしいのは、さして深く考えなくても図面が描けてしまうようなツールだという点にある。コピー&ペーストで、それらしい図面が描けてしまうのである。あまり考えていなくても。クリエイティブな人間にも、怠惰な人間にも、それは便利なツールなのだ。

そこでなにが起こってくるかというと、学年が進むにつれ、このクリエイティブなグループと怠惰なグループとのあいだに違いが出てくる。やがて歴然とした差が生まれてくる。怠惰なグループは、3回生4回生になっても階段の描き方すらわからず（階段を見ればその学生の空間把握力が概ねわかるというものだ）、人から譲り受けたトイレやバスルームの雛形を、ただただ図面に貼りつけていく、同じものの繰り返しの図面しか描かなくなる。いや、描けなくなる。なぜならそれが簡単であり安易であり思考の必要がなく、そしてそれなりに見栄えのする図面が出来上がっていくからだ。しかもこれが重要な点であり由々しき点なのだが、ここに図面も描けず、ろくすっぽ読めもしない建築学科出身の学生が出来上がっていく、ということである。

せっかくの強みを身につけるチャンスを、腕に磨きをかけるチャンスを、あたら見送ってしまうのはつくづく惜しい。これはしかし、竹山研の学生に向けた言葉ではない。竹山研を選ぶ学生たちは、例外なくクリエイティブなグループに属していて、しかも多くは指揮者レベルの読解力と、そして作曲家レベルの構想力を潜在させているからだ。だから、楽しみでならない。

アートと建築

２０１３年のスタジオ課題は「アートと建築」である。建築的思考には言葉だけでなくイメージや図式がある。それはものと言葉の交差する地点に成立する表現領域であって、とりわけ手を動かして描くという行為がとても重要だ。この認識はますます強まっている。そんな建築的思考における言葉ともの、あるいは言葉とイメージの関わりをさらに深く考えてみたくて、ではそうしたイメージの専門家であるアーティストに話を聞いてみてはどうか、と考えたのがこのスタジオだ。アーティストの個人美術館を設計する、という試みである。

アーティストのみなさんが快く応じてくださって、学生たちと会ってくれたのも大きな収穫で、みなそれぞれに刺激を受けたと思う。刺激という言葉をよく使うけれど、刺激こそが人間を成長させる、と思っているからだ。刺激が消えれば活動は止まる。豊かな経験と栄養摂取は人間の活動の基本である。それは創造的な活動においても、というより、創造的な活動においてこそなおさらそうだ。創造には経験と栄養という刺激が必要だ。京都国立近代美術館で開かれたシンポジウムには学生たちが個人美術館の対象作家に選んだ松井冬子と宮永愛子が来てくれて、ほんとうに刺激に満ちた場となった。西沢立衛(りゅうえ)も参加してくれて、建築からの視点と議論の幅も大いに広げてくれた。

展覧会という場

建築の分野では、展覧会というコミュニケーションの手段が日常的におこなわれている。これは世界中の建築学校でそうだ。建築家たちも同じである。ポンピドゥーセンターでも建築展はよく開催される。建築は人類がこれまで連綿と築き上げてきた文化だからだ。

大学内部でもそうだ。学部時代の各課題の講評会でも、できれば展覧会形式で、しばらくは別の学年の学生たちの目に触れるような形をとりたいと考えてきたし、そのようにもしてきた。1週間ずつ締め切りをずらして、各学年ごとに展示をおこなう。講評会も開かれた形でおこなう。話は脱線するが、他大学の学生が見にきて、ある学生のプレゼンテーションに感激してそこで恋に落ちたカップルもいると聞く。いいことだと思う。なにがいいことかといって、建築もまた自己表現のひとつであり、コミュニケーションの手段だからだ。人間は自己の存在をアピールし、認めてもらうことによってはじめて、自己を確認することができる。饒舌も沈黙も自己表現だ。建築設計やその講評会などを見ていると、そのことがよくわかる。

とりわけスタジオは、卒業設計前の集大成でもある。そこで制作したプロジェクトは、なるべく多くの人の目に触れてもらいたい。だから、大学での正規の授業としての講評会もあるが、それ以外に、ゲスト講評者、特に海外からのゲストを迎えて、英語でプレゼンテーションをする機会もつくってきた。これは竹山研ならではの試みだったと思う。最後のころは、他のいくつかの研究室もこれに参加してくれたりもした。

そして折を見て、外のギャラリーを借りて、展覧会を開く。街に出ていくのだ。これにはとても大きな意味がある。大学のなかだけでなく、広く外部の専門家の、あるいは一般の人の目に触れ、意見も聞こえてくるからだ。

2002年の「独身者の住まい」展では、東京で協力してくださるスピカミュージアムとアートプランニングルーム・青山があり、2005年の「ポエジー」展と2013年の「アート」展では、京都のイムラアートギャラリーが快く場所を提供してくださった。2010年の「ユートピア」展では、大阪中之島のde sign deギャラリーで展示をさせていただいた。これらはみな『traverse新建築学研究』に掲載されている。そしてその都度、小冊子をつくってきた。記録に残す、このこともとてもたいせつだ。

2005年の「ポエジー」と2013年の「アート」をテーマにしたスタジオの展覧会は、奇しくもいずれも「RESPONSE」と名づけられた。これは学生たちが選んだタイトルだ。「ポエジー」は制作のプロセスにこめられた学生相互のレスポンス。「アート」は実践の場にあるアーティストとのレスポンス、つまり学生たちと外の世界とのレスポンスそのもの。どちらも若さというパワーを存分に感じさせてくれる展示となった。

研究室は学生各々のパワーを引き出す孵化器でなければならない、と思ってきた。ある程度その発想が社会の荒波から守られながら、じっくりと孵化する時を待つ。しかし一方、展覧会は大学と社会を結ぶ窓ともなる。孵化器から出て、外の空気に触れてみて、またじっくりと時を待つ場も必要だと思うからだ。

日本建築設計学会（ADAN）

一般社団法人日本建築設計学会が設立されたのは2014年4月である。第2世代の章の〈KASNET〉の節でもすでに触れたが、これは大学で教鞭をとるプロフェッサーアーキテクトを中心としたアソシエーションである。Architectural Design Association of Nippon（ADAN）というのが英語名だ。ただ、大学ということに特にこだわっているわけではない。建築を思想として、人類の文化として探究し、愛してくれる人には大きく門戸が開かれている。また、建築設計のみならず歴史や批評、構造設計や行政、そして小説家や音楽家、思想家などにも会員の輪は広がっていて、このようにさまざまなジャンルの人々に参画してもらっているのは、建築が、アートや音楽や文学などと同様、文化として広く愛好されるジャンルでありたい、と念じているからだ。これは私の若いときからの強い思いだ。

だから設立当初にその活動理念として4つの指針を立てたトップには、開く、つまり他のジャンルに開く、という言葉が来ている。その4つを並べればこうである。「開く」「拓く」「味わう」「伝える」。「開く」には、建築を音楽やアートのように親しまれ愛され語り合えるジャンルにしたいという願いが、「拓く」には、建築的思考の可能性をますます深く掘り進め、拓いていきたいという思いが、「味わう」には、世界のさまざまな文化に触れて交流の輪を広げ、豊かな感受性を養っていこうという誓いが、そして「伝える」には、建築設計の喜びを若い世代に伝え、個性豊かな設計者の育つ社会環境を生み出していきたいという志が、こめられている。

これもすでに触れたけれど、１９９７年の京都グランドビジョンコンペの際に生まれた京都の大学間のネットワークKyoto Architecture School Networkが、２００９年に建築新人戦を立ち上げたときに関西の大学間のネットワークKansai Architecture School Networkへと広がり、それがやがて全国の大学のネットワークに成長したのが、そして海外との交流の接点として設立されたのがＡＤＡＮである。しかもただ大学にとどまらない、文化としての建築という考え方を分け持つ人々へと輪が広がって、国際的な交流をもたらした。そして若い世代をサポートしていく、それも日本のみならず国際的にサポートしていく、という活動へとつながってきているのである。海外の会員も増え、日本の建築活動を海外に伝える展覧会やシンポジウムも毎年開催されている。そして日本建築設計学会賞が2年に一度授与され、これはいまや若い世代の建築を、その思想の点から（ここに重点が置かれている）評価して世に問う恰好の場となってきている。

京都大学で経験してきた大学の可能性を、さらに他の大学と結び、社会と結び、国際的な交流を重ねていく、そうすることによって人類の文化の一端を担う建築の可能性を、もっと多様で豊かなものにしたい。そんな思いがさらにつのって、この活動に結びついた。遠藤秀平がこの組織の要となっていることも大きな力だ。毎年春の総会では、音楽家を呼んでコンサートをしている。こんな建築の会も組織もめったにないだろう。この活動を通してできた若い仲間との関係も、いまやかけがえのないものとなっているし、こうした活動からまた研究室という庭に戻って、さまざまな刺激を学生たちと分かち合った。そして大学を退職したいまも、ＡＤＡＮは私の活動の拠点のひとつであり続けている。

驚きと喜び

これまで学生たちとさまざまなプロジェクトを協働して、議論もあったし困難もあり、歓喜もあって悲嘆もあった。しかしそのプロセスで感じてきたことがある。やはり建築を構想していくということは祭りなのだ。祝祭なのだ。ものをつくりあげていく喜び。思いがひとつになる喜び。素晴らしい形や空間や構成に到達する喜び。そして思いがけない解決に至るときの驚き。そんな場面は、おそらく建築が完成したときに、そこを訪れ味わう人々にも共有してもらえるものなのではないかと思う。建築は、最終的には、驚きと喜びをもたらすものがいい。長い目で見て、それがほんとうの意味で人類の文化を発展させ、人々の心を豊かにする。機能を満たすのはもちろんたいせつだし、安心安全は基本だ。環境的な配慮もいうまでもない。しかし、それでも、そうした基本的なことを満たしてなお、人間には欲求がある。欲望がある。言葉にできないなにかが。この世界に豊かさを求める気持ちが。豊かさを享受したいという気持ちが。

ではその豊かさとはなんだろう。それが驚きと喜びだ、と思う。びっくりすること。ドキドキすること。つまり刺激的であること。そして多くの場合それに関係するが、うれしく思うこと。ワクワクすること。これは理屈ではない心の動きだ。合理性とか経済性では測りえない、ウキウキする感じだ。食べ物でも、着る物でも、恋でも、友情でも、ハッピーバースデイでも、お祭りでも、絵でも風景でも音楽でもダンスでも。子供たちがそうした心のありようを一番純粋にあらわしてくれる。人間には合理を超えた価値を感じる心がある。理不尽な生を生きる欲望がある。建築がただ冷たい物質の塊（もちろん比喩だ）であっていいわけがない。建築もまた生きている。人の心のなかでは生きている存在だ。文化だ。だから、驚きと喜び、なのだ。

そんな思いもあってこの2018年のスタジオのテーマは「驚きと喜びの場の構想」とした。具体的には京大桂キャンパス構想で、その作品は、工学研究科長の厚意で、桂キャンパスの生協食堂で展示させてもらった。

桂キャンパスは工学部の大学院、工学研究科のキャンパスだが、建築学専攻という工学研究科のなかでは小さな集団がどんなことをしているのか、そんな活動を他の専攻の学生たちに見てもらえるのはとても得難い機会だった。同じ大学にいても、よその学科が、専攻が、どのようなことをしているのかはわからない。大学は知の喜びを共有する場であるはずだ。好奇心を共有する場でもあるはずだ。

欧米では、ギャラリーを持つ大学が多い。大学でなにがおこなわれているのか、研究というとなにやら敷居が高そうだが、いったいそれはどのような好奇心や使命感に突き動かされて進んでいるのか。そのプロジェクトはどんなふうに面白いのか。

一部の大学にはすでに存在しているのだけれども、もっともっと開かれたギャラリーのような空間が日本の大学にもあって、そこでそれぞれの分野の成果を紹介し合えるとほんとうにいいのだがと思う。

抽象概念との出会い

人類の文化は抽象化の歴史だ。具体的な世界を、現実を、象徴化し、抽象化して、表象にする、概念にする。絵画や彫刻に、そして言葉にする。世界のモデルをつくり、宇宙を象徴化する。出来事や時間の推移を物語にする。

建築の歴史にしても、それは抽象化の歴史である。モダニズムは装飾を廃し、意味を廃し、物語を廃し、象徴性を廃して、抽象化へと突き進んだ。モダニズムにおける合理主義とはそのようなものだ。りんごとみかんをいくつずつ、というのではなくて、物質の属性を捨象するのである。具体物から表象へ、そして記号へと、抽象度は高まっていく。モダニズムがおこなってきたのは、美学的見地からいうなら、それは一言で言って、形式への還元作業だった。

モダニズムでその極限に到達して、またポストモダンで抽象化が揺らぎ、戻り、意味が復権する。意味のない建築は不毛だと批判される。歴史はつねに揺れては揺り戻しだ。ところが、戻りかけたのも束の間、ふたたびさらに概念のレベルでも形態のレベルでも解体と再構成、あるいは逸脱、ズレ、戯れが拡散している。コンピュータの発達がそれに拍車をかけた。素材の加工も、その複雑な形も、コンピュータを使えばできてしまう。アクロバティックな超高層ビルや、モアレ（moiré）のように散逸浮遊する視覚現象を生む構造物など。重力がかろうじて、その運動を押しとどめてはいるものの。

実体から離れた概念を、ときに広げたりずらしたり深めたりすることによって、建築の発想が豊かになることはままある。机上の空論と言われても、やがて技術の発展がそのアイディアを可能にしたりする。概念は言葉だ。言葉はいらない、と言いながら、言葉で語ったり、言葉から逃れていったりズレていったり。言葉とのつきあい方は建築の場合実に難しい、と思う。それがものそのものを扱うからであり、にもかかわらず、その加工や構成に概念操作が介在するからである。くどいようだけれども、つまりは、言葉が。造形の遊びや粘土細工には収まりきらぬ、空間を架構する論理が。

人間は言葉を介して世界に出会う。言葉があるから、そこに目の前にあるものも、そこにいまはないものも、それからとんでもないありえないようなものも、考えることができる。この〈存在・不在・虚構〉の3点セットが人間の精神世界をつくっている。思考を司っている。人間はこの存在と不在と虚構に、導かれたり惹きつけられたり騙(だま)されたり踊らされたりしているわけだ。否定しているのではない、だから世界が豊かで面白いのだ。建築はまさにこの存在を扱い、虚構を構想し、そして不在の欲望やいまだ訪れることのない人影を想像するのである。

そんな人間が宿り、使い、安らぐ建築が、この〈存在・不在・虚構〉の罠を逃れられるはずがない。それならあらかじめ構想の段階から、この罠を意図的に仕掛けておこう、という発想もあるわけだ。それが抽象概念の働きであり、可能性だ。言葉に還元し、幾何学に還元し、形に、面に、線に、点に還元する。そしてそれを手がかりにして、ついに具体物のイメージへと到達してしまう。

別に抽象などという言葉を使わずとも、夕焼け、なんかでもいいのだ。なぜなら人間は夕焼けに感動を受けても、それを具体的に把握することはできない。夕焼けは人間がそれに出会ったとき、すでにして懐旧(かいきゅう)であり、寂寞(せきばく)であり、静寂であり、音響であり、反映であり、記憶であり、反復であり、喪失であり、言葉であり、言葉を超えるなにかであり、つまりは抽象概念の介在を許すパトス、情感であるからだ。

そこで最初から抽象概念を持ってきてみる。そのほうが広がりやズレや深まりが生成しやすい。物体の詩情を感じられぬ向きにも、抽象概念を媒介に詩情へとたどり着く道もある。われわれは、幼いころから合理と論理の教育を受けてきたからこそ、あえて抽象概念を持ってくる。これも思考実験であり、刺激だ。

そこでオブジェ、アイコン、モニュメントという言葉の組み立てを試みる。そこに現れ出る空間加工のイメージを、仮説を、建築へと組み上げてみる。最後のスタジオの課題は、「オブジェ／アイコン／モニュメント」であった。この言葉の群れに否定的であれ、批判的であれ、まっすぐ受け取ろうと、斜に構えようと、真っ向から対決しようと、一緒にダンスを踊ろうと、出題者の知ったことではない。建築はそれくらいに、自由だ。

ズレを許容する

人はあらかじめズレている。人と人の関係のことだ。あるいは自身の思考と身体のことだ。親と自分、他者と自分、恋人と自分のことだ。ズレているからこそ、そこに驚きと喜びがある。思考のエラーがポエジーを生む、と書いた。そのことと似ているかもしれないけれど、ズレは驚きと喜びの生成装置だ。笑いもまたそこに生まれる。

私は学生のころから deviation という言葉が好きで、これは逸脱、という意味なのだが、修士設計の Between the Lines でも deviation は主要なメロディーとして、空間内を自由に動き、そして遊んだ。つまり昔から、固定観念を疑ってかかる、あるいはずらして遊んでみる、という傾向があったのである。だから未完結とか不連続とかを語ってきたのかもしれない。微分不能点といった、特異点になぞらえて自身の建築を語ってきたのかもしれない。自分でもなぜかはわからない決定の論理のようなものがあり、おそらくそれが無意識のレベルでなされているのだろうけれど、そのことをなんとか論理的に言い表したい、というモノとコトバの追いかけっこだった。だって、完璧なものには息苦しさが滲む。遊びがない思考や思想にはやりきれない硬直と倦怠(けんたい)が寄り添っている。そうではないだろうか。

そう、どこか抜けていたりズレていたりするほうが、物事は面白いものだ。余白があるから想像力が刺激される。学生たちとの議論でも、もちろんこちらがよく知っていることでも、学生がトンチンカンなことを言って、それが面白ければ、その議論に乗っていく。ズレていることのなかに、新しい世界がこめられていることもあるからだ。未知のもののほうが好奇心をかきたてるからだ。自分が見過ごしていたものがそこにあらたな輝きを持って現れるかもしれない。

まっすぐ行くより、えてして寄り道をしたほうがいい。ル・コルビュジエも、あれほど直角の詩やら、合理を掲げながら、そして曲がりくねったロバの道を非難しながら、死の1ヶ月前に書いた遺書めいた文章では、自分をロバに喩えている。自分の人生はロバの道のように、うまくいかないことだらけだった、と。曲がりくねった道をゆくロバのように。ただ、素晴らしい目を持つロバだ、と言い添えるのを忘れていなかったのだけれども。なにしろ猛烈な自負があった人である。それでなければあそこまで自由な造形を貫くことはできなかったに違いない。

つまり、ロバの道の肯定である。怨念でなく、受容である。人間は所詮ロバのような存在だ。間違うことのないロボットや機械ではない。コンピュータではない。エラーだらけの出来損ないだ。だから愛おしいのだし、面白くもある。

間違った道を行くことを恐れてはならない。間違いだらけの寄り道だらけ。そのほうが人生は楽しい。驚きと喜びに満ちている。ズレているものを矯正してはならない。そんなふうに思っているから、口には出さないにせよ、学生たちは暗黙のうちに感じ取って、自らの人生をデザインしているようにも思える。

正解への近道

京大で教鞭をとってきた28年間を通して、なんとなく感じていることなのだが、どうも最初のころの学生に比べて、後の世代にいくほど、早く正解にたどり着くことを求める傾向がある。建築に正解はない、少なくとも唯一の解はない、と1回生のころから諭しているのだが、すぐに正解を求める。しかも最短距離で。これはやはり日本社会が無駄を認めなくなってきていて、それが教育の現場にも家庭環境にも影響を与えて、つまり損得勘定で世界を見るようになって得られた処世術なのではないだろうか。そんな気もする。

大学の設計課題でも、エスキスを重ねて、さまざまに問いかけて、それなりの反応はある。応答もある。なるほどいろいろ考えているのだな、これはぼちぼち楽しみだ、さて次はどう出てくるか。そんな期待をしていると、こうである。「で、先生、どうすればいいんですか」。やはり、先ほどもこぼしたように、早く正解に至ること、一分一秒でも早く、そういうトレーニングを積んできたからなのだろうか、これまでずっと。

実は現実社会で正解が示されていることはまずない。さまざまな交渉や試行錯誤のあげくに、なんらかの結論にたどり着く。でもそれが正しいかどうかは、あとになってみないとわからない。ひとつひとつのささやかな仕事でもそうだし、世界史の行方などでも同じこと。大げさに言えば、歴史の必然であるように思えるときもあれば。オセロのようにすべてがひっくり返ることもあって、やはり目的を持った歴史、などといった思想は嘘っぱちであって、その都度、一片一片ピースミールのように世界を改変していかなければならない、人間の世はわからない、とそんなふうに思うこともあるのである。激動続く国際状況などを見ればわかるだろう。なにが正しいか間違っているかはなかなかわからない。渦中にいればなおさらだ。それでも、なんとか、その時点でのベストの解決を導き出そうとする。自分一人のことではない。オーナーもいればユーザーもいる。ディベロッパーもいれば地域の人々もいる。みな、なるべく正しく、多くの人が幸福になり、個人が生き生きと、そう、驚きと喜びに満ちて暮らせるような世の中にしたいと思っている。それは確かなのだ。

建築設計の現場も、実は同様だ。だから短絡的な結論に至る道を選ぶのではなくて、思考のプロセスをたいせつにし、そして言葉を鍛えること。コミュニケーション能力を鍛えること。自らの思考を鍛え、他者に説得力を持って伝えること。それがたいせつなのだ。このことをずっと語り続けてきた。人に伝えることと自らの思考を鍛えることは同義である。竹山スタジオは、そして竹山研究室にしてももちろん、そうした場であってきたと思うし、そうありたいとずっと念じてきたのである。

スタジオはスリリングな道行きである。先になにがあるかは誰も見えない。手がかりとなるテーマや抽象概念や、選ばれたテクストや、あるいは形、ダイアグラムのようなものはある。あるにはある。ただそれは意図的に選ばれている。ある種の障害物として。媒介者として。あるいは邪魔者として。進むべき道に横たわる抵抗物として。

たとえばダイアグラムという言葉をあえてその媒介者として選んだスタジオは、いわゆる建築のダイアグラム、つまり平面や断面や機能の図式などではない、むしろなんの意味も役割も働きも、つまりは積極的かつ建設的な意義も持たないなにか、を選び取ることからはじまった。それがはたしてダイアグラムと呼びうるものなのかどうか、という疑念と懸念とともに。

〈プロジェクトとプラクティス〉の節でも触れたピーター・アイゼンマンは、古典主義建築の分析や機能の分析ばかりに用いられ、錆びついたダイアグラムを再生した。ダイアグラムは与条件を整理して建築を導くツールなのではなくて、建築をどこへ連れていくかわからない、新しい空間と形態と、そして機能すらも生成するやもしれぬツールなのだ。

そんなダイアグラム・スタジオに参加してくれた学生は、だから大いに戸惑ったはずだ。しかし途中から興が乗ってきたのか、思いがけないほど面白い素材を持ってきて加工しはじめる学生が続出した。これはうれしい驚きであった。迷い道がかえって楽しい脇道、寄り道、回り道になっていった。ダイアグラム・スタジオを通過していった学生たちは、それまでの駆け足人生とはちょっと違う人生の味わいを、少しだけ感じてくれたのではないだろうか。

手法と自由

建築は条件の分析だけではできないけれど、そこになにか結晶の核になるようなものを与えてやれば、そして結晶の成長する方向性を与えてやれば、おのずと形の生成を導く魔法のような手がかりがある。ボザールのころの古典主義建築を設計するときにはそうした手法が確立していた。平面図の構成手法、立面図の構成手法、ルールや約束が、一応はその時代としての間違いのない建築を生み出していく。

ところでこの手法、という言葉を聞くと、私たちの世代は磯崎新を思い出す。彼は手法をマニエラと呼び、手法が建築を導くという方法を説いた。なにか目的があって、全体像があって、あるいは確たる機能があって、それに奉仕する形で全体が構成されるのでなく、部分が自立し、自由に運動する。衝突もする。ただ建築にはいやでも全体があるから、その全体へ至るにはそれなりの統辞法があって、そこに暗喩が生まれ、読み取りの多様なテクストとしての建築が生み出される。ボザールの世界は予定調和の世界、というか、最終目的地が出発前に見定められているような、さしたる驚きのない世界だったが、磯崎のいう手法は違った。手法には世界のありとあらゆるボキャブラリーとパーツが含まれ、その選択と構成の妙が建築の意味と価値を決定する。彼はそのやり方をマニエリスム（ルネサンスのあとの時代の美術様式だ）と称し、引用と暗喩の建築、と名づけていた。部分の衝突や意味の揺らぎをそのまま予定調和のない全体へと持っていこうとしていたのだった。

私たちが大学で教育を受けた時代は、均質で画一的で意味を喪失したモダニズムへの批判が高まったところで、だからそうした知的なゲームとしての建築の世界にどっぷり浸かって建築を学んできた。一方で大学院のころは原広司研究室で旅に出て、世界の集落の自然との応答、社会との応答にも出会ってきた、やがて自分でも実際に建築物を設計し、自分なりの旅もしてきて、さて、とつらつら思い返してみたときに、建築はかなり自由なのだな、そう思っていいのではないかな、という実感が迫ってきた。様式からの自由はモダニズムによってすでに果たされていたけれども、むしろそのモダニズムの教条からも自由な、進歩思想からも自由な、かといって伝統などといったくびきからも自由な、技術至上主義からも自由な、まさに広々した世界に出たような気すらしていたものだ。

そうこうしているうちに、たとえばフランク・ゲーリーのように魚の物語を建築にする、といったわけのわからない試みが出たりする。その倫理的な善悪はとりあえずおく。しかし実際にはかなり魅力的な建物ができている。そう、建築はもっと自由に発想してもいい。なにを手がかりとしてもいい。加工の方法も自由だ。スペインのビルバオ・グッゲンハイム美術館やパリのルイ・ヴィトン財団美術館でもそうなのだが、フランク・ゲーリーの魚のイメージは、頑（かたく）なな建築を溶かしている。ルネサンス期にはアントロポモルフィズムといって、人体に即したプロポーションを建築に適用した伝統があるのだが、「なんで魚じゃダメなんだ、人間ならいいっていうのに」というのがゲーリーの主張である。確かに。人間は神に選ばれた特権的な存在だ、という思想を、建築にまで押しつけることはない。形も空間も挑発的であるし、遊戯的でもある。ともかく建築を自由にした。この点でゲーリーは偉大である。

フランク・ゲーリーに倣って、というわけでもないが、では私たちも自由を実感してみようではないか。自然界の現象でもトマトでも水滴でも布でも映画でも写真でも氷でも磁石に導かれた鉄粉でも、なんでもいい。そこに着想を得て、そこから切り取った場面を、ダイアグラムと見立てて、建築空間を構想してみよう。２０１４年のダイアグラム・スタジオはそんなスタジオだった。

このスタジオの記録は『庭／のびやかな建築の思考』に収録され、スタジオを振り返って書いた「形を決定する論理」（自画自賛だが、これもなかなかいい文章だと思う）も載っている。少しばかりの戸惑いとともに、学生たちはみな、手なずけることも背負いきることもできない自由を実感していく。それまでの規則と規制と制約にあふれた建築から解き放たれ、嬉々として。

漂流の先に

漂流しているようなイメージを竹山研に託して語ってくれた学生もいた。乗っているのがどんな船なのか、どう漕げばいいのかを考えさせられる場だ、と。途方にくれるのだろうな、と思う。道を示してもらえないからだ。でもそれが庭のありようだ、と私はむしろ思っている。

竹山研という庭に道案内はない。案内板はない。でもあちこちに面白い植物が生え、不思議な花が咲き、なにかわからない実がなっている。自分で花の香りを嗅ぎ、実をもいで食べられるかどうか試すよりない。美味しいかもしれず、ことによると、毒かもしれない。出口も入り口も定かではない。落とし穴すら仕組まれているかもしれない。でも所詮、自分の人生は自分で選ぶものであって、自分で責任をとるしかない。人のせいにすることはできないのだ。

学生のころは将来に対する希望と期待に満ちているものだ。レールを敷いてもらいたい、未来が見えるようにしてもらいたいという気持ちもわからないではない。どこからどこへ行く、という航路がしっかり見えていれば、目的地への行程も定まって安心ではあるだろう。でもそれで人生面白いのか、と少し思わないではない。逆に、なにが起きるかわからないからこそ、その道を進んでみる、そして生きてみる価値もあるのではないだろうか、と。

だから、ひょっとして漂流を楽しむ気概が持てたときに、人生の喜びもまた見えてくるかもしれない、とも思うのだ。決まったレールにのっかったり高速道路を行くよりも、ゆっくり周りの景色を眺めながら道草して歩いたほうが何倍も楽しい、と、そんなふうに思ってもいいんじゃあないか。

抜け目なく立ち回って先を行くよりも、いまここにあることに全力を注いで、ぶつかって味わって、ときに戦って傷ついて、生きていることの実感を感じながら進んでいくほうが、驚きも喜びも大きいと思う。自由とはリスクと裏腹なのであって、リスクを乗り越えるときに人は生きる喜びを感じる。そして自分自身が成長し磨かれていく。だから人は、たとえ困難が待ち受けていようと、服従を拒み、自由を求めて生きていく。

倫理

竹山研は自由だ、あるいは自由であった、という声を多くの卒業生から聞く。トークイベントでもそれは全体を通して響いている通奏低音のようなものだった。なにをやっても自由である。自由を保障する。なにをやってもいいのだ、と。しかし、なにをやってもいい、というのは実は方便であって、やってはならないことを自分自身で見きわめる意味も含めて、なにをやってもいい、という言い方をするのだと思う。ほんとうになにをやってもいいわけがない。

設計のエスキスで、よく、なにがやりたいの、と聞く先生がいる。ある意味では正しいのだけれど、つまり、意図がどこにあるのか、なにをめざしているのかを自覚することはたいせつなのだけれど、だからといってやりたいことをやればいい、というものでもない。

この問いにはふたつの段階があって、まずなにかしら自身のやろうとしていることを自覚せよ、という段階。なにを狙っているかもわからないままに設計を進めるのは闇夜の鉄砲撃ちと同じだ。狙いはなにか。それを自覚すること。狙いも自覚もなしに設計を進めないこと。

そして次の段階は、その狙いが、真にその建築でめざすべきものであるかどうかを判断しているかどうかということ。こんなことがやりたいんですよ、と言って、わけのわからない建築物ができていけば、迷惑するのは周りの人々だ。建築はオーナーだけのものではないし、ましてや建築家のものでもない。社会の共有物だ。人類の文化遺産だ。やりたいことを見つけさえすればなにをやってもいい、というわけではない。

だからエスキスや講評などで、なにがやりたいの、やりたかったの、と聞かれたときには、その第二段階目をしっかりと踏まえて回答しなければならない。こんなことがやりたかったのです、だけではなくて、このようにすることがふさわしいと考えた、かくあるべきだと考えた、と当為の問題として答えなければならない。

こんなことやりたかったんです、と自分の排泄物を垂れ流すような建築を設計されては、周りがたまったものではない。社会の迷惑である。やりたいことがあればいいのではない。やりたいことが、きちんと課題に答えているかどうか、さらにそれを超えた驚きや喜びをもたらすかどうか、そこが問われている。

一方、偏った考え方にとらわれない、ということもあるから、やりたいことを絶対視する価値観にも、眉に唾をつけて臨まなければならない。

とはいうものの、近年喧(かまびす)しく唱えられる価値観の多様化、相対化というものにも、警戒は必要だ。ともすればニヒリズムにつながりがちだからである。つまり、なんでもあり、である。なんでもあり、ということは、なにも信じない、ということでもある。そしてここだけは強調しておきたいのだが、それは少なくとも竹山研のなかではないようにしたいと思ってきたし、自分自身もそう思ったことがない。

なんでもあり、と見えることの底にあってなお、いやだからこそ、ある種の倫理観のようなものが必要なんだと、私は考えてきた。自由には倫理が寄り添っている。建築を単なる道具や手段にしない。利殖やら商売やら宣伝やら、そういったものの。つまり、建築を信じる、正確にいえば建築の価値を信じる、ということだ。建築をニヒルに捉えて表層的な批判で溜飲(りゅういん)を下げるなどということをしない。真摯な取り組みには謙虚に向き合い、虚仮(こけ)にするような扱いにはきちんと怒る。このことは言っておきたいし、言ってきたと思う。

すべては建築である、ということをこれまでも語ってきたが、それはすべてに建築の精神というか、倫理を見る、ということであって、なんでも建築なんだから、建築と称すればなにをやってもいいのだ、ということとはまったく違う。

これは建築をとても広い意味に捉えているのであって、建築が単に建築物をつくる技術なのではなくて、およそ人間が意図を持ってものを組み立てること、言ってみれば、知的な組み立て、美的な組み立てはすべてが建築である、といったようなことだ。そしてそれこそがarchitectureなのだが、そうしたものやこと、そして行為をめぐる価値観、あるいは倫理観のようなもの、これをみなに持ち続けてもらいたいと思っているのである。そのように学生たちと接してきたし、議論もしてきたつもりだ。

愛する、というと、ちょっとその言葉にはベタつきがあって抵抗もなくはないけれど、建築の設計者となるにせよ、他の分野で活躍するにせよ、竹山研という場で、世の中には建築という価値観があって、それに魅せられた人たちがいた、という記憶が、それぞれの人生をより豊かなものにしてくれることを願ってやまないのだ。

自分自身を信じ、しかし同時に相対化もしながら、都市に、社会に、造形に、空間に、没頭する。あの人たちなにしてるんだろうね、でもなにかを愛して一生懸命やってるんだろうね、という外部からの目を意識しながらやさしくナチュラルに居直る。肩肘を張らないで。

絶対的価値観の場は、歴史的にいっても、世界を不幸にする。とりわけそれが団結した集団であった場合。そして権力者に服従する集団であった場合。凝り固まった思想は、とても恐ろしい。だからもし竹山研が、自由な個体の緩やかな連携と運動の場であってくれたとしたら、私としてはとてもラッキーなことだ、と心から思う。

この時期の竹山スタジオ・テーマ

２０１２　世界を望む家／ネパールのホテル

２０１３　アートと建築／個人美術館

２０１４　ダイアグラムによる建築の構想

２０１５　コーラ／コーラス

２０１６　無何有の郷

２０１７　シュプレマチズム／脱色する空間

２０１８　驚きと喜びの場の構想

２０１９　オブジェ／アイコン／モニュメント

（扉写真）RESPONSEアートをめぐる12の建築展／イムラアートギャラリー京都　２０１３

建築的思考の射程

01 建築的思考について

建築的思考について語ろうと思う。

それは建築物をああだこうだと眺めまわし睨(ね)めまわしては価値を云々する思考のことではない。つまり他人事のように見るという観点から捉える思考ではない。そうではなく、建築という行為を、そしてその行為のただなかに宿る思考の運動を、つくるという観点から捉え追跡する。そうした作業になる。

建築の理論という構えをとるものでもない。未来社会にユートピアを構想し理想の建築像を描き出すのでもない。ただ建築設計行為の時々刻々と変化する流れのなかで、どのような意識と無意識が働いているのかを問う、現在の思考である。

そしてそれは、いわゆる思考――言語的思考――とどのように違うのか、違っているとしたらどこが違い、どのような意味や意義があるのか。長い人類の歩みのなかで建築という行為の果たしてきた役割は何か、そしてこの先果たしてゆく役割とは何か。建築的思考がいま、人間社会に果たしうる機能や価値はあるのか。可能性は、射程は、どのようなものなのであろうか。そのことを考えてみたいのである。

02 行為としての建築

建築を建築物という名詞として捉えるのでなく動詞として捉え、「建築する」という行為として捉えたときに現れ出るのが、建築的思考である。Architectureはそもそも名詞だが、最近目にした英語の文献では動詞としても使われており、なるほどと思った。意図を持って組み立てる、世界を秩序立てる、そうした意味合いだ。

「建築を考える、ということはどういうことか、これを考えよ」

1973年に増田友也教授が杯を掲げながら我々京大建築新入生に語りかけた言葉だ。以来この言葉を反芻してきた。行為としての建築、建築するという観点からの建築把握、これはそもそも増田友也の一連の思考を貫く態度である。ただ建築を目的語にしてしまい、難解さを倍加した憾みがある。建築をただ建築物として捉えるのでなく、建築するという行為として、そのただなかの思考の運動として捉えよ、というメッセージが込められていたからである。これを増田友也は「存在論的建築論」と呼んだ。

増田友也の思考はつねに建築の初源の場へと立ち戻る。参照されるハイデガーも同様に言葉を遡行する傾向があり、たとえば「存在」はヘラクレイトスに遡り把握される。ヘラクレイトスの言う自然（ピュシス）の呼び声、それがやがて存在の呼び声となった、とハイデガーは説く。[1]世界はただ「ある」のでなく呼びかけ応答する「いる」に満ちている。呼び声であるロゴス、その動詞としてのレゲインは、さまざまな事物を呼び集め関係を見出す、という意味であって、世界は存在の声の集合として人間に立ち現れた。ハイデガーは古代ギリシア人の思考を言葉の意味を追いつつ遡る。そのようにしてまた増田友也も、建築という行為の始源へと遡ろうとした。それが図を描く、という行為であり思考であった。

03 アルタミラ

アルタミラの洞窟を訪ねたのは90年代の前半のこと。その洞窟絵画は大広間の天井に描かれていた。天井の凹凸を利用し巨大な牛や馬があたかも生きて走っているかのようだ。ガイドは松明(たいまつ)の代わりに懐中電灯の点滅と揺れによって太古の人々の経験を追体験させてくれた。

アンドレ・ルロワ＝グーランの説くようにそれは神話文字であったのかもしれない。[2] 人類はそこで象徴的思考に到達しているのであり、これらの絵画はその証拠である、と。彼の分析をつぶさに追えば、抽象をおこなう言語的思考と自然主義的形象による特殊な思考の区別や、時代的な変化を読み取ってはいる。ただ洞窟絵画の研究者の多くはそれが太古に人類が象徴的思考に到達していた証左であると踏んでいる。関係の体系としてすなわち神話文字として読み取ることが可能だからだ。

一方ニコラス・ハンフリーは、洞窟絵画の写実性と、構図を持たぬ重ね合わせの様子が自閉症児の絵画に酷似していることから、それは自閉症的な心の状態の証であり、象徴的思考はほとんど授けられていなかった、つまり言語を持たなかった、という推論を述べている。[3] ハンフリーの暗示する仮説はこうだ。言語を持つとそこに抽象化が生まれ、世界が記号化され洞窟絵画のような生き生きとした自然主義的表現は失われてしまうのであって、人類がふたたび豊かな自然主義的表現に立ち戻るのはルネサンス期を待たねばならなかったのであり、言語の獲得とともに失われる描画能力があり、洞窟絵画は言語を持たない思考の賜物だ、と。ルロワ＝グーランも写実に対する抽象の意味には触れているが、やはり象徴的思考の証、と見るロマンを優先する。

ここで洞窟絵画を持ち出したのは、文字であるかどうか、言語であるといえるかどうかを検証するためではない。そうではなく、それが単に「描かれている」からだ。語られたのではなく（洞窟絵画の前で語ったり歌ったりしていたかもしれないが）、岩に刻み、擦り、描画している。ある種の図式がそこに展開されている。

ハンフリーはそれら描画相互の無意味に近い重ね合わせこそが彼らが自閉症児と同様の心の持ち主であり、象徴的思考を有さぬことの証であると解釈している。しかし一歩足を踏み入れ天井一杯に広がるリアルな動物たちの形象とその乱舞を体験してみれば、そこにある種の荘厳な空間が立ち現れ、音にならない音、言葉にならない言葉の響きを持って迫ってくることがわかる。幾多の動物が宙空を疾走する。物語をすら伴って、そう、生殖と誕生、死と再生の物語を。それが言語を形成していたかどうか、明快なメッセージを持つ記号であったかどうか、そのようなこと以前の、身体の奥底に響く空間的現象として。

文字であるかないか、言葉であるかないか、言語であるかないかは一旦措く。確実なのはそこに少なくとも生き生きとした動物の表象があることであり、世界の似姿が描かれて空間的に現象していることであり、体験する人間に感情の高ぶりがもたらされる、ということだ。感興や畏怖すらもたらされる。心が動く。さまざまな形象とこれに満たされた空間が、ひとつの世界を生み出している。

これは言語になっていても（ルロワ＝グーラ

ンたちの説）、言語になっていないとしても（ハンフリーたちの説）、そこにあるのはまぎれもない思考、まさに形と空間を通した思考の表現ではあるまいか。

04 言葉による思考

コロラド大学からやってきた建築研究者とちょっとした議論になった。2017年の暮れのことである。なんの経緯か、言語以外の思考はない、と彼が言い出した。少々酒が入っていた勢いもあり、これから論じる建築的思考の可能性について思いを巡らせていたこともあって、私は強く反論を試みた。「語りえぬことがあり、それは神秘であって、そこでは沈黙しなければならない」というヴィトゲンシュタインの謎めいた言葉も繰り出しながら。[4] しかし議論は堂々めぐりを繰り返した。互いの狙いや思考のツボをよくわかりあっているだけに、なおのこと。

我々の世代は、彼もまたそこに属しているのだが、学生時代に強く構造主義の洗礼を受けていて、文化現象すべてを言語として、変換可能な系、文法を持つ意味ある系として捉える思考の波をかぶっている。そして絶対的に透明で純粋で無垢な思考などなく、すべての思考は文化的言語的地理的空間的時代的時間的差異のなかに埋め込まれているのであって、いわばコンテクストを抜いて意味はない、と骨の髄まで叩きこまれている世代だ。レヴィ＝ストロースが婚姻関係を図式化し野生の思考を見出して、透明で純粋なる時代を超えた知性を自称したサルトルをコテンパンに叩きのめしたのを見て溜飲を下げ、無意識もまた言語であると喝破（かっぱ）したラカンに快哉（かいさい）を叫び、考古学のように時代を掘り下げながらエピステーメー転換の切断箇所を優秀な外科医のような手さばきで取り出すフーコーに痺れた。我々の思考にはあらかじめ言語あるいは構造という文化的水脈が隠されている。その向こうにはソシュールらの言語学があり、手前にはロラン・バルトらの豊かな表層の戯れがあった。

「すべては言語である」。これは時代の刻印を受けたものの、いわば信仰告白である。そのことを酒の席の建築談義で声高に語り出した彼のことは、笑って受け流すのが大人の態度というものだろう、おそらく。しかし、先にも述べたように、建築と言語の関係を、より正確に言えば、言語的思考でなく建築的思考の可能性を、言語に即しつつ言語からの逸脱をいかにして果たすかを執拗に考え続けてきた私は、つい過剰に反応した。「言葉にならない思考もある」と。

言語は構造を含むが、言葉はそうでないという捉え方もあるから、対句でいうなら「言語にならない思考もある」というべきだが、この場合、日本語として平たく考えるためにあえて言葉、としておきたい。

実はこれにはやや伏線がある。学生時代に建築誌で連載コラムを持っていて、そこに概念操作に足をすくわれない建築的思考、といったニュアンスで篠原スクール（東工大の篠原一男の下に集った建築家のグループ）を論じたことがあった。無論肯定的に、である。そこにとある論客から、概念操作以外に思考はない、と辛辣な批判を浴びた。構造主義の洗礼を被った世代としてはまことに痛いところをつかれた。そう、概念操作以外に思考はない、のである。言葉なくして思考はない。正論である。

しかし、とそのとき私は考えたものだ。正式な教養ではそうなっている。しかしそれは本当だろうか、と。自身の経験を振り返って、たとえば高校の頃ゴッホの絵に、そのうねるようなテクスチュアと鮮やかな色彩の過激なハーモニーに感じた胸の高鳴りは、これは思考の名に値しないのだろうか。あるいはバスケットボールでスクリーン（オフェンスが味方の攻撃を助けるためにディフェンスの進路をブロックすること）を繰り返しながら最後にシュートに持っていく、そのような一連の流れを瞬時に判断しつつたどる身体の直観と経験は思考ではないのか。そして音楽。音楽は言葉ではない。でも思考ではないのだろうか。言葉ではないが、構造がある、変換可能である、秩序がある、美がある（たぶん）、ということになる。これをもって言語というなら、それはそれで結構。しかし少なくとも概念操作ではない。そしてこれは音を通しての思考なのではないか。人の耳に心地よく響く音のつながりと広がり。人間の脳は、あるいは身体は、荒れ狂う混沌と混乱のさなかにあっても、こうした秩序を探し求め、これに反応する。そしてそれは概念への抽象化とは異なるルートで、人間の「思考」を促してゆく。

絵画は色を、あるいは形を通しての思考であり、スポーツは身体を通しての思考であり、音楽は音を通しての思考である。どうしてもこうなる。そしてそれらは概念操作などではさらさらない。

翻って建築はどうだろう。建築はすぐさま全体を把握しにくい上に、部分部分に自立した論理もあり、確たるハーモニーの規則を確定しにくい。モノの要求する秩序とヒトの要求する秩序、さらには社会の要求する秩序が交錯している。古来さまざまな論者がそのプロポーションや形の原理を論じてはきたけれども、破調は破調で新しい美に通じたりもする。しかも多くの場合、言葉でその理屈が語られ続けてきた。建築書、である。ヴィトルヴィウス、アルベルティ、パラディオ、ル・コルビュジエ、etc. そして言葉で語りうる側面が他の表現ジャンルに比べて多いことも確かだ。複雑な思考を整理するのに言葉に勝る手段はなかなかない。

05 イメージの思考

私が1992年に京都大学に着任して以来、建築と言葉との関係は毎年のように学生たちとの議論のテーマとなってきた。曰く「建築に言葉は必要か?」

建築に言葉が必要ない、という主張には、いかに言葉が建築的想像力を喚起するかを説き、建築に言葉が必要だ、という向きには、それでは新しい空間イメージには到底たどり着くまい、とまぜ返す。詭弁も含めて、言葉は、そして言語は、いうまでもなく、最も強力に、そして精緻に、我々の思考を誘導している。言葉がなければ思考できないことばかりだ。

たとえば言葉を持つことによって初めて「存在」と「不在」と「虚構」を考えることが可能になった。これは人間を他の動物と隔てる大きな特徴だ。「不在」も「虚構」も言葉があって初めて思い浮かべることができる。ものがあることは一目瞭然だが、ないことを考えるには想像力がいる。ましてや虚構を、つまり嘘を考えるには、言葉がいる。動物たちになかなか不在や虚構が楽しめないのは、言葉が、言語能力が、不足しているからだ。ハイデガーは世界という言葉を精神世界の意味で用いたが、石に世界は欠けている、動物にとって世界は貧しい、と記している。人間は言葉のおかげで豊かな精神世界を持つことができた。それは確かだ。

しかし、ここでつぶやいてみるのである。言葉による思考があるのならば、形の思考、空間の思考というものもあるのではないか。むしろ建築設計の現場で大きく働いているのは、そうした形の思考、空間の思考ではないか。イメージの思考ではないか。イメージにはイメージの論理があるのではないか。音楽に文法があり論理があるように。この建築設計の現場で働くイメージの思考を、建築的思考と名づけてはどうだろう。それは言葉に介在されてであるかもしれず、あるいは大きく言葉に介入されてのイメージであるかもしれないが、言葉を逃れる側面もある。言語の規則にとらわれぬことによる思考の自由の可能性もあるだろう。これまで建築の歴史を彩ってきた幾多のドローイングを眺め、そこに言葉を超える建築的思考の可能性を見るのはさほど難しいことではない。むしろ言葉に限定される建築的思考を考える方が困難なのではないか。

　そんな思いもあって、90年代の半ばには、学生たちと一緒に「記憶術」に関わる書物を繙(ひもと)きながら、古代から伝わる「場」と「イメージ」による空間の文法、それに基づく記憶術やその図式を研究した。そこで浮かび上がってきたのが、文字という離散的な、しかしそれ自体ではまとまった意味を持たない要素にまで分解せずに、「場とイメージ」という、それ自体が物語を内包する単位に事物の意味を戻して、緩やかな連携のうちに世界を凝集する思考の方法であった。

　記憶術とは場とイメージをめぐる思考の体系である。空間的想像力が記憶の繋留装置となる。アルタミラの洞窟にせよ、古代ギリシアの円形劇場にせよ、アトリウムを持つ住まいに立つ像たちにせよ、人間は思考を、世界の表象と密接に関係づけて鍛え上げてきた。かつて表象の多くはより具体的であり知覚的であり身体的であって空間的現象を伴っていた。それが完全に断ち切られたのは、書物によってであった。

ヴィクトル・ユゴーの「これがあれを滅ぼすだろう」という予言めいた言葉は、近代人の失った世界を暗示している。[6]

06 エクリチュール／コーラ／ダイアグラム

エクリチュールとは文字を書くことであるが、筆跡、書体の意味もあり、なんらかの表象を刻みこむこと、その行為に源を持っている。デリダは痕跡とも捉えており、それは想像力を喚起する契機としての痕跡である。描かれた表象あるいは記号は、なんらかの心の動きをもたらす。書き記し刻みつけた人間の思いとそれが一致していてもずれていても、そこには結果的に伝えられる世界があり、立ち現れる空間がある。建築の出現はそうした行為の展開された場所からそう遠くないにところに見出されたのだろう。洞窟絵画のように、記憶術のように、あるいは墓とモニュメントのように。[7]

デリダの「Architecture Where Desire May Live」[8]という議論には大きく心を惹かれた。そこでは建築が内在的な道であり、世界を切り開く行為、欲望と捉えられていたからだ。世界にエクリチュールを刻みこむ。エクリチュールが新しい世界を開く。建築をエクリチュールの位相で捉えれば、建築的思考は言語的思考と交錯しつつ異なる可能性を開くことになるという直観があった。言語の明晰や正確を失うかわりに逸脱と夢想の豊饒を得る。デリダのエクリチュールは、あるいは脱構築は、言語的思考に逸脱と豊饒の可能性をもたらす試みであったが、建築的思考はそもそもその傾向を内包している。

２０１３年の秋学期に大学院生のセミナーではこのデリダの論考を導きの糸とし、さらにドゥルーズ、ウルマーなどを取り上げ、そしてピーター・アイゼンマンとデリダのコラボレーションであるコーラルワークスを議論することにした。コーラルワークス Chora L Works はプラトンの『ティマイオス』に出てくる「コーラ Chora」にかけた言葉であるから、まずプラトンを読まねばならない。さてコーラとは何か。

　プラトンによれば、世界は叡智界（the intelligible：頭で考える世界）と感性界（the sensible：体で感じる世界）にわかれ、コーラはその両者を結びつける場、どちらにも属さぬいわば出来事の鋳型のような場である、とされている。アリストテレスのトポスが、はっきりと境界づけられた明快な場所であるとするなら、プラトンのコーラは境界の定まらぬ、しかし事態の出現を孕むような場所であって、コーラスと語源を同じくする。[9]

　コーラは事物や出来事の揺籃の場であり、つまり何ものかが創造される場所。メタフォアとしては窪みであり、穴であり、篩であり、東洋思想に照らせば、無の場所であり、空である。無為の時間を宿すどこにも属さぬ場所、という私が建築でつねに追い求めていた主題と重なり合う場のイメージであった。荘子の言う「虚室生白」、空っぽな部屋に光は満ちる、そうした情景を思わせる。

　1983年のコンペにバーナード・チュミが勝って計画を進めていたパリのラ・ヴィレット公園の一画に、チュミの招聘によってデリダとアイゼンマンが協働し、ある場所をデザインすることになった。結局そのプロジェクトは幻となり、一冊の本が残ったのだが、それがアイゼンマンによって名づけられた『Chora L Works』である。命名はデリダがコーラという言葉と一緒にとあるダイアグラムを持ち込んだことに由来する。

　アイゼンマンは哲学者がダイアグラムを持ち

込んだことに強く反応した。なぜならそれはヴィジュアルランゲージであったからだ。視覚的なものは建築家の領分に属する、そうアイゼンマンは思ったに違いない。実際の絵柄としては何やら竪琴のような、あるいはウィンドウズのマークのような図像だったのだが、アイゼンマンはコーラの図像化、空間化は建築家の課題だと意気込んだ。そしてそれが不在の想像力をも意味するから、自身がヴェネツィアで行ったプロジェクトよろしく地面に規則正しいピッチで穴を掘り込んでいく。チュミのラ・ヴィレット案が自身のヴェネツィアのカナレッジオのパクリだと仄(ほの)めかす狙いも、アイゼンマンにはあった。

もちろんデリダとしてはコーラという思想的な課題を持ちこみ、それは謎ですらあったから、この言葉を通して場所の性格を編み出していこうとしたのだろう。デリダの示したダイアグラムも、コーラのメタフォアのひとつである篩のようなものだ。なんらかの操作、濾過、潜り抜け、プロセッシング(空間加工)を通して創造が行われる、そのようなイメージとして。ただ、哲学者にとってそれはある抽象的な印であるにすぎなかったが、建築家にとっては文字通りのイメージであり、ヴィジュアルランゲージであった。アイゼンマンはやや焦ったきらいがある。

結果的に二人の共同作業に著しい認識のズレがあり、たとえばアイゼンマンが石切場のイメージで不在の想像力をかきたてる場を構想しているところに、デリダが、ところで木はどこに植えるんだ、ベンチはどこに置くんだ、という素朴な質問をして、それが皮肉でも何でもなく、哲学者は大真面目に公園をデザインしようとしていて、それに対して建築家はまだ見ぬ空間を描き出そうとしていた。「公園」という言葉を文字通り憩いの場とするか、方便としてあらたな空間構想の契機とするか。哲学者はここでは比較的穏当な生活者であり、建築家はいつものように過激な創造者であった。

コーラという言葉に触発されて進んだ二人のコラボレーションにとって大きな手がかりであり、躓きの石でもあったのがダイアグラムである。そしてアイゼンマンはあらためて気づくのである。言葉で勝負しては哲学者の土俵に乗せられるだけだ。むしろダイアグラムのようなヴィジュアルランゲージに寄り添ってこそ勝機は開ける。アイゼンマンは論客ジェフリー・キプニスをつねに伴ってデリダとのミーティングの場たる戦場――それはまさしく戦場であった――に臨んだが、言葉にプラスしてダイアグラム、そしてもちろん図面が大きな武器となることを自覚した。現実の計画にとって、図面ほど大きな力を持つものはなく、少なくとも局地戦では言葉を凌駕する。

アイゼンマンはもともと抽象的な思考を得意とする建築家であった上に、ダイアグラム的な図面表現巧者であったから、デリダがダイアグラムを持ってきたことがアイゼンマンの気持ちに火をつけた。ダイアグラムこそが創造のためのコーラだ、と。

あらためてダイアグラムに目覚めたアイゼンマンは１９９９年には『Diagram Diaries』という本を出す。「アイゼンマンはなぜこんない本を書くのだろう」というタイトルの文章をすらものした彼である。ダイアグラムに引っ掛けてダジャレのタイトルをつけることに躊躇(ちゅうちょ)はなかった。コーラルワークスももちろんダジャレである。ともに高度に知的なダジャレ、アイゼンマンならではのダジャレであったが。

２０１４年の春学期のスタジオは、ダイアグラムというテーマでおこなった。建築がもしなにかをつねに参照するものであるなら（ただ構造的合理性や機能的要求や法規やコストにとどまらず、ルネサンス期のように人体でもいい、フランク・ゲーリーのように魚でもいい、もちろんグリッドでも幾何学でもいい)、なんらかの「根拠」を見つけてきて、そこから形を決定する、というルールに則った建築的ゲームであってよい。言語ゲームのヴィトゲンシュタインではないが、建築の設計には大なり小なりゲーム的快感が付属している。「解く」という言葉はそれをよく表している。

ダイアグラム・スタジオは建築的思考の可能性を広げる試みであったが、ことによるとそこにこそ建築的思考の本質が潜んでいるのではないかという感触を持った。社会に頼ったりクライアントに阿(おもね)ったり予算を言い訳にしたりして形が決まっていくのでなく、形には形の論理がある、ということを、いまさらながらあらためて確認することになる。建築的思考の射程は定かでないが、その可能性は垣間見られた実感があった。

07 襞/モナド/身体

2016年と17年の秋学期、大学院のセミナーでは、各々ジル・ドゥルーズの『襞』とライプニッツの『モナドロジー』を読みつつ、さらに建築的思考のありようを考察し議論した。ドゥルーズは実はダイアグラム好きな哲学者であり、ヴィジュアルイメージの分析に長けている。というよりむしろ、ヴィジュアルイメージを積極的に哲学的な概念に繰り込んできた。リゾームやノマドなどは80年代に建築の世界でも多く語られたイメージであり、刺激的な思考に満ちている。そのドゥルーズがライプニッツのモナドをダイアグラムに即して解き明かし、

「襞」というメタフォアを通してイメージを広げた。ここにもまた、建築的思考の可能性が眠っている。ライプニッツもまたドローイングが好きであって、実は公園計画もおこない、ルーブル宮の東翼の設計にも強い関心を示していた。ドゥルーズもライプニッツも、どちらかというと言葉を超え出す哲学者であった。ドゥルーズは音楽にも造詣が深く、ライプニッツはいうまでもなく数学者である。あらゆる表現活動をその思考の舞台としていた。

ドゥルーズのモナド解釈は一枚の建物の断面図で示される。1階に開口があってそこが知覚を司る。そして屋根裏のような2階にその知覚された表象が伝わり、無限の襞のようなものに覆われ蠢く2階の内壁に知覚された情報がしまわれる。一種の記憶のようなものか。そしてそれが襞の開閉によってさまざまな関係と欲求の場にもたらされ、身体に即した思考が展開される。プラトンと違って知性と感性は分離されていない、むしろ一体である。そこにさまざまなグラデーションがあるだけだ。脳の内部がさながら建物のように図式化されている。

モナドは予定調和に向かう魂であり、さまざまなヒエラルキーがあって、しかも神という自然界をあまねく司る精神を仮定しているからドゥルーズのダイアグラムをそのまま肯んずるかは措くが、やはりプラトンのように精神と物質を分離するのでなく、原理は異なれど身体において一致する、と見ている。つまり感覚や物質を精神の下におかず、すべては通じ合う。

人間社会に応答しつつ最終的に物質に形を与える建築という行為にとって、ドゥルーズやライプニッツのような感覚と精神を一体に捉える思想や、デリダのように欲望をもって場所を開く原理と見る思想は、極めて豊かなヒントに満ちている。そして彼らが皆、言葉の世界に閉じこもらず、むしろ人間の身体的活動のすべてにわたってそのまなざしを注いでいることには大きく力づけられる。建築的思考の射程も可能性も、他の領域との応答的な思索と実践を通して鍛えられていくものであるに違いない。そうした場を多くの人々と共有したいものである。

註：

1 マルティン・ハイデガー『形而上学入門』川原栄峰訳、理想社、1960

2 彼はその著『身ぶりと言葉』（荒木亨訳、新潮社、1973）のなかで、「形の言語」という章を立ててこのことを論じている。

3 ニコラス・ハンフリー『喪失と獲得』垂水雄二訳、紀伊國屋書店、2004

4 ヴィトゲンシュタインは『論理哲学論考』（藤本隆志・坂井秀寿訳、法政大学出版会、1968）において精緻な論理を展開しつつ、最後にどんでん返しのように言葉にならない思考の存在を付け加える。「実際私はペンで考える。なにしろ手が何を書いているのか頭が知らないことがしばしばである」（『反哲学的断章』丘澤静也訳、青土社、1981、p.50）とは、『論理哲学論考』出版の10年後の彼のメモである。エクリチュールの自立。

5 実際の文章は以下の通り。「篠原スクールの建築を語るとき、概念操作や記号論を振りまわして思わせぶるようなやり方は、実は的はずれである。彼らはもっとものを知っている」『SD7901』鹿島出版会、p.223

6 ヴィクトル・ユゴーは『ノートル＝ダム・ド・パリ』第5編2（潮出版社、辻昶・松下和則訳、pp.176―191）を「これがあれを滅ぼすだろう」と名づけ、書物が建築に取って代わるさまを活写している。人類の知は明晰さを増し、空間的想像力の豊饒を失った。

7 アドルフ・ロースは、真の建築は墓とモニュメントのうちにしかないと語っている。近代では機能のための建築が主となり、それは反語的に語られたのだったが。

8 Architecture Where Desire May Live, interview with Eva Meyer, DOMUS, vol.671, 1986.

9 ギリシア悲劇で舞台の進行を助ける合唱隊であり群衆役のコロス（コーラス）に通じる。

（『建築と社会』2018年3月号所収）

＊＊＊

一般社団法人日本建築協会の発行する『建築と社会』から、「建築的思考の可能性を拡張する研究」について執筆してほしい、というピンポイントの依頼を受けたのが2017年の11月。この年、私は学科長として、これまでになく忙しい日々を過ごしていたが、テーマもまさにこれまでおこなってきたことであったし、2020年の退職までもう少しというこの時期だからこそ、振り返ってまとめてみようかという気持ちになった。

大学での研究テーマとしては、「建築設計論」「居住形態論」および「建築空間論」という三つを掲げてきた。そして「建築という思考に関する臨床建築学的研究」あたりがその総まとめのテーマかな、と考えていた。ただ、形式的な題目はともあれ、「建築という思考」あるいは「建築的思考」という、人間の思考のあり方について、つまり言葉にとどまらず、イメージにとどまらず、頭の思考にとどまらず、手の思考、あるいは身体の思考であって、さらにそれにもとどまらない、そんな人間の思考の可能性についてずっと考えてきたのだな、そして実践を試みてきたのだな、という思いがあって、それをなお、なんとか言葉で書き残しておこうと思ってしたためた文章だ。今回の本とも響き合うところが少なくないと思う。

「自由を謳歌して」と称された世代の章の最後に、彼らとともに過ごした時期に書いたこの文章をおきたいと思う。これはしかし、彼らの世代だけでなく、これまでのすべての世代に、そして竹山研究室だけでなく、これまで出会ったすべての学生たちにのみならず、これから出会うであろう（たとえ直接に、でなくとも）未来の学生たちに送りたい言葉だ。

私の考える「建築的思考」は、まさに「自由を謳歌して」いくことそのものなのだ、と。そして、建築は、自分自身の可能性を開き、そして世界に対する新しい視界を与えてくれる、そんな分野なのだ、と。

これほど驚きと喜びに満ちたゲームはない。

エピローグ　問いを発し続けること

２０２２年の３月、アモルフの東京事務所の引っ越しのために昔の段ボール箱を整理していると、学部時代のレポート集が出てきた。１９７５年度前期の上田篤「住居論」、そして１９７６年度前期、同じく上田篤の「地域計画」のレポートだ。受講したすべての学生のレポートがまとめられ、製本されている。ありがたいことだ。手書きであるのが懐かしい。

それぞれ「すばらしき住宅／私の好きな住まい」、そして「地域または地域計画のイメージ」について書け、という課題であった。

住居論レポートでは、「夜には満天の星を戴き、周囲の広大な牧草地と相まって、まさに大自然と人間との関わり合いを実感する」という評とともに、ポール・ルドルフの「ペンシルバニアの住宅」を論じている。これはぼんやりと覚えていた。

しかし地域計画のほうはまったく覚えていなかった。真正面から西山夘三の「構想計画」という概念と、上田篤の「くに都市」、これを構成する「ひろば都市」「にわ都市」などの姿を論じ、あろうことか、これをなにやらえらそうにこう総括しているのである。

「方法としては素晴らしいし、イメージも魅力的なのだが、いまひとつ釈然としないのは、きっといつまでたっても人間の予測がすべて的中する技術体系は見つからないのではないか、という素朴且つ根強い疑念によるのかも知れない。何故なら技術体系は科学であり、科学は人間の理性に基づき、そして人間は理性では決して割り切れぬ、非合理で矛盾に満ちた存在なのだから」（傍点は現在の竹山によるもの）

これを読んだ（読んでくれているとして）上田篤の当惑や、苦笑いが思い浮かぶ。もちろん一介の学生のレポートなど意にも介されぬはずであるが、当人はたぶんいたって大真面目である。そして、私が驚いたのは、ここにその後の私の生涯を貫く「問い」が、すでに記されていたことだ。

建築は理性に基づいて計画されるロゴスの世界だ。しかしそこに非合理な欲望などが介在するのであって、情動――パトスやポエジー――を触発するような空間がこめられてしかるべきだ、さもなければ人間が生き生きと暮らす空間とはなりえない。驚きと喜びをもたらす建築とはなりえない。そうした直観が、すでにして表明されている。

これはしかし、あくまでも「問い」であって、「解答」ではない。心に抱いた疑念であり、建築を計画していく上での心構えのようなものだ。解答は建築を設計しつつ、個別に、特殊解として提出されていく。決して一般解でもなく、完全な解答でもない。問いのなげかけの連続のようなものだ。

そういえば、同じく学部4回生のときの加藤邦男のゼミで、アントン・エーレンツヴァイクの『芸術の隠された秩序』を読んだことを思い出す。これも当時、なにやら魅力的ではあるけれど、ほとんど理解できたとは言い難い書物であり、ゼミであった。

それは無意識のイメージを論じた書物であった。理解できなかったとはいえ、無意識のイメージについて、どこか心に刺さるものがあったのだろう。その後、フロイトやユングや、とりわけラカンなどの著作に触れ、「無意識は言語になりそこねた経験である」などという言辞に触発もされ、意識（言語化されたもの、こと）の底に潜むなにか、が、創造の鍵を握るのではないか、それは身体による思考ではないか、イメージによる思考ではないか、建築的思考の根源ではないか、空間加工のイメージもそこに根を持つのではないか、というふうに考えを進めていく出発点に、いま振り返れば、なっていたのかもしれない、と思い至る。

そのような経験から、あらためてこう思う。わからないことはわからないままに心に突き刺しておけばいい。心に突き刺さらなければ、それは所詮自分の人生にとって無縁だった、ということだ。たいせつなものやこと、意味や価値は、人によって違う。

たぶん問いというのはそういうもので、あるとき認識の地形に少しだけ水が流れた、その痕跡のようなものなのだ。そこをいくたびか水が流れれば、地形は削られ、谷となり、しっかりと意識のレベル、言葉のレベルにまで浮上していく。二度と水が流れなければ、それはあらたな地形を築かず、忘却の底に沈んでしまう。刻みこみが繰り返されてはじめて、それなりに意味ある地形となる。そうした無意識の地形が意識へと影響を及ぼしたり、意識がそれを押さえつけたりもする。個人の場合も、共有される文化（言語も含まれる）の場合も。そして、そうした無意識の地形が、個人や共同体の生活や思考や行動を決定する。

なにを言っているかというと、おそらく竹山研でさまざまな、そして多くは異なる領域の思考、論文や書籍に触れ、読まされた（自主的に読むという形をとっているのだが）学生のなかには、なにがなんだかさっぱりわからなかった、という声もあったと想像する。いったいそれがなんの役に立つのかと思った学生も多いだろう。もちろんそれはあたりまえだ。役に立つという視点で選ばれた論文や書籍ではないのだから。

プラトンやライプニッツやラカンやフーコーやドゥルーズやデリダや荘子や、建築のジャンルでもアイゼンマンやチュミやコールハースやらの言葉にいっさい刺激を受けなかった学生もいるだろう。ただ、心のどこかに引っかかって、やがて人生のそれぞれのステージで、自身の関心と交叉する場面を持ってくれることもあるかもしれない。それで十分なのだ。問いは問いのままでいい。むしろ解答を与えられずに心のなかでわだかまっていること、それこそがたいせつな出会いかもしれないのだ。

出会いのチャンスを与えることが教育の役割だ、と述べてもきたが、それは経験との出会いであり、そしてまた問いとの出会いでもある。問いを発し続けること、好奇心を持って、のびやかな、自由な発想で、物事に立ち向かっていくこと。学生時代にそうした姿勢を培って、つまり問いかけるという姿勢を引き継いで、それが竹山研での経験にも結びついてくれていたら、おそらく私にとってこれに勝る喜びはない。

学生たちから贈られた言葉

２０２１年９月26日、「大収穫祭」の最後を飾る記念講義後の懇親会の終わりに、竹山研出身の学生たちからいくつかのプレゼントをもらった。それまでの本づくりや展覧会やディスカッションなどの一連のイベントのすべてが、すでに大きな大きなプレゼントだったのだが。

そのなかに、学生たちがピックアップしてくれた言葉を刻んだ色鉛筆があった。私がブルー系が好きだというので、青色の系統の色を並べた28本の色鉛筆である。そのひとつひとつに言葉が刻まれている。学生たちの心に残った私の発した言葉だという。

紐を解くと青い布製の包みがくるくると広がって、文字入りの色鉛筆がブルーのグラデーションのなかに並んでいる。文字の長さも、さながら大きな波が小さくなって、そしてまた大きくなるように、綺麗にレイアウトされている。

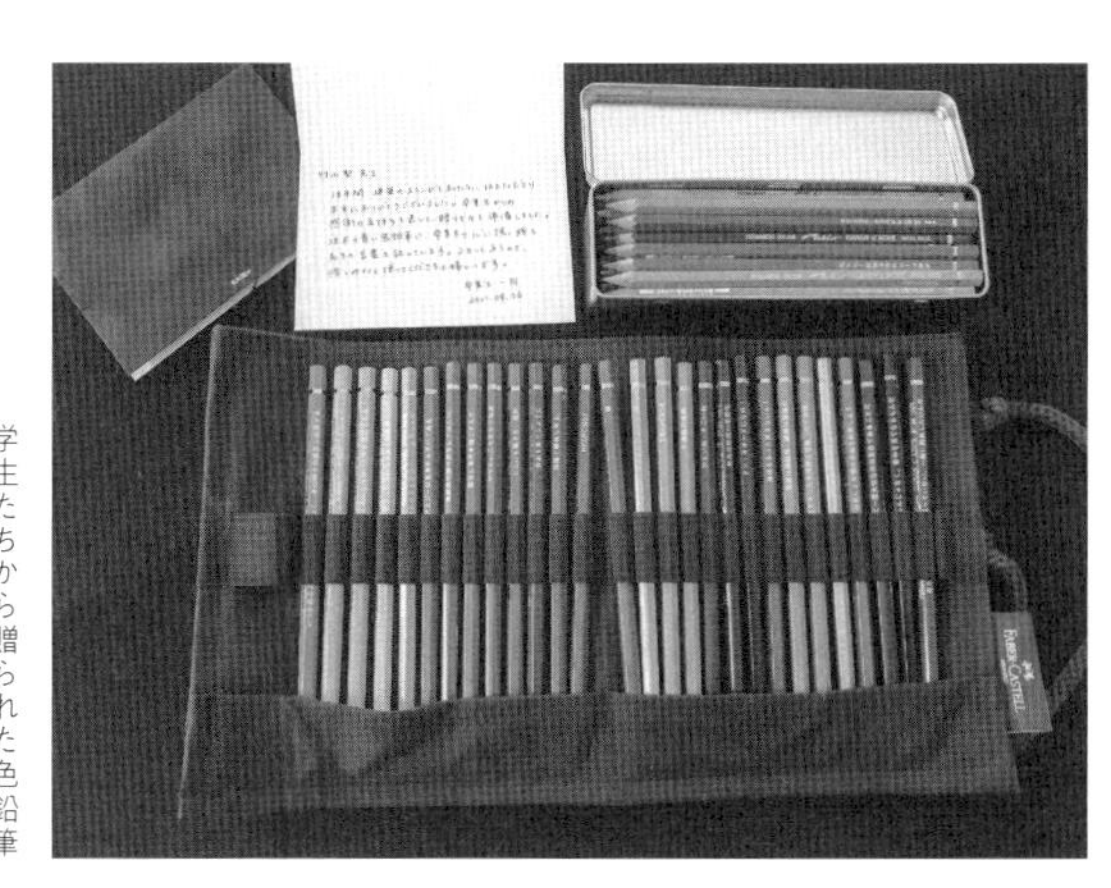

学生たちから贈られた色鉛筆

君たちのことは学生だと思っていない、一緒に議論したいんだ
建築家は教えて育つもんじゃなく、背中を見てなるもんだ
建築家にとって一番大切なのは自由であることだ
この研究室では君に2年間の自由を約束しよう
学校には来なくていい、設計活動に専念しろ
強度を持った未完結な形象（の干渉体）
言葉は建築だ・建築は言葉だ
建築をもっと愛さないと！
ドン・キホーテになれ！
無為の時間の空間化
ひどいね・すごいね
不連続の連続
TRAVERSE
空

庭

RESPONSE

空間で勝負しなよ

音楽を奏でるように

どこにも属さない場所

やりたいことをやりなよ

都市に事件を起こすんだ

無意識の国へ旅をしてほしい

ポエジーは思考のエラーである

意図のある空間がいい空間なんだ

思想の空間配列・空間配列としての思考

建築は言葉にならないものを表現できる

建築は結局のところ感性でしか判断できない

いつか来る良い条件を待つのではなく、その時々の最高に挑戦するいくつかは、本文のなかで触れているけれど、そんな言葉も含めあらためてコメントしてみたい。これらは28年にわたって研究室を巣立っていったさまざまな世代の元学生たちが選んでくれた言葉たち、そして彼らすべてに共有された言葉たちだ。

「学生だと思っていない」のはいつもつねにそうで、ともに建築を学ぶ仲間だと思ってきた。私が少し先を走ってきただけ。だから「背中を見て」くれ、と思って前を向いて走ってきた。「自由である」ことがいかにたいせつかは人生をかけて追求していく課題であって、建築を設計するときには奴隷になってはいけないし、個人として責任を果たさなくてはならない。「2年間の自由」とは修士課程の2年間を指している。おそらく最後の「学校の試験」である修士課程の入学試験を終えて大学院に入ったら、人生でこんな自由な時期はない。この時期を思い切り味わい、楽しみ、そして充実させてほしいと思っての発言だ。だから極論だが、「学校には来なくていい」。旅にせよトレーニングにせよ表現活動にせよ自分の未来を探る時間にしてほしい。

「未完結」であることは若さの特権で、どのような形にもなるということ。建築も可能性の空間をうちに孕んだものでありたい、という気持ちがこめられている。歳をとったいまでも、未完結であるからこそ、さらに努力できる。

「言葉」と建築の関係については、本文のあちこちでさんざんに語ってきたように、人間が考えることの不思議、その制約と突破の可能性を、やはり言葉で議論してきたこと。これが竹山研究室の特徴だったと言えるのだろう。言葉で語りえないことを言葉で語ろうとして、そしてまた言葉を超える場面を建築という行為を通して見ようとする。

建築への「愛」もそこにある。だから、社会の常識に染まらず、無謀な愛を貫く「ドン・キホーテ」であってほしいとすら思う。

「無為」は巷に現象しているさまざまなことの底にあるなにかを見定める態度でもある。世事の有為転変に流されるのでなく、生きてほしい。

「TRAVERSE」つまり横断すること。境界を突破すること。

「空」はなにものをも受け入れ、そこに関係を生み出すこと。

「庭」は、風を、光を、雨を受け入れながら、創造の神秘を醸し出す場所。

「RESPONSE」は、さまざまな物事や出来事の出会いであり応答だ。

これらはみな竹山研究室のあり方の指針となる言葉でもあった。

だから「空間」なのだ。与件を整理するだけでなく、物事にあらたな関係を与えること。それは音と音の関係のなかに立ちのぼる「音楽」のようなものかもしれない。とらわれない心、こだわらない気持ち、世間のしがらみを離れた「どこにも属さない場所」を自らの近傍につくりあげていってほしい。そこでは「やりたいこと」をやっていい。「都市に事件」を起こしたっていい、「無意識の国へ旅」をしたっていい。

「ポエジーは思考のエラー」であって、無意識をくぐったり、言葉を超える場面に出会ったり、観念だけでなく、身体の運動によっても裏切られる思考の実験の場でもある。建築はそんな行為と結ばれている。

だから「意図」とは、答えがあるものなのでなくて、答えを見出す態度のことだ。意図のない、構想のない、狙いのない、イメージのないものの先には、そうした意図を超える、予想もつかない素晴らしいものが訪れることもない。

「空間配列としての思考」もそこに展開され、「言葉にならないもの」もそこに出現する。建築設計の興がのったときに誰しも経験する境地である。

だから、「建築は結局のところ感性でしか判断できない」ことになる。理屈ではない。

自分はもっと良い条件の土地やふんだんな予算があれば、もっともっと素晴らしい建築ができるはずなのに、と思っているうちに、人生は終わってしまうだろう。「その時々の最高に挑戦する」姿勢が、充実した人生をもたらしてくれる。

言葉が、そして姿勢が、ちゃんと届いた。ありがたい。

あとがき

２０２２年夏の終わりのアモルフ東京事務所、並木橋の古いビルの9階。ＪＲ山手線がそばを走り、窓を開けば電車の音がひっきりなしに聞こえる。でも見晴らしはいい。3月に東急東横線学芸大学駅近くから引っ越して、小さいスペースがさらに小さくなった。代官山から京都に移って以来メインオフィスはずっと京都だが、東京近郊のプロジェクトが多く、東京にも拠点を置いてきた。建築の現場は動いてきてはくれない。

１９９５年までの代官山オフィスは、東に東京タワー、西に富士山を望むビルの最上階の60坪ほどのスペース。この並木橋の事務所はちょうどそちらを向いていて距離も８００メートルほど。でもいまは建て替えられたそのビルの姿は見えそうで見えない。

建築家としての歩みを振り返れば、１９８０年に設計組織アモルフの一級建築士事務所登録をした豊島区高田から１９８３年に渋谷区神南（じんなん）に移ったとき（ここで株式会社に改組した）はほんの10坪ほどのスペース。１９８６年に道玄坂上のビルの3階へ。やがて5階、6階と借りていって増殖し、そして代官山に移ったのは１９８９年で、ここに１９９５年まで拠点を置いた。１９９２年に京大で教えはじめて以来、東京と関西（大学が京都で、自宅は大阪）を実に頻繁に往復し、新幹線の行き帰りに山ほどスケッチをしていたので、海外の友人からは「シンカンセン・アーキテクト」と呼ばれたりもした。
メインオフィスを移したあとも、しばらく代官山の小さなワンルームを借り、２００７年にはアモルフ設計のイーストプラス（渋谷区東２丁目）最上階ペントハウスに入った。ところが２００８年にリーマンショックの煽りを受けて国内外のビッグプロジェクトが軒並みストップして池尻に撤退し、さらに二子玉川まで退却して、またしばらくして学芸大学に戻った。そしていまの並木橋である。別に都心がいいというわけではないが、たまたまここからはイーストプラスも近く、外の風景を眺めながら来し方行く末に思いを馳せれば感慨もひとしお。まるで方丈記の世界だ。狭いながらもなんとか居場所があることがありがたい。

狭いといっても、当初の神南の事務所に比べれば、広い。でも狭い、と感じる。40年の歳月が自身の身体性を変えてしまった。なにも恐れない若さは、身体性の変容とともに失われていく。自分自身はずっと建築家であり続けてきたと思っているし、大学の先生と言われると京大在職中もいまも少し違和感がある。建築の喜びを感じ続けるには安住の地を得るより心の若さが必要だ。身体は衰えても気持ちだけは前向きでありたい。

２０２０年の３月に京都大学を定年でやめたとたんに新型コロナの緊急事態宣言が出た。５月に予定された記念最終講義は延期になり、４月、５月の展覧会やイベントも中止になったりオンライン開催になったりした。でも、記念出版だけは無事に進んで、６月に『庭／のびやかな建築の思考』が出た。展覧会や記念講義はコロナ禍で延期を重ねながら、なんとか翌２０２１年の７月から９月にかけて開催することができたのだが、その間8月と9月に私は突如発覚した胃と食道の癌を内視鏡でとるため2度入院するハメに陥った。実に人生を考えさせられる夏であった。

その9月26日の、ちょうど退院後1週間で開催された最終講義にリモートで参加し、この本を読んでくれてもいた集英社インターナショナルの松政治仁さんから、建築の喜びを多くの人に伝える本をつくってみませんか、と誘いを受けた。2021年の11月のことだ。建築家の思考や感性がどのように育まれるのか、誰しもに伝わるような本を、と。出来上がったのがこの『京大建築／学びの革命』である。タイトルは過激だが、中身はいたってシンプル。人生を活気づける驚きや喜びを、建築の設計や教育を通して感じてきたことを、そのまま書いてみようと思ったのだ。「驚きと喜びの建築に向けて」というのが、私が最初に抱いたタイトルの案だった。

開催延期となった、2020年の記念最終講義・展覧会ポスター

その種は『庭／のびやかな建築の思考』のトークイベントにつけた長い注釈だ。これは教え子の一人で、展覧会の企画や本の編集、そしてついに本屋さんもはじめた第5世代の西尾圭悟が選んだ言葉たちである。ぜひ『庭／のびやかな建築の思考』もあわせて読んでくださるとうれしい。

『庭／のびやかな建築の思考』の書籍デザインは私の娘の竹山香奈が手がけてくれた。この『京大建築／学びの革命』も彼女に頼み、また美しい書籍にまとめてくれた。感謝あるのみ。

表紙には、長年の友人である山本容子さんの絵を使わせていただけるようお願いした。この絵は1993年にセゾン美術館で開催された「迷宮都市」と題された展覧会のために描いてもらった「建築家の創造の七日間」のうちの一枚で、その3日目の「門」の図柄を竹山香奈が選んだ。「門」の向こうに「庭」が見える。学びは「門」だから、と。快諾いただいた山本容子さんにも感謝である。

まだ人生の総括をするには早すぎる（そうであってほしい）と思っているが、建築家でありつつ大学で教えるという道を選んで、結果的に私を大いに元気づけてくれた学生たちに心から感謝をしたい。そしてこれまでも、これからも、建築家としての私を成長させてくれた出会いの数々にも。ただ、まだまだ成長できる、まだまだこれからだ、という気持ちは、いつも持っている。そして誰よりも、勝手気ままな私を理解し、京大に行ってみてはどうか、と励まし勇気づけてくれた妻、由美に、この本を捧げたい。この本はちょうど彼女の誕生日あたりに出る予定である。

2022年8月24日　　東京並木橋のアモルフ東京事務所にて　　竹山聖

著者略歴

竹山聖（たけやま せい）

1954年、大阪府生まれ。建築家、京都大学名誉教授。日本建築設計学会会長。東京大学博士（工学）。設計組織アモルフ主宰。京都大学卒業後、東京大学大学院進学。在学中に「設計組織アモルフ」開設。パリ、バレンシア、香港などの大学でも教鞭をとる。代表作品は瑠璃光院白蓮華堂、大阪府立北野高校、強羅花壇、べにや無何有ほか。著書に『独身者の住まい』（廣済堂出版）、『ぼんやり空でも眺めてみようか』（彰国社）、『庭／のびやかな建築の思考』（A&F・共著）など。

京大建築　学びの革命

二〇二二年一一月三〇日　第一刷発行

著者　竹山聖

発行者　岩瀬朗

発行所　株式会社 集英社インターナショナル
〒一〇一―〇〇六四　東京都千代田区神田猿楽町一―五―一八
電話　〇三―五二一一―二六三二

発売所　株式会社 集英社
〒一〇一―八〇五〇　東京都千代田区一ツ橋二―五―一〇
電話　読者係〇三―三二三〇―六〇八〇
販売部〇三―三二三〇―六三九三（書店専用）

印刷所　大日本印刷株式会社

製本所　加藤製本株式会社

定価はカバーに表示してあります。

ISBN978-4-7976-7422-4 C0095